北京市教委社科项目“复杂金融生态下的互联网金融审计体系构建研究”（项目编号：SM201711232004）支持
北京市社科基金项目“北京市互联网金融风险画像与风险图谱构建研究”（项目编号：19YJB015）支持

行为审计学

梁力军　李卓松　孙龙渊　编著

中国财经出版传媒集团
经济科学出版社
Economic Science Press

图书在版编目（CIP）数据

行为审计学／梁力军，李卓松，孙龙渊编著．—北京：经济科学出版社，2021.5

ISBN 978－7－5218－2361－5

Ⅰ．①行…　Ⅱ．①梁…　②李…　③孙…　Ⅲ．①审计学－高等学校－教材　Ⅳ．①F239.0

中国版本图书馆 CIP 数据核字（2021）第 026103 号

责任编辑：周胜婷
责任校对：李　建
责任印制：王世伟

行为审计学

梁力军　李卓松　孙龙渊　编著
经济科学出版社出版、发行　新华书店经销
社址：北京市海淀区阜成路甲 28 号　邮编：100142
总编部电话：010－88191217　发行部电话：010－88191522
网址：www.esp.com.cn
电子邮箱：esp@esp.com.cn
天猫网店：经济科学出版社旗舰店
网址：http://jjkxcbs.tmall.com
北京季蜂印刷有限公司印装
787×1092　16 开　15.25 印张　330000 字
2021 年 7 月第 1 版　2021 年 7 月第 1 次印刷
ISBN 978－7－5218－2361－5　定价：49.00 元
（图书出现印装问题，本社负责调换。电话：010－88191510）

前言

QIANYAN

随着行为科学的不断发展及在各领域的深度应用，传统的以“物”为中心的“物本审计”正在转向以人和行为为中心的“人本审计”。传统审计的关注点也逐渐由关注以“证—账—表”为基础的信息审计，转向关注审计客体的“动机—需求—行为”的行为审计，即以“个体行为”和“组织行为”为重要关注点。在这种变化下，审计理念、审计模式、审计流程、审计内容以及审计实施工具和方法等都受到了一定程度的影响。

行为审计学是行为科学与审计科学有机融合的交叉学科产物，它是一门研究审计主体、审计客体中各类行为的科学。审计科学中引入行为科学后，拓展了审计对象与职能，使得审计的研究领域从“物本审计”延伸至“人本审计”，可以有效弥补传统审计中忽视审计对象心理因素及社会因素的不足之处。

本书通过构建系统的行为审计学理论体系与实务体系，明确行为审计内涵，界定行为审计的主体、客体、内容与对象，使审计人员掌握行为审计的实施方法和行为评价模型，从行为科学视角来分析审计主体、审计客体的各类行为动因及行为偏差，从而为培养和提升具备复合能力的审计专业化人才起到重要作用。

本书由北京信息科技大学“行为审计与审计行为研究团队”共同编写，具体分工如下：梁力军编写第1～6章、第8章；李卓松编写第9章、第10章、第13章；孙龙渊编写第7章、第11章、第12章；孙龙渊、梁力军共同编写第14章、第15章；本书最后由梁力军负责总撰。编写过程中，张梦婉、张肖琳、刘丽娜、张辰雨等研究生参与了本书校对工作。

本书既可作为高等学校会计学、审计学、财务管理等专业本科生的审计课程教材，也可以作为政府审计、CPA审计和内部审计的重要参考读物。因编者水平有限，书中难免有不妥或错误之处，恳请各位读者、专家及专业人士批评指正。

梁力军

2021年1月

前言

目录

MULU

第 1 章　行为认知与缺陷行为分析

学习目标

1. 理解行为内涵及其可审计性。
2. 审计视角下关注的行为类型。
3. 缺陷行为的形成过程以及原因。
4. 人因失误与组织错误的区别与联系。
5. 缺陷行为的应对机制。

本章导读

行为经济学——经济学与心理学之间的桥梁

2017 年，被称作“行为经济学之父”的美国芝加哥大学教授理查德·塞勒，荣获 2017 年诺贝尔经济学奖。理查德·塞勒批判传统经济学中的理性经纪人假设，并用数学方法和各种来自现实生活的实证来证明人的非理性经济行为总是存在的。

1980 年，塞勒发表了第一篇行为经济学方面的论文《消费者选择的实证理论》，随后他和搭档卡内曼教授合作写出《前景理论》一文，将心理学引入经济学，这也是他做出的最大贡献。塞勒等提出了“心理账户”（psychic accounting）和“心智账户”（mental accounting）概念，用以研究消费者对时间的价值判断以及决策行为。瑞典皇家科学院评价：塞勒使经济学“更人性化”，他所做贡献“在个体决策的经济学分析与心理学分析之间架设了一座桥梁……给经济研究和政策的诸多领域带来深远影响”。

行为经济学在中国是一门新兴的学科，沿着理查德·塞勒当时奠定的方向，今天的行为经济学已经借助大数据、人工智能等新技术推进其快速发展，它还与心理学、神经生物学、组织行为学等学科交叉关联，衍生出了神经经济学前沿研究领域。

——徐蒙，张煜．“行为经济学之父”、美国经济学家理查德·塞勒获诺贝尔奖［N］．解放日报，2017-10-10.

［**阅读思考**］

（1）何为消费者的“心理账户”和“心智账户”？

（2）行为经济学是一种典型的交叉性研究学科，其重要研究对象是什么？

（3）现代信息技术对行为经济学的产生和发展起到了怎样的推进作用？

进入21世纪后，从宏观而言，无论是采用何种经济体制，均会从不同视角强化“人”在社会发展和经济发展中的主导地位；从微观而言，无论是何种类型的企业，也均会从不同维度强调“人的行为”在企业运营和管理中的重要作用。

行为科学是由人类学、社会学和心理学等学科集合构成的一门综合性科学，它涵盖了沟通论、动机论、认知论、领导论、文化论、权变论、个体和群体论、冲突论等理论。行为科学被引入审计学科后，极大拓展了审计领域中关于审计主体行为、审计客体行为、审计主题演进、审计对象和审计内容、审计职能等的研究深度，并不断衍生新的审计理念和实现审计技术变革。

1.1　行为内涵及其可审计性

《现代汉语词典》中将行为定义为受思想支配而表现出来的活动。所谓人类行为，即人类在日常活动、学习和工作过程中所体现出来的各类肢体语言。心理学家库尔特·勒温（Kurt Lewin）[①] 认为个体行为是一个极为复杂的系统，为揭示个体行为规律，他构造了行为函数 $B=F(P\cdot E)$，即个体行为（behavior）是由个体因素（personality）与环境因素（environment）间的相互作用来解释结果的。

一般而言，个体行为具有目的性、社会性、自主性、随机性和心因性等特点，可以从行为动因、行为过程、行为能力和行为结果等方面加以分析和判别。美国艾伯特-拉斯洛·巴拉巴西（Albert-László Barabási）教授在其著作《爆发：大数据时代预见未来的新思维》中特别指出，人类行为中的93%是可以被预测的。由于企业组织的经济活动是由不同层次的个体行为所主导的，故经济行为和个体行为均具有可审计特性；同时，随着审计技术与审计方法的不断发展演进，物联网、人工智能、大数据等技术手段将进一步增强个体行为（能力、过程和结果）的可审计性。

① 库尔特·勒温（Kurt Lewin），心理学家，场动力理论的创始人，社会心理学的先驱，传播学研究中守门理论的创立者，以研究人类动机和团体动力学而著名。

1.2　审计视角下的行为关注

依据行为主体的层次不同，行为可以被划分为组织行为、群体行为和个体行为。关于组织、群体和个体内涵的理解如表1－1所示。

表1－1　组织、群体与个体内涵及分类

主体层次	内涵	分类
组织	为了实现既定目标，按一定规则和程序而设置的多层次岗位，以及相应人力资源配属关系的权责角色结构	正式组织与非正式组织
群体	为实现特定目标而组合到一起并形成互动和相互依赖关系的两个或更多个体	正式群体和非正式群体
个体	个体是构成组织和群体的基本元素，具有一定的社会关系、社会地位、知识与能力的单独主体	

依据行为对象的属性，可以划分为经营行为、管理行为、涉财行为和操作行为等。经营行为是基于既设的组织目标，从事商品经营或营利性的相关活动；管理行为是基于组织中的权利与责任的界定，行使组织管理、团队管理和个体管理等的相关行为；涉财行为是指与资金运营、财务管理、纳税筹划等关联的各类涉财行为；操作行为是个体运用所掌握的知识与技能，达到操作规范所要求目标的行为。具体如表1－2所示。

表1－2　行为层级与对应行为

行为对象属性	行为主体层次		
	组织层次	群体层次	个体层次
经营行为	√	√	
管理行为	√	√	
涉财行为	√	√	√
操作行为		√	√

注：“√”表示当各类行为发生时，所对应的行为主体层次。

从人本审计视角而言，行为一般指特定的组织、团队和个体等是否按照既定的组织目标来实施或履行其权力、职责和义务，即通过行为的过程、结果来判断行为主体是否“作为”或“不作为”，也可称为“特定行为”。

（1）被审计主体包括组织、团队和个体三个层次。这里的组织，主要指被审计的企业法人、单位机构或机关等，如预算执行审计中的预算编制单位；这里的团队，主要指审计客体的相关职能部门、业务部门、支持部门等，如工程预算审计中的工程部门及相关部门；这里的个体，指审计客体的各级领导、员工等，如经济责任审计、离任审计中的高级管理人员。

（2）审计中关注行为对组织内部以及组织内部与外部之间所产生的影响，尤其是利益关系、供应链关系及外包关系等。如经济责任审计关注企业主要领导干部在任职期间企业的管理状况、整体经营绩效和经济责任情况；舞弊审计中重点关注采购部门的对外采购行为、销售部门的对外销售行为等。

（3）审计中重点关注缺陷行为或不当行为情况。如舞弊审计中关注财务报告数据及信息的披露是否存在失真、造假；如信息系统审计中关注应用控制中的输入控制、处理控制和输出控制流程环节中是否存在数据传输错误和数据丢失情况。

1.3 缺陷行为的成因及其应对

1.3.1 缺陷行为内涵与类别

缺陷行为指行为主体所实施的与组织预设经营目标、管理目标、法律法则和社会价值观相违背或不一致的各类行为。

1.3.1.1 缺陷行为类别

1. 显性缺陷行为与隐性缺陷行为

根据缺陷行为的表征，可以将缺陷行为划分为显性缺陷行为和隐性缺陷行为。显性缺陷行为，指行为主体的行为实施过程和行为结果不符合组织的既定规则、预设目标，并会对组织的管理、运营产生直接影响或危害；而隐性缺陷行为，指行为主体的行为动因、行为方案或行为结果与组织的价值观和伦理、企业文化存在冲突，从而会对组织产生潜在影响或可能的损害。缺陷行为的判定逻辑如图 1－1 所示。

2. 不当行为与瑕疵行为

根据缺陷行为的严重程度，可以将缺陷行为划分为不当行为与瑕疵行为。不当行为实质是指受托主体明显违背或未执行委托方的委托目标，或受托主体违反或偏离国家法律法规、社会公共价值观和组织预期目标而产生的变异行为或错误行为；瑕疵行为是指因个体因素（如行为主体自身有限的知识、技能、心理状态或理解力水平）和外部因素（如工作环境、所采用的设备设施、复杂流程和管理水平等）的有限理性而导致未能及时采用恰当选择方案的作为或不作为[①]。

---

① 1978 年诺贝尔经济学奖得主赫伯特·西蒙（Herbert A. Simon，中文名司马贺）认为，决策者因受计算能力等限制，并非是无限理性，而是有限理性（bounded rationality）的。

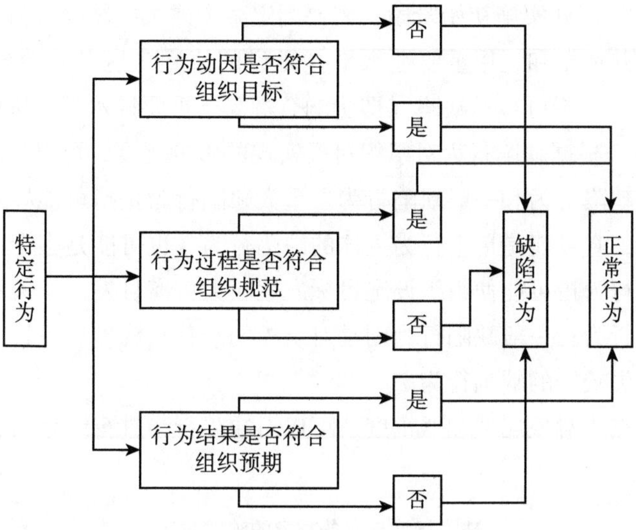

图 1－1　缺陷行为判定流程

1.3.1.2　缺陷行为特点

一般而言，缺陷行为具有如下特征：主观性与非主观性并存、影响的潜在性和不确定性、负面影响性以及不经济性。

（1）主观性与非主观性并存。缺陷行为是基于行为主体的主观性或非主观性而产生的，有时非主观性的行为会引发主观性行为的发生（如发生操作失误后，采取手段来掩盖失误的行为）。

（2）影响的潜在性和不确定性。缺陷行为由于以各类行为主体作为载体，故其形成、产生和发生具有隐含性，故其影响存在潜在性和不确定性。

（3）负面影响性。缺陷行为是偏离组织预设目标和预期价值的行为，故其结果对组织具有利益性损失（资金、资产或财务损失）或非利益性损失（声誉损失、信任损失和品牌认知度损失）。

（4）不经济性。缺陷行为源于各类行为主体的不当行为或不端行为，其行为往往会增加企业运营成本、社会运行成本或损害公众利益，具有典型的负外部性。

需要指出，缺陷行为是需审计关注和待改进的行为；缺陷行为的识别、发现和改进，将会有效地促进审计客体内控体系、风险管理、运营管理等方面的综合能力，同时也可以有效降低审计主体的审计风险和提升总体社会运行效率和降低运行成本。

1.3.1.3　缺陷行为判定

《中国注册会计师审计准则第 1221 号——计划与执行审计工作时的重要性》特别指出，重要性取决于在具体环境下对错报金额与性质的判定，即数量方面需要考虑错报的金额大小，并需要考虑错报的性质。故针对缺陷行为的判定也同样需要遵循重要性原则。

（1）定量视角。审计实施初始阶段，需要判定某个或某些缺陷行为对组织目标的危害或负面影响金额，并依据和运用重要性水平（既设阈值）来区分可容忍缺陷（即影响金额显著轻微的事项）和不可容忍缺陷（即影响金额高于重要性水平的事项）。

（2）定性视角。根据缺陷行为对组织目标实现的影响程度，可以将缺陷行为划分为重大缺陷行为、重要缺陷行为和一般缺陷行为。重大缺陷行为是指可能导致严重偏离组织设定目标的缺陷行为，它可能是单个行为主体的缺陷行为，也可能是多个行为主体缺陷行为的组合；重要缺陷行为指可能使组织设定目标发生较大偏离且发生于关键部门、关键岗位和关键人员的缺陷行为；一般缺陷行为则是对组织的经营与管理产生较小负面影响程度和影响范围较小、损失较轻的缺陷行为。

基于行为的特点、对象属性和严重度，可以对缺陷行为进行综合判定，具体如表 1－3 所示。

表 1－3　缺陷行为与业务对象的映射关系

<table>
<tr><th>行为类别及业务对象</th><th>缺陷行为类别</th><th>缺陷行为影响程度</th></tr>
<tr><td rowspan="2">经营行为：组织中各项运营行为（采购、生产、存货、销售等）</td><td>瑕疵经营行为</td><td rowspan="8">可容忍缺陷
（一般缺陷行为）
不可能容忍缺陷
（重要缺陷行为和重大缺陷行为）</td></tr>
<tr><td>不当经营行为</td></tr>
<tr><td rowspan="2">管理行为：组织中各级管理活动（公司治理、职能部门、支持部门、人力资源管理等活动）</td><td>瑕疵管理行为</td></tr>
<tr><td>不当管理行为</td></tr>
<tr><td rowspan="2">涉财行为：组织中各项财务管理、资金管理、纳税管理等活动</td><td>瑕疵涉财行为</td></tr>
<tr><td>不当涉财行为</td></tr>
<tr><td rowspan="2">操作行为：组织中各类与生产、操作、服务等紧密相关的活动</td><td>瑕疵操作行为</td></tr>
<tr><td>不当操作行为</td></tr>
</table>

审计过程中，并非对所有缺陷行为都加以关注，而是需要根据缺陷行为对组织本身及组织目标实现的影响程度来进行判定，重点关注重大缺陷行为、重要缺陷行为。同时，审计中需要通过审计方法与技术手段，基于不同的业务对象来识别隐性缺陷行为；在发现显性缺陷行为后，需要对缺陷行为的成因动因、发生节点、危害程度、因果关系等进行分析，并确定缺陷行为的业务归属类别、行为类别以及影响程度类别，以便及时发现组织在内控、流程和管理中的漏洞或薄弱环节，并提出针对性的建议和改进措施。

另外，从行为科学视角而言，审计人员在分析缺陷行为时需要关注各类行为背后行为主体的心理、动机和环境因素等，并根据实际情况及时调整审计方法、审计技术和审计策略，这是实现行为审计目的的重要保障。

1.3.2　缺陷行为的成因分析

1.3.2.1　人因失误

现代企业组织面临越来越复杂的企业内部环境和外部环境，成为一种复杂系统和复杂性组织。需要指出，科技的进步与深度应用并未削弱人在系统中的作用。复杂系统中的人不是孤立存在的，作为组织中的构成，个体行为必然会受到技术、流程、团队、企业文化等多维因素的影响；而影响个体操作行为、操作习惯和技能水平的因素往往交错复杂，相互制约，相互影响。

在各行业所发生的各类生产事故及操作风险事件中，大多数事故或事件均与人为错误或人因错误（human error）有关，而且由于人因导致的事故或事件还在呈上升趋势，其危害和损失程度也越来越严重。人因失误实质上是研究个体行为的可靠性。

从心理学视角，斯温（Swain，1983）和里曾（Reason，1990）将人因失误定义为：在无外力干预的前提下，人的意向性计划或动作，未达成期望的结果或未达成预期目标；人因失误是任何超过一定接受标准——系统正常工作所规定的授受标准或容许误差范围的个体的行为或动作。

从系统视角而言，人因失误是一种以个体作为载体的缺陷行为或动作，其结果是未能完成组织预设目标或绩效预期；人因失误的主要成因是由于个体自身的心理、生理、技能、知识水平的波动或异动，以及内部环境（治理因素、管理因素、流程因素等）和外部环境（行业环境、监管环境、市场环境等）对个体所产生的负面影响。人因失误不单纯是个体因素造成的，还必须从组织体系中寻找根源。

1.3.2.2　组织错误

组织作为一个系统的结构，是其内部所有关系的总和，组织通过设计和维持组织内部的结构和相互之间的关系，使人们为实现组织的目标而有效地协调工作。里曾（Reason，1990）认为，组织错误（organizational errors）是组织在业务流程、组织环节及组织控制中所产生的缺陷而导致的风险；它的实质是一种组织缺陷（organizational defect）。

由于现代企业组织越来越多地依靠和使用“黑箱化”和不透明的信息系统、设备设施，具有信息化、自动化和复杂化特点，任何技术失效、人因失误、不当行为和违规操作都只是缺陷行为的必要条件而非充分条件；隐藏在缺陷行为背后的潜在错误的威胁性最大，组织层面的管理失效与决策失误是典型的组织错误（Baram，1993）。

从本质上而言，组织错误是一种知识基的人误，组织错误的主要表现包括管理系统的缺陷、不充分的培训、不良的企业伦理或企业文化、管理者的错误决策等。需要指出，相对于人因失误而言，组织错误的发现在时间上会具有一定的延后性。

基于以上分析可知，企业组织系统因内部因素及外部因素，导致系统循环出现偏离、停顿，信息、资源净流出，称为组织错误、组织缺陷。组织错误产生的根源是企业组织在管理过程、运营过程中由于“人因失误”而发生的控制失误和控制失效。

故在审计中，既要从组织层次关注系统层面的缺陷致因（如治理与管理、流程、信息渠道、文化等因素），也要从个体层次关注其心理、动机和环境因素对个体行为的影响等。

1.3.3 缺陷行为的应对机制

审计组织及相关部门需要构建起针对缺陷行为的抑制与应对机制——“三道防线”，通过三道防线来“过滤”和抑制缺陷行为，如图1-2所示。

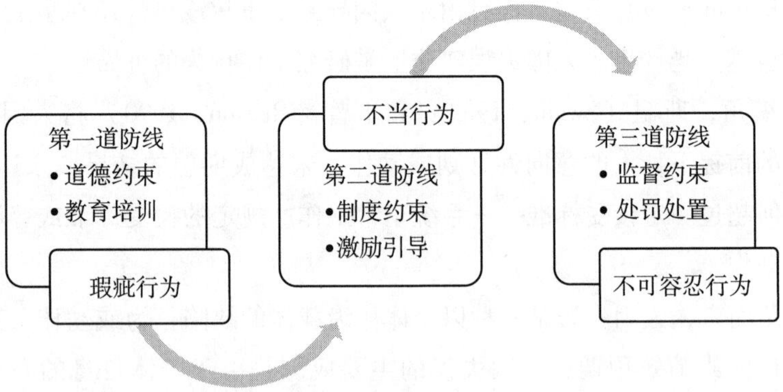

图1-2　缺陷行为应对的三道防线

（1）第一道防线。该防线主要通过道德约束、教育培训等方式，重点对组织内部的个体行为进行需求方面的引导；该防线在瑕疵行为的防范方面有较好的效果。

（2）第二道防线。该防线主要通过法律法规、内部规章制度等来约束组织行为、群体行为和个体行为，并通过激励方式来引导各层次行为主体的动机；该防线在不当行为的防范方面会起到重要作用。

（3）第三道防线。该防线主要通过内控合规部门、风险管理部门、审计部门等对各类行为、各层级行为进行监督，并对不可容忍的缺陷行为进行处罚和处置，从而确保组织内的行为导向和组织目标的实现、组织运行的有效性。

本章习题

1. 试述审计视角下，审计人员和组织一般都关注哪些行为？
2. 试析缺陷行为的种类与成因都有那些？
3. 试析审计人员可能会面对哪些缺陷行为？
4. 试析组织错误和人因失误之间的关联性。

第 2 章　行为科学认知及其应用

学习目标

1. 了解行为科学的主要理论、内涵与要素。
2. 了解组织行为学的内涵与研究思路。
3. 了解行为金融的研究进展与趋势。
4. 了解行为会计与行为审计的区别。
5. 了解行为审计的研究进展与趋势。

本章导读

大数据视角的行为科学

手机的无所不在，以及经由传感器和应用产生的巨量数据，已然开辟了一个新兴的研究领域，这个领域横跨计算机科学与社会科学，或许可以称为“大数据视角的行为科学”。把大规模的移动数据作为输入，我们可以界定和理解真实的生活现象，比如个人特质、人的移动性、沟通和互动的模式等。

当今世界的数字化，已然通过互联网、社会化媒介、电子邮件和移动电话等，将我们的社会变成了一个巨大的实验室。人类在这个实验中留下的电子踪迹，比如打上时间印迹的文本、声音和图像、互联网搜索、社交网络中的种种关系等，加在一起，合成了史无前例的海量数据集，记录了我们的活动、我们的决定以及我们的生活本身。

这使得下述想法听上去就激动人心：对这些电子踪迹的分析，会不会对人类行为的秘密提供深刻的洞见？举个例子，一位用户经常去什么地方活动，在移动计算当中是个相当重要的问题，可以从中推断出许多意义。我们光顾之地反映着我们的品位与生活方式，并且形塑着我们的社会关系。通过移动计算，给用户常去的场所赋予某种语义，每一场所都会被一段时间以来用户的活动历史所再现，再加上用户的智能手机所感知的其他情境信息，有可能催生许多新的服务需求。在此处，不同的输入信息产生不同的价值：例如，地理位置的重要性，未见得高过光顾次数。设想一下，可不可以根据光顾次数而构造某种定制化的媒体或者广告？当然，隐私权会是个大问题；不过，根据新技术在社会中的发展历程来看，人们常常为了方便、有趣而牺牲隐私权。

更进一步说，有没有可能预测用户下一步要去的地方？预测用户的位置，对于推荐系统和情境感应型的应用堪称关键。有许多推荐是基于位置的；预计群体的移动趋势也有重大意义。根据用户的当下情境，预测他的未来去处，这需要根据用户的移动历史建立特定的用户模型，然后再把这些模型应用于当下情境中。

归根结底，移动计算是一种“感知情境的计算”（context-aware computing）。这种计算，混合了对位置的感知、对身份的管理、手机摄像头和麦克风的信息采集，以及用户的社交网络联系。它所带来的计算体验和电脑的体验大不相同。当下，这些要素尚未充分融合，很多时候均为单独运行。一旦所有的要素充分互联与互操作，就会产生更有趣的服务，基于用户的需要、用户做过的事情、用户所在的地方乃至用户正在做的事情，人际互动因此进入一片崭新的天地。

最终，互动不会终止于人与机器，会有更多的互动发生在数字化物体之间，这就是所谓的“物联网”，也可以说，人机互动加上物物互动，会形成一个“万有网”（internet of everything）。Gartner 公司预测说，到 21 世纪第二个十年的终结，会有 2 000亿物体至少部分时间连在网上。现在，物物之间的互联已占互联网连接的一半，比如，建筑物与基础设施的管理，遍布于环境之中的遥控传感设备，拥有 IP 地址的摄像头和麦克风，通过互联产品提供的内容和服务（例如汽车导航仪），等等。

这也就是 IBM 的“智慧地球”概念的内核之所在，IT 技术被以多种方式嵌入我们这个世界中，通过汽车、房间传感器、铁路、公用设施的咪表、各种传统 IT 装置乃至非传统的 IT 装置，我们的地球将变得可感应可度量、互联互通，以及更加智能。

当所有这一切联网物体在网上彼此互动，就会产生富有极大价值的数据，我们因此进入“大数据”时代。大数据之大不在容量之巨（现在一般认为，大数据的数量级应该是“太字节”的），而在于人类分析和使用这些数据的能力之高，换言之，人类如何通过海量数据的交换、整合和分析，发现新的模式，并创造新的价值。

“大数据视角的行为科学”，意味着在空间上和时间上充分理解消费行为。其含义是，通过长时段的消费行为洞察消费者的自然模式（他们倾向于做什么），赋予营销者一种动态的、情境导向的对消费者的感知（他们倾向于在什么时间做什么），预见消费者可能的行为（他们可能做什么），最重要的是，懂得采取怎样的行动才能影响他们。

——胡泳．大数据视角的行为科学［N］．羊城晚报，2019－08－25.

[阅读思考]

（1）如何理解移动计算是一种“感知情境的计算”？
（2）大数据技术与行为科学之间有怎样的关联关系？
（3）从行为人的留痕数据中如何发掘行为主体的偏好和习惯？

行为科学（behavioral science）是现代管理科学的重要组成部分，是研究人的行为规律的学科。行为科学是主要由心理学、社会学和人类学构成的一门综合性科学，其主要理论包括认知论、动机论、冲突论、权力论、效率论等；而行为科学的研究对象包括组织行为、团队行为、群体行为和个体行为等。行为科学在加强管理水平、提升组织运作效率、调和人际关系和激励个人行为、调动个人能动性等方面，发挥着极为重要的作用。

2.1　行为科学认知

2.1.1　行为科学理论认知

行为科学是系统性研究组织行为和个体行为的管理学理论，其产生是生产力和社会矛盾发展到一定阶段的必然结果，也是现代管理学和组织理论发展的必然结果和高阶阶段；行为科学与管理科学已经并列成为现代管理学发展的两大支柱。

一般认为，行为科学理论产生于 20 世纪 20 年代的霍桑试验，最具代表性的是梅奥的人际关系学说。行为科学理论经历了从人际关系到应用行为科学的发展过程。在行为科学的研究过程中，研究学者从组织视角、个体视角对行为动因、行为规律进行了多视角研究，形成了系统性的行为科学理论。

扩展阅读

梅奥的霍桑实验——人际关系学说

霍桑实验是管理心理学中的一个著名实验，是关于人群关系运动的实验研究。1924～1932 年美国哈佛大学教授梅奥（Mayo，George Elton）主持了在美国芝加哥郊外的西方电器公司霍桑工厂所进行的一系列实验。它发现工人不是只受金钱刺激的“经济人”，而个人的态度在决定其行为方面起重要作用。

该系列实验包括照明实验、福利实验、访谈实验和群体实验等。梅奥通过实验发现，员工个体并非只是受经济利益刺激的“经济人”，其心理状态和态度在决定其行为方面起着十分重要的作用，是典型的“社会人”。研究发现：

第一，影响企业总体生产效率的关键因素并非工作环境与工作条件，而是员工个体的“受关注度”（重视程度）和归属感。

第二，影响员工个体生产效率的重要因素中，员工个体被群体（团队）的接受程度和安全感，比经济性奖励更为重要。

第三，企业组织中存在着自发形成的“非正式群体”，它拥有特定的群体行为规范，对成员体系的行为起着调节和约束作用。

后期的行为科学研究逐渐从个体、群体（团队）、组织不同层次来对个体行为展开研究，经历了社会人假设、自我实现人假设和复杂人假设三个阶段。

（1）社会人假设主要包括：梅奥“人际关系学说”中的社会人假设；美国麦克利兰（Mc Clelland，1961）针对激励体系提出的“成就需要理论”（成就需要、权力需要、亲和需要）；弗雷德里克·赫茨伯格（Frederick Herzberg，1976）就个体的工作动机提出的“双因素理论”（激励因素、保健因素）。

（2）自我实现人假设主要包括道格拉斯·麦格雷戈（Mc Grego，1960）针对工作源动力所提出的“X 理论－Y 理论”，以及心理学家马斯洛（Maslow，1943）针对个体需求演进而提出的“需求层次理论”（生理需求、安全需求、情感和归属需求、尊重需求、自我实现需求）。

（3）美国心理学家和行为学家沙因（Schein，1960）、洛希和莫尔斯（Lorsch & Morse，1974）针对个体与群体需求变动而提出了“复杂人”理论。该理论认为，个人的需要和动机是非常复杂的，并非单纯的经济人或单纯的社会人，也更非单纯的自我实现人；个人的需要和动机不仅因人而异，而且具有显著的“生命周期性”和环境影响性。

行为科学主要成果理论与研究内容详见表 2－1。

表 2－1　行为科学主要成果理论与研究内容

相关成果理论	主要观点或核心研究内容
人性假设理论	工具人假设；经济人假设；社会人假设；自我实现人假设；复杂人假设；决策人假设
激励理论	激励理论是行为科学的核心内容，具体而言，它是在层次理论、行为改造理论、过程分析理论等基础上形成的
群体行为理论	群体行为理论是行为科学管理理论的重要支柱，掌握群体心理是研究群体行为的重要基础
领导行为理论	主要研究领导者的素质、领导行为、领导本体类型、领导方式等

2.1.2　行为科学的内涵与要素

2.1.2.1　行为科学的内涵

行为科学一词最早于1949年由美国心理学家詹姆斯·米勒在《行为科学通论》一文中提出①，米勒及相关研究学者综合分析了个体的行为动机、行为方式、行为变化规律，从而实现对个体行为的系统刻画、动因解析和行为预测。

美国管理百科全书对行为科学给出的定义为：行为科学是运用自然科学的实验和观察方法，研究自然和社会环境中人的行为以及低级动物行为的科学。中国科学院心理研究所将行为科学定义为：用科学的研究方法，探索在自然和社会环境中人（和动物）的行为的科学。

对于行为科学的内涵，可从广义和狭义两个视角进行理解。广义上的行为科学希望借助自然科学的跨学科方法，来分析存在于经济与金融、社会秩序、公共教育和公共政策等领域中的各类行为问题的共同部分，以期建立起一种行为体系通论。狭义上的行为科学则指运用心理学、社会学、人类学及其他相关学科的成果，来研究管理过程中的各类行为，以及人与人之间关系规律的一门科学。

综上所述，行为科学是指应用管理学、心理学、人类学、社会学以及其他关联学科的理论、方法与技术，来研究管理过程中的各类组织行为、个体行为的特征、规律及其影响因素的一门科学。

扩展阅读

心理学与行为科学的关系

心理学在行为科学中占有非常重要的地位。

首先，人的行为既指意识与行为相互统一的、有意识的行为，也指心理、意识本身。人的心理和意识在活动、行动或行为中形成，又调节人的活动、行动或行为。这正是现代心理学所研究的重要领域。

其次，在基础理论方面，心理学从认知、学习、思维、动机、需要、心理发展及个性等方面为行为科学提供了大量的线索和启发。

最后，心理学还在应用方面如管理心理学、医学心理学、教育心理学及其他许多联系实际的心理学分支，不断地丰富与发展行为科学。实际上它们已是行为科学门类中的重要成员。其中管理心理学由于发展较快，有人甚至将管理心理学定义为狭义的行为科学。

①　犬田充，韦立．美国行为科学的现状［J］．现代外国哲学社会科学文摘，1966（3）：26－28.

1973 年美国心理学家 B. B. 伍尔曼主编的《行为科学词典》，正是从上述心理学的基础理论与实际应用两大方面结合有关学科编纂而成的，它是行为科学整个领域的综合性辞书。

2.1.2.2 行为科学主要要素

对于个体而言，个体处于一定的物质环境、精神环境中；对于组织而言，组织处于一定的社会环境、市场环境和法律环境。个体和组织均需要为了满足生存、发展的需求，并为之而实施行动。需要是行为科学研究的起点，如何有效协调个体需求与组织需求之间的关系，并有效提升个体的能动性，则是行为科学研究的重点。

行为科学理论认为，个体行为过程是一种“需要—动机—行为”不断循环的过程，即需要产生动机、动机产生行为，如图 2 -1 所示。需要是个体产生行为的源动力，动机则是引发或维持个体行为的支撑，而行为则是受个体思想支配而表现出来的各类活动，整个过程中受到个体自身的人格因素和外部环境的影响、刺激。

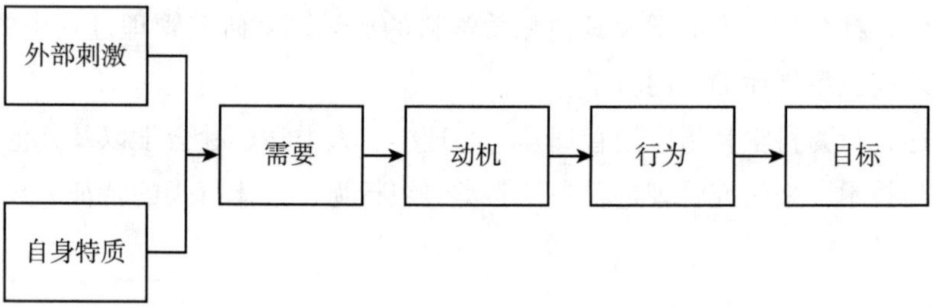

图 2 -1　需要与动机、行为间的关系

1. 需要

需要是指个体的一种主观状态，即个体大脑对某种目标或客观条件的欲望或渴求；这种渴求或欲望是客观需求的反映，而客观需求既包括个体的生理需求，也包括个体对外部的社会需求。

欲望是产生需要的前提；欲望是人的一切行为和活动的根本出发点，它是人的需要尚未得到满足时的一种状态。欲望产生的两个前提为：一是缺失或不满足，二是期待。由欲望的多样性可知，人的需要也同样具有多样性。根据需要的起源，可划分为生理需要和社会需要；根据需要的对象，可划分为物质需要和精神需要。具体类型划分如表 2 -2 所示。

表 2 -2　欲望类型划分

划分维度	具体类型
形态属性	有形欲望（物质条件）；无形欲望（精神条件）
时效属性	将来欲望；现时欲望

续表

划分维度	具体类型
层次属性	生存欲望；发展欲望；荣誉欲望；自尊与重视欲望
载体属性	个体欲望；团队欲望；组织欲望

2. 动机

动机是指引发或推动个体为实现某一目标（需要）而实施某种行为的动力。动机是驱动个体实施行为的直接原因，其来源可分为内在动力（需要）和外在动力（刺激）。动机源自个体自身的动力，故无法直接测度，可以通过问卷法、访谈法、实验法、投射测验法等测试方法来度量。动机具有内发性、隐含性、可变性和实践性。

需要指出，动机是在需要的基础上产生的，动机与需要存在显著区别。需要是个体所需要实现的目标，而动机则是驱动个体实现目标的动因，即个体在确立了某个特定目标后，需要才可能转化为动机；动机更倾向于需要的实现程度、行为方式的选择，故动机又是行为的出发点。

3. 行为

行为是个体、群体或组织受其思维、理念、偏好或价值观的支配，所表现出来的行动或活动。从行为主体视角，可以将行为划分为个体行为、群体行为和组织行为；各类行为一般均具有自发性、归因性、有目标性、持久性和调整性等特点。

第一，个体行为。根据勒温关于行为函数的观点，个体行为是自身特质与所处情景环境的函数。个体的行动是由其个体自身的内在特点与其当时所面对的外在环境所共同决定的。从个体内在因素和外部环境因素间的相互作用来探究个体行为，可以揭示行为的基本规律；内在因素往往取决于个体的心理状态、性格特征、价值观认知、偏好习惯等，而外部环境因素往往会起到激励、强化或制约行为的作用。

行为科学相关研究指出，个体行为往往是自发的，外力可以影响人的行为但却很难改变其内在认知。行为的改变包括知识的改变、态度的改变、个体行为的改变、群体行为或组织行为的改变，如图 2－2 所示。

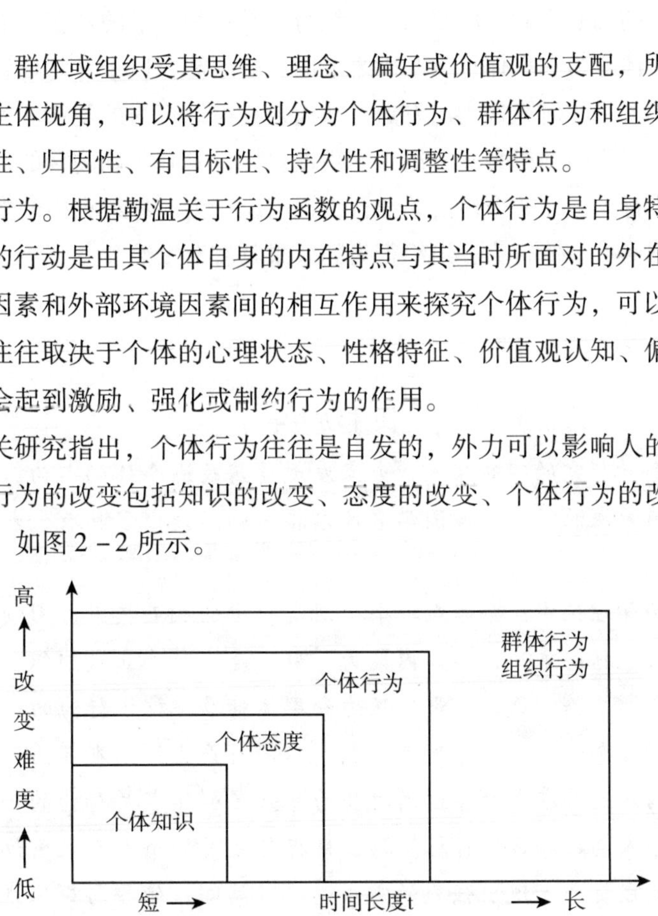

图 2－2　行为改变“时间—难度”坐标

由图2－2可知，个体在接受知识改变方面的难度最小，但个体态度的改变则相对较难；个体行为、群体行为或组织行为的改变则难度更大，所需要的时间也更长。这也说明了组织行为和个体行为具有相对的稳定性，群体行为或组织行为的改变源于个体行为的改变，个体行为的改变先要从态度和知识的改变做起，而个体态度的改变则需要从个体需求、动机和心理进行分析。

第二，群体行为。群体介于组织和个体之间，组织、群体和个体是不可分割的整体，群体行为是团体行为的一种特殊形式。群体行为是两个及以上的个体基于特定的共同目标，相互影响、相互依赖和相互作用而实施的活动。群体行为研究中高度关注群体的非正式组织特性、群体的内聚力、群体内的相互影响路径等。关于群体行为的判定要素包括：群体成员是否具有共同的需要和目标；群体成员是否具有共同的规范和行为模式；群体成员是否具有共同的归属感；群体成员间是否产生相互作用、相互依赖；群体成员是否具有组织性。

第三，组织行为。个体行为是无法脱离外在环境而存在的，故而个体在组织中的行为即称为组织行为。组织行为指组织中的个体、群体或组织本身基于组织的预设目标，对内部环境或外部环境的刺激而做出的反应。组织行为是一种复杂的社会行为和重要的组织现象，它是建立于个体行为和群体行为基础之上的，故而需要以个体特征、需要、动机以及组织结构中个体间关系的研究作为出发点，从而探究组织行为的规律。关于组织行为的判定要素包括：组织行为的动机是基于组织的预设目标，具有明确的目的性；组织行为是全体组织成员的整体行为，而非个体的单独行为；组织行为通过组织中的多个个体行为来实施，反过来又影响成员个体行为；组织行为的效果具有双重性。

扩展阅读

团体动力学

随着行为科学研究的不断深入，专家发现要想改进个体的行为，需要对团体以及团体的本质有更深的了解。德国学者库尔特·勒温提出了具有代表性的团体动力学法则。

在团体动力学理论中，个体在一个生活空间中的相互接触、影响构成了团体行为，其主要内容包括：第一，群体内聚力。群体是一种非正式组织，群体成员为了一个共同目标一起工作。第二，群体压力和群体标准。群体行为的一致性受求同压力的影响，一种是个体发现自身观点与别人不同时产生的内在压力，一种是试图影响他人的成员给予的外在压力。这两种压力导致了群体成员行为的一致性，即群体标准。第三，个人动机和群体目标。群体目标与成员的个人动机密切相关，对群体目标认可度高的成员会表现出强烈的需求动机。第四，领导与群体性能。领导者的素质与作风对群体生活产生重要影响，勒温认为群体中有三种领导方式——专制型、民主型、自由放任型，其中民主型领导方式最受认可。第五，群体的结构性。群体结构变量包含正式领导、角色、规范、地位、群体规模、群体构成，群体结构会塑造成员的行为，正常成员会遵守绝大多数规范，非正常成员则会选择认可部分规范，领导者负责维护群体团结。

2.2　组织行为学认知

组织是一种基于特定目的、由多个元素共同构成的特殊单元，它由至少两个或以上的个体组成，并遵循一定的组织规则并实施相对连续的运作，从而实现一个或多个共同目标。

20世纪60年代末期开始，现代管理学体系中的各种理论相互融合，学术界和企业界逐渐认识到，企业组织实质上是由“技术—社会—心理”构成的多元系统和复杂系统。在组织研究中必然涉及个体、群体和组织系统等不同层次，而个体、群体及其对应的结构与行为会对组织内部行为产生何种影响，逐渐成为学术界的研究重点。

2.2.1　组织行为学的研究演进

20世纪50年代美国心理学界开始出现“组织心理学”（organizational psychology）一词，或称为管理心理学、工业组织心理学等。组织心理学主要运用心理学原理去探究组织管理中人的心理与行为规律，而后它逐渐演变成为现代管理科学中的一个重要学派。美国组织行为学家埃加德·沙因（Edgar Schein）于1980年出版了《组织心理学》一书后，各学科的研究学者纷纷关注这一领域，并进行了大量实验研究和提出进一步的研究结论。1979年《组织行为研究》（Research in Organizational Behavior）的创刊，标志着组织行为学研究在学术界受到了高度关注和认可。组织行为学的重要理论基础是行为科学理念，而行为科学又涵盖了心理学、社会学、人类学等学科内容。

西方的诸多学者对组织行为学的内涵与本质进行了多维探究。如美国学者威廉·迪尔认为，组织行为学是一门应用社会科学，主要研究工作组织中个人、团体和组织的行为问题。美国学者杜布林（Dubrin）在其《组织行为学原理》一书中提出，组织行为学是系统研究组织环境中所有成员的行为，以成员个人、群体、整个组织及其外部环境的相互作用所形成的行为作为研究对象的一门科学。加拿大蒙特利尔大学乔·凯利（Joe Kelley）教授认为，组织行为学是对组织的性质展开研究的，包括组织是如何产生、成长和发展的，组织如何对个体成员、群体及其他组织或机构产生作用的①。

较为经典的定义是由美国管理学家罗宾斯（Robbins，2008）提出的，他认为：组织行为学是一个研究领域，它主要探究个体、群体以及结构对组织内部行为的影响，以便运用这些知识来改善组织运行的有效性。组织行为学重点研究组织中个体的心理变动和行为规律，从而实现对组织中出现的各类行为进行预测、解释、控制和引导。

2.2.2 组织行为学内涵与思路

组织行为学是研究组织中个体成员的心理活动与行为规律的一门新兴的交叉学科。其研究思路为：从管理者视角而言，组织管理中的首要问题是如何调动人们的积极性，所以应以个体的需要作为研究起点，即要充分了解个体的心理和行为规律，知道个体在想什么、想要什么、想解决什么，并针对性调整管理方式、策略和流程，从而激发个体的动机，促进其产生正向和协同性的行为，达到提升个体工作积极性和效率的目的，最终实现组织目标。

2.3 行为科学与组织行为学的应用

行为科学的形成和演进过程中，诸多研究学者不断吸收心理学、社会学、人类学等学科知识，运用典型试验、观察测验、社会调查和案例分析等测量方法，对组织管理中各层级行为主体的特征、行为动因、行为过程以及行为主体所处的内外环境等，展开了长期性的深入研究。

早期的行为科学理论主要应用于企业管理，从管理者和员工视角研究如何激发员工个体的积极性和主动性，从而提升工作效率和增强个体与企业之间的联系，缓和劳资矛盾。

此后，行为科学的研究范畴和应用范围越来越广泛，逐渐涉及心理学、人类学、社会学、经济学、政治学和语言学等多个学科，其研究对象也涉及社交行为、消费者行为、经营与管理行为、操作行为、政策制定与实施行为等领域，并形成了多个分支学科，如组织管理行为学、组织工程学、医疗行为学、犯罪行为学、政治行为学、行政行为学、行为经济学和行为金融学等。

20 世纪 70 年代末，我国学术界和管理界也开始高度关注行为科学理论及其应用。1985 年 1 月，中国行为科学学会在北京成立，标志着我国行为科学的研究和应用进入了一个新时期。以两院院士钱学森为代表的专家及学者建议应构建起具有中国特色的行为科学体系，并认为神经科学、伦理学和法学也应纳入行为科学体系构建中。徐联仓、凌文辁、卢盛忠、杨锡山和徐凌文辁等科研学者、企业人士为中国的行为科学体系建设做出了巨大的贡献②。

---

① 赵国祥等．组织行为学［M］．大连：东北财经大学出版社，2016.

② 徐联仓，凌文辁．组织管理心理学［M］．北京：科学出版社，1988.

总结而言，行为科学的核心认知肯定了人是具有社会性与复杂性的个体，个体是研究组织管理问题中的核心和起点，即“人本思想”。行为科学将社会学、心理学、人类学等多维学科融入管理学领域，开创了极具特色的学术流派，行为科学理论体系的形成与应用，也是现代管理学与社会化生产有机融合的产物。目前，行为科学与组织行为学创新应用的领域包括了行为金融、行为会计和行为审计等。

2.3.1　行为科学在金融领域的应用研究

2.3.1.1　行为金融学的基本理论

传统经济学与行为科学相结合后，逐渐发展成为行为经济学，行为金融学是行为经济学的一个分支。传统经济学中，经济学家假设行为人是完全理性的。理性经济人的唯一目标是改进自己的福利实现效用最大化，由此产生的经济模型通常被称为理性模型或者理性选择模型。

然而，在现实经济生活中，大多数人并不是完全理性的，传统经济学理论对有些现象很难给出合理的解释，理性模型发生了系统偏离。行为经济学指出“理性经济人”原本就不存在，而被理论所舍弃的“常人”在现实世界的选择和决策中始终担任主角。行为经济学通过研究人们在现实经济生活中不确定情形下所做出的决策和判断，解释理性模型不符合现实或不准确的原因。

传统金融学中，通常使用含有“理性”行为人假设的模型来研究金融市场。市场价格通常是正确的，而价格变化是由对信息的短期认识引起的。在长期中，这些价格变化或收益反映了对承受风险的补偿。另外一个传统而基础的概念是期望风险与期望收益之间的关系。对于拥有更高风险的投资，风险厌恶的理性市场参与者需要得到更高的期望收益。尽管从市场层面来看，传统金融学范式是非常有吸引力的，但它在人类行为方面的假设是不现实的。经济学家经过多年研究后发现，总体股市、个人交易行为、平均收益截面等基本事实并不能用这种范式解释。

总结而言，行为金融学研究人的情绪、心理偏差对金融决策行为、金融市场与产品定价以及金融市场波动的影响。与传统经济学、金融学理论相比较，行为金融学主要具有如下特点：

第一，它以传统的“理性选择”理论作为发展新经济决策与市场均衡的起点；

第二，它运用数据收集和数据分析方法，剖析和验证人的各类现实行为与具体行为；

第三，它运用心理学、社会学、金融学、统计学等多学科的交叉性研究成果，剖析和解释传统“理性经济人”理论中所无法解答的诸多问题。

2.3.1.2　行为金融学的研究主题

行为金融学旨在剖析和解释投资者的决策过程和决策动因，比如，在投资决策过程中，投资者的个人情绪是否会影响其决策，并在多大程度上影响决策，以及是如何对决策生产影响的。由此，行为金融学的研究可从四个关键主题来展开，即直觉推断、框架、情绪和市场冲击。

第一是直觉推断。它通常指的是经验法则，即一种减少必需的认知资源去寻找问题的答案的方法。直觉推断描述了人们在生活中真实采用的、将情绪因素与认知过程结合分析的决策过程。决策者经常面临一系列选择，这些选择具有很大的不确定性，而人们量化判断出现每一种结果的概率的能力是有限的。研究学者们一直在探索所有可能影响金融决策的直觉判断，包括情感、代表性、有效性、锚定与调整、熟悉、过度自信、维持现状、损失和后悔厌恶、模糊厌恶、保守主义和心理核算等。然而，事实上所有的直觉推断都存在偏误。另外，不断发展的神经经济学和神经金融学领域中大脑的物理特征的研究也与金融或经济决策的制定相关。

第二是框架。当问题以不同的方式被表述（框定）时，尽管目标事实不变，但人们所做出的选择通常是不同的，心理学家把这种行为称为框架依赖。例如，投资者对股票市场的预测会随着他们是自愿还是被要求去预测未来价格或未来收益而变化。框架在决策过程中的重要性在于它帮助人们向更好的选择趋近。

第三是情绪。人们的情绪和与之相联系的人类潜意识需求、想象和恐惧会影响他们所做的金融决策。情绪金融学是行为金融学中的一个新领域。它依靠精神分析方法理解人类的思维，借助最早由西格蒙德·弗洛伊德①加以解释的动态心理状态来描述潜意识如何驱动投资决策和金融活动。情绪金融理论认为投资判断可能是在或强或弱的潜意识力量的影响下所做出的，而潜意识力量的影响往往不会被意识到。此外，情绪金融理论提出，如果对这些问题能够有更充分的理解，使潜意识被“意识”到的话，那么将有助于缓解市场参与者的焦虑和压力，并进一步提高投资决策的质量。

第四是市场冲击。套利限制会阻止理性投资者修正偏离基本价值的市场价格，这使得与投资者相关的认知偏误有可能会影响市场价格。

2.3.1.3 行为金融学的应用

行为金融学在一定程度上解决了传统金融学遇到的难题。从广义上讲，它认为用非完全理性的行为人假设模型能更好地理解一些金融现象，在一个理性和非理性行为人相互影响的经济体中，非理性行为人会对价格有显著且长期的影响。

行为金融学的一个潜在假设是：信息结构和市场参与者的特征会系统地影响个体的投资决策与市场结果。人类思考的过程并不像计算机运算那样，相反，人类的大脑在处理信息的过程中经常使用捷径和情绪过滤器。这些过程会对金融决策者产生影响，使得人们以

---

① 西格蒙德·弗洛伊德（Sigmund Freud）是奥地利精神病医生、心理学家，开创精神分析学说，精神分析学派的创始人。著有《性学三论》《梦的释义》《图腾与禁忌》《日常生活的心理病理学》《精神分析引论》等。

一种看似非理性的方式行事，从而常常违反传统的风险厌恶概念。这些问题在投资者决策、金融市场以及公司管理者行为中普遍存在，而这些次优决策的影响已波及资本市场的有效性个人财富和公司的绩效。

2.3.2　行为科学在会计领域的应用研究

2.3.2.1　行为科学在管理会计中的应用

1990 年，余绪缨教授发表的《试论现代管理会计中行为科学的引进与应用问题》①，开启了行为科学在管理会计中的应用；他认为，行为科学在预算、业绩计量评价与控制、成本控制等方面有着重要的作用。

第一，预算管理方面。行为科学在预算中的运用，主要体现在参与性预算，参与性预算是指预算的参与者不仅拥有参与预算编制的权利，参与预算执行结果的评价的权限也得到了放开，参与性预算为基层预算参与者提供了在组织发表看法的机会，增强了参与感，从而激发了他们完成目标的积极性，提高了组织的整体效率。行为科学在预算管理的研究中发挥重要作用。

第二，业绩计量评价与控制方面。研究表明，单纯依赖少数财务指标不利于业绩考核系统的健康发展，因此，目前业绩考核更关注于多重财务指标与非财务指标相结合，非财务指标的应用使得业绩考核体系更加全面。作为业绩考核体系中的一部分，平衡计分卡充分重视了行为因素。在内部业绩评价的研究中，考虑到经理人行为影响和行为反应指标，并结合人格特征，体现了行为科学在企业内部业绩评价中的应用。

第三，成本控制。有效的成本控制有利于保证成本目标实现。作业成本是成本管理的重要环节，可以为诸如产品规划和成本管理改进等战略决策提供信息。已有研究发现，认知冲突会影响作业成本行为实施的因素产生有利的结果。此外，在激励与作业成本相关的人员时，应当考虑其所处的客观环境和需求，以达到最佳的激励效果。这些均为行为科学在成本控制中的应用。

2.3.2.2　行为科学在会计信息处理中的应用

由于个体存在差异，致使在使用相同的会计信息时，不同的会计信息利益相关者会做出不同的决策。会计信息处理的行为研究内容主要是个体行为与会计信息之间的互动效应，包含对不同信息输入所产生的结果的研究和对整个决策制订过程的研究。

管理者行为会对会计信息处理产生影响。会计信息对管理者做出决策有着重要的参考意义，会计信息的质量将直接影响到管理者的决策质量。研究发现，管理者对会计信息的

---

①　余绪缨．试论现代管理会计中行为科学的引进与应用问题［J］．厦门大学学报（哲学社科版），1990（4）．22－28.

理解受到自身主观因素的影响，如无意识的认知偏差、自利心理等。此外，投资者、分析师的个人行为动机也会影响其对会计信息处理的结果。例如，分析师做出乐观或悲观的分析趋势，通常会受到分析师与管理者之间较好或较差的关系的影响。

2.3.2.3 行为会计的出现与内涵

1. 行为会计的内涵及定义

随着现代管理学与组织行为学研究的不断深入，会计学界逐渐将行为科学运用于会计学科领域，并促进了行为会计（behavioral accounting）这一新研究领域的产生。

截至目前，学术界并未对行为会计达成统一的观点和定义。从相关界定中可以看出，行为会计是行为科学与会计学领域的融合，行为会计与传统会计有显著不同的研究对象，着重于研究会计主体行为与会计系统之间的关系及作用。行为会计实质上是会计与人类行为融合的科学，它是行为科学在会计领域中的应用，将会计与会计信息及会计问题相关的人类行为联系起来。相关学者对行为会计的定义如表2-3所示。

表2-3　行为会计定义

年份	学者	观点或定义
1967	S. W. 贝克尔（S. W. Becker）	行为会计研究是不同于其他会计研究的一种新范式，主要运用行为科学方面的理论和方法来验证会计信息及其加工处理过程与人们行为的相互作用和影响
1987	A. 贝克奥伊（Ahmed Belkaoui）	行为会计是行为科学在会计中的应用，将自身与这样的人类行为——与会计信息和会计问题相关的人类行为——联系起来（《行为会计》）
1970	T. 霍夫施泰和J. 基纳德（T. Hofstedt & J. Kinard）	关于会计人员、或受到会计机能（accounting functions）和会计报告影响的非会计人员的行为的研究（《行为会计研究的战略》）
1989	加里·西格尔（Gary Siegel）	行为会计阐述会计系统与人类行为之间的关系，研究人类行为与有效会计信息系统的设计、建立和使用之间的关系；行为会计反映一个组织的社会维度（《行为会计》）

行为科学应用于会计领域的研究最早源于20世纪50年代，以克里斯·阿吉里斯（Chris Argyris）于1952年发表的《预算研究》为代表，阿吉里斯认为预算是由人控制成本的一种会计技术。

20世纪60年代起，行为会计的研究主要以管理会计为焦点，重点关注会计活动对会计行为影响的研究。在此期间，管理会计领域主要研究会计系统对会计行为的作用与评价员工绩效的预算标准；财务会计领域则关注会计信息的特征属性，而审计领域则研究如何提升审计效率和质量。1981 年美国会计学会“会计、行为与组织兴趣小组”的成立和 1989 年美国《行为会计研究》的创刊，标志着行为会计的研究日益走向成熟。

此后，行为会计研究中不断将组织行为学、人类学、伦理学、心理学、社会学、经济学等各领域的相关原理、技术与方法引入会计领域，通过分析“会计人”（会计个体）的行为同会计信息系统之间的相互作用与关系，探究会计主体的行为特征和规律，并预测、控制和引导正向会计行为，它的产生超越了传统会计在会计信息方面的确认、计量、记录和报告的职能范围。当前，行为会计领域越来越注重运用会计研究成果来检验和修正行为科学理论模型，促进两者之间协同融合。

2. 行为会计体系及其特征

在研究主题和研究方法方面，行为会计与传统会计有着显著的区别，行为会计作为一种新型的研究范式，其特征如下：

第一，行为会计与行为科学有着紧密的联系，它主要研究在特定情况下各会计主体的行为，并以会计人的“有限理性”为前提，深入分析会计个体、会计群体与会计主体之间的相互影响。

第二，行为会计研究的主要方法为实验测试法、观察法、情景模拟法和案例分析法等，即主要借助真实场景或模拟特定场景来检验会计政策、会计方案的可行性及会计效果，以揭示会计组织及其组织中各构成主体之间的行为过程和行为规律，为会计组织提供更为科学、客观的会计决策方案。

第三，行为会计将行为科学应用于会计领域，以会计个体的特征、心理、需求和动机等作为真正需求出发，深入研究会计组织与会计个体行为之间的相互关系，并将研究成果应用于会计组织的决策与方案实施。

扩展阅读

行为会计的研究方法——概率判断

在行为会计研究发展与演进中，行为科学、社会学、经济学和统计学等学科起到了重要的推进作用，而心理学则是对行为会计影响最深的学科之一，如透镜模型和概率判断研究方法在多元化会计信息、会计证据分析方面起到了至关重要的作用。

概率判断主要关注当获得新证据时，决策者是否能够按照贝叶斯法则来及时修订此前的判定。概率判断研究表明，决策者很少能够及时按照贝叶斯法则来调整先前概率（base rate），决策者往往受限于判定内容的复杂性和自身信息处理能力的约束性，而运用“拇指法则”① 或者启发式对判断决策任务进行简单化处理。

① “拇指规则”是指经济决策者对信息的处理方式不是按照理性预期的方式，将所有获取的信息都引入决策模型中，决策者往往只考虑重要信息，而忽略掉其他信息。否则信息成本无限高。

3. 行为会计研究演进

当前，行为会计的研究领域已由早期的管理会计领域，延伸至财务会计、审计等领域，其研究方法也呈现多样化趋势。当前，行为会计研究还逐步向行为会计研究设计、会计职业发展和会计道德等领域发展，研究的重点主要集中于管理控制、会计信息处理和审计等，具体如表2－4所示。

表2－4　　行为会计研究领域演进

行为会计研究领域	具体研究内容
管理控制系统	管理控制系统设计对员工个体和组织的影响作用，具体分析参与、领导风格和回馈作用等问题
会计信息处理	不同会计信息输入后所产生的结果，以及结果对整个决策制订过程的影响
会计信息系统设计	会计信息系统框架、流程、运行、数据“输入—处理—输出”的整体设计
审计	政策获取、概率判断和事先决策行为等，聚焦于审计人员的专业性研究
组织社会学	内外组织环境对会计组织系统的影响；推动会计信息系统变化的影响因素；组织领域里会计人员所发挥的作用等

2.3.3　行为科学在审计领域的应用研究

20世纪90年代以来，行为会计的研究继续深入相关领域，并且拓展至审计领域，在行为科学及行为会计研究的影响下，审计方向逐渐由“物本审计”向“人本审计”研究扩展，审计的重点从传统的证、账、表转向被审计经济实体管理者及其行为活动，从而实现了审计思路由“自上而下＋自下而上”向“由内而外＋由外而内”的转变，此后审计理念、审计模式、审计流程等也均受此影响，出现了不同程度的调整和变革。

近年来，关于行为审计的研究呈逐年上升趋势，它所带来的心理认知研究、行为决策探索在跨学科的应用中已经成为典范代表之一。行为审计理论发展的基础是行为科学理论的快速发展，行为科学的研究内容在行为审计中的不断发展与应用，也反向地促进了行为科学的发展。纵观国际，行为审计已成为审计界研究的重要创新点。

总结而言，行为审计学是一门将行为科学与审计科学合二为一的新兴科学，它主要以心理学、社会学和人类学为构成内容，并将其系统性地运用于审计领域。行为审计学的出现与发展，能够有效弥补传统审计忽略审计主体、审计客体的心理因素和环境因素作用方面的不足，并有助于解释审计主体、审计客体的行为动机，推测行为规律，并据以更好地识别风险点和薄弱点，有效提升审计质量与审计效率。行为审计学最重要的贡献是把“行为人”纳入审计视界，从而开启了审计学新的研究路径和研究领域。

随着时代的不断进步，以互联网、大数据、区块链、人工智能和物联网等为代表的新科技日益在社会各领域中深度应用，行为科学的研究与发展也逐步进入了“大数据时代”。传统的观察、试验、量表等行为科学的测度方法，也因新科技的快速发展及应用而进行创新和革命，各类行为数据的搜集、获取、统计和规律分析等，可以依靠更为先进的生物基因、人工智能、物联网、大数据计算等提升精度和效率，以更准确地发现行为规律，解决新环境下的管理学问题。

在此背景下，行为审计也必将会顺应科学与技术的发展，不断在审计理念、审计流程、审计方法和审计技术方面与时俱进，成为一门更加具有生命力、时代性的新兴学科。

2.3.4　行为审计与行为会计的演进关系

当行为科学理论及其研究方法应用于会计领域后，就产生了行为会计。行为会计研究是不同于传统会计研究的新范式，它主要运用行为科学理论和方法，来验证会计数据和信息的输入、处理和输出过程与人们行为之间的相互作用和影响。从行为会计的产生、演进过程可知，行为会计的研究历程主要经历了管理会计领域研究、会计信息系统领域研究和行为审计领域研究。

作为行为会计研究应用的早期领域，行为审计的研究一直在行为会计范畴中进行，故它与行为会计具有紧密的关联关系。但随着学科领域的不断发展和深入，基于学科内涵和特点可知，行为审计与行为会计有着明确的边界和不同的特征。行为审计主要研究的是审计体系中的各类行为和各类行为之间的影响，包括审计主体行为（审计组织、审计群体和审计个体的审计行为）、审计客体行为（审计客体和被审人员的管理行为、经营行为、涉财行为和操作行为等）、审计委托方的委托行为以及三方之间的行为关系，侧重运用行为科学、组织行为学等手段来分析和评价组织及个体的行为表现。

行为审计以“行为”作为审计主题，行为审计的对象包括管理行为、经营行为、涉财行为、操作行为以及计算机与网络行为等，行为审计过程即是对各类行为的验证和鉴证过程。从结构视角而言，经济行为、计算机与网络行为是由行为动机、行为方式和行为结果构成的。影响经济行为、计算机与网络行为的主要因素包括经济因素、规制因素、物质因素、激励因素、心理因素、偏好因素等审计环境因素，这些因素均会不同程度影响审计关系体系中的组织行为、群体行为和个体行为。故与行为会计相比，行为审计在研究对象方面更有其特殊性。

故基于行为审计研究对象的特殊性，将行为审计从行为会计体系中分离并形成相对独立、专门化的学科研究体系，是非常有必要的。

本章习题

1. 行为科学包括哪些要素？
2. 组织行为学与行为科学的关联是什么？
3. 行为科学是如何影响会计领域，并形成行为会计学科的？
4. 行为审计与行为会计之间有何关联与区别？

第3章　行为审计：行为科学的新应用

学习目标

1. 理解行为审计学需求的变化。
2. 理解行为审计学与信息审计、行为会计的区别与联系。
3. 了解行为审计的相关理论及研究演进。

本章导读

审计革命——从“物本审计”走向“人本审计”

伴随着知识经济时代的到来，人类社会已经步入信息化时代。计算机在管理信息系统特别是会计信息系统中的应用，对传统审计产生了很大影响。随着企业会计信息系统的建立与健全，会计信息系统在数据处理流程、处理试工、内部控制及组织结构等方面发生了很大变化。这些变化对传统审计的审计线索、审计手段、审计技术方法、审计准则等方面产生了重大影响，使得只具有传统审查手段的审计人员无法揭示会计信息化环境下的经济犯罪和会计信息失真问题，传统审计面临着失去资格的巨大行业风险。信息化时代不仅仅要求审计要改变传统的技术和手段，也要求改变旧的审计理念和模式。

物本审计的特点包括：(1) 审计的对象是“物”性的：比如资产、负债、损益状况；财政收支的真实性、合法性和效益性。(2) 审计的标准是“物”性的：评价会计报表是否公允、真实、合法反映有关经济事项情况，所依据的标准是有关法律、会计原则、会计制度；评价经济事项是否符合经济性、效率性、效果性，所依据的标准是以往历史数据或管理的最佳实务。(3) 审计提供的信息大多是有关物化的信息。(4) 审计的目的服从于受托者的目的，一般是检查、鉴证、监督、控制经济等。

人本审计的理论基础源于人本主义思想和行为科学等理论。人本审计是对审计本质的再认知，也是对审计本质认识的回归。人本审计是以人及人的行为为中心、为根本的审计。人本审计更关注人的行为过程对经济活动产生的主导作用，结合分析经济活动这一行为的结果，系统分析被审计人经济责任的履行情况。人本审计更重视“人—事/物”的关系，从而能更好地把握审计的实质。

——徐国君，姜毅．审计学革命：从物本审计到人本审计［J］．中国注册会计师，2012（10）：57－62.

［阅读思考］

（1）如何理解传统审计由“物本审计”向“人本审计”转化的动因？

（2）请思考物本审计和人本审计的区别与联系。

（3）请深入分析大数据和行为科学对“人本审计”研究的驱动作用。

随着行为科学的不断发展及在各领域的深度应用，传统的以“物”为中心的“物本审计”正在转向以人和行为为中心的“人本审计”。传统审计的关注点也逐渐从关注以“证—账—表”为基础的信息审计，转向关注审计客体的“动机—需要—行为”的行为审计，即以“个体行为”和“组织行为”为重要关注点。

在这种新型变化下，审计理念、审计模式、审计流程、审计内容和审计实施工具和方法等都受到了一定程度的影响。故将行为科学引入审计科学，拓展了审计对象与职能，使得审计的研究领域从“物本审计”延伸至“人本审计”，弥补了传统审计过于重视财务报表与经营绩效而忽视“人”的短板。

行为审计是以“人的行为”和“组织的行为”作为主题的审计，行为审计研究将有助于解释审计主体行为和审计客体行为产生的动因和规律，从而能够有效识别和发现审计主体、审计客体中的行为异动，进而及时做出应对和调整，更好提升审计效率和确保审计质量。

3.1　行为审计的研究历程

随着审计行为和行为科学的不断发展，行为科学在审计活动中得到了更多的运用。行为审计应运而生后，国内外诸多研究学者对其进行了系统性的研究。行为审计学是审计实践过程中对审计主体行为、审计客体行为进行辨识和认识的规律性总结。关于行为审计的研究主要可划分为三个阶段：初步提出阶段、内涵探究阶段和体系建设阶段。

3.1.1　初步提出阶段

在该阶段，国外学术界及审计学界对行为审计的理解并没有统一和具体的认知，尚处于概念和内涵的理解阶段，并认为行为审计的进一步研究要高度关注审计评价标准、审计人员权限、审计命题的确定性、审计本身的局限性和伦理道德影响等特定问题；同时，行为审计在此阶段还被认为是行为会计的构成部分。此时国内关于行为审计方面的研究也较少。

进入 20 世纪 90 年代后，行为会计的研究逐渐走向成熟，但行为审计还未脱离开行为会计体系成为独立的研究内容。日本教授鸟羽至英于 1995 年首次提出了“行为审计概念”，他将审计主题区分为行为和信息两类，从而将审计区分为行为审计和信息审计（即传统财务报表审计）。

国内学者岳芳（1991）较早提出了行为审计学设想，并对行为科学在审计领域中的变革作用进行了系统性分析，但并未明确概述行为审计学的概念；蔡书亚、魏安学（1999）提出行为审计是借助行为科学的原理及方法，来审查经济行为动机和行为方式的心理和社会因素，其最终目标是探究组织目标和个人目标之间的不平衡所在。赵保卿（2000）运用行为科学方法对审计中的个体行为、群体行为、领导行为和组织行为等进行了系统分析，重点关注行为之间的影响关系，提出重构审计行为结构的建议。

3.1.2　内涵探索阶段

2005 年后，随着行为科学在金融领域、会计领域中的不断深入应用并产生了巨大的学科影响，国内外开始关注行为审计的研究。

国内研究中，马航（2005）对国内外行为审计的相关文献进行了总结和回顾，就传统审计中的审计合谋问题从个人、群体、组织等行为方面进行了剖析，并提出相关建议。刘小年和岳阳（2005）认为行为审计是行为会计的重要构成，并从透镜模型、判断认识过程、决策前行为和问题解决四个相对独立的研究典范进行了深入分析，随后赵晨（2008）、王胤宇和叶磊（2009）均提到了这四种行为审计的研究模式，并对行为审计的审计方法如实验法、观察法和条件反射法等进行了论述。谢少敏（2006）借鉴了鸟羽至英对审计的分类研究，较早提到了信息审计和行为审计的概念。赵俊涅（2008）则通过构建审计的成本—收益分析模型，来探究行为审计成本与收益、审计质量等之间的关系；另外，赵俊涅（2011）还将黄金分割率引入行为审计组织结构模型，研究如何改变行为审计与行为审计风险，并提出行为审计风险控制的相关建议。在行为审计理论的创新上，夏明（2012）认为，行为审计的研究内容应该包括两个方面，一是审计人员本身的审计行为，二是审计客体相关人员的行为，主要研究审计客体蕴藏在审计数据背后相关人员的行为以及影响这些行为的心理和社会因素。

该阶段的研究成果中，主要是针对单独的审计行为问题或现象进行片段式分析，尚未对“行为审计”进行系统性、理论性的分析。

3.1.3　体系初建阶段

2016 年，南京审计大学郑石桥教授发表系列论文对“行为审计”进行了较为系统性的阐述和介绍，涵盖了审计主体和审计客体、审计内容与审计需求、审计行为与审计处罚等方面内容。此后，“行为审计”体系在国内被正式建立起来，国内学术界和金融界也开始逐渐关注行为审计。滕剑仑、祝宏辉（2016）研究腐败免疫系统构建时发现，行为审计主体均以利己主义为出发点来调整审计策略，在缺少干预的条件下难以维持长期的均衡状态，审计人员必须关注审计客体的心理动机、行为特征等，并根据实际情况及时调整审计策略。张锋等人民银行西安分行课题组及其成员（2017）较为系统地探究了行为审计的基本概念体系，包括审计目标、审计主题、审计依据和审计方法等，并探索了行为审计在人民银行的具体运用流程与模式。杨波（2017）则探析了审计环境对审计行为、审计项目、审计人员和审计关系的影响，但这应属于审计行为的范畴，而非行为审计的研究。

近年来，行为审计的研究文献数量逐渐增加，学术界和审计界对行为审计已经有了初步的认知和理论框架。但总体而言，在大数据时代和信息化时代，如何系统性刻画行为审计概念与内涵、审计方法、审计技术、审计应用，如何有效区分行为审计和传统审计、审计行为等体系方面的研究还相当缺乏。

3.2 行为审计体系与审计目标

3.2.1 行为审计体系框架

行为科学及组织行为学理论是行为审计体系的理论基础，而审计要素是构成审计体系和审计实施的基本因素。审计要素主要包括风险要素、环境要素、行动要素、职能要素和结果要素。与传统审计要素不同的是，行为审计要素主要包括职能行为要素（审计职能履行情况）、数据行为要素（审计数据类型与数据范围的产生行为）、证据行为要素（审计证据的提供、搜集与分析行为）、实施行为要素（审计组织及审计人员的审计路径与审计程序选择行为）和报告行为要素（审计意见的判定行为及审计报告的出具依据）等。各行为审计要素之间的关系如图 3－1 所示。

行为审计学的发展将行为科学理论与传统审计理论有机融合而成，故行为审计学理论与传统理论既有区别也有紧密联系。与传统审计理论相比较，行为审计体系具有如下特征：

第一是审计主题方面。传统审计的主题是信息，即财务信息及绩效信息，以及关联的非财务信息与数据等；而行为审计的主题则是审计组织与审计人员等审计主体的审计行为，以及审计客体（被审单位）的经营行为、管理行为和其他行为，还包括组织与人员在信息系统和网络方面的操作行为和网络行为。

第二是审计对象方面。传统审计的对象是审计客体的经济数据和经营数据等；而行为审计的对象是审计主体行为、审计客体行为及两者间互动行为关系波动的动因，以及影响

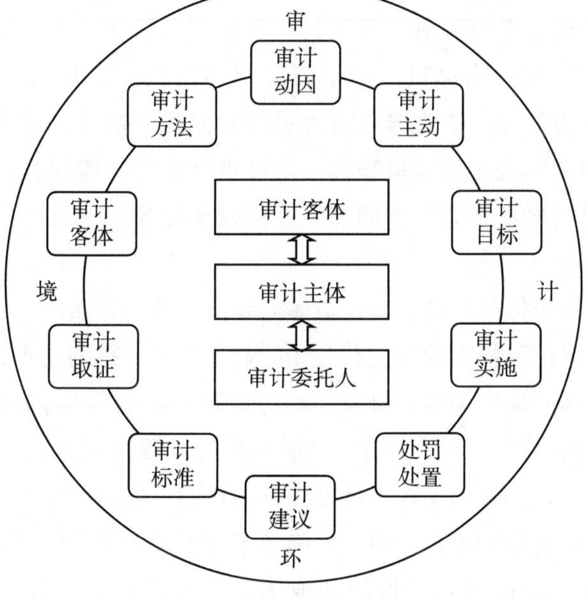

图 3－1　行为审计体系框架

其行为的心理因素和社会因素。

第三是审计方法方面。行为审计关注审计主体、审计客体的行为动因及影响因素的规律性，故除了传统审计方法外，行为审计还将使用实验法、案例法和大数据分析、网络技术等现代科技手段进行印证。

第四是审计取证方面。传统审计中，审计人员在分析财务数据和经营数据时，主要关注和获取异常数据，从异常结果的数据成因方面来解释和分析信息质量；而行为审计则是通过搜集大量相关的异常行为事件和缺陷行为案例，关注产生异常行为背后的动因，即什么因素会导致审计主体、审计客体出现异常行为或缺陷行为，即由现象看本质。

第五是审计依据方面。传统审计的实施主要依据国家及管理机构、企业机构颁布的财经法律规制和会计准则、会计核算制度等；而行为审计目前尚未有通行的行为审计准则，主要运用行为科学中关于行为、动机、心理等原理及分析方法，对审计主体行为、审计客体行为背后的成因及行为关联进行分析。

3.2.2　行为审计目标体系

3.2.2.1　行为审计总体目标

一般而言，审计目标是基于审计委托方的委托，由审计人和审计委托方双方达到一致的鉴证目的。行为审计的总体审计目标为：接受审计委托方的委托，对受托方的特定行为是否符合委托方的期望进行验证、鉴证和提出审计结论。

行为审计的目标通过运用科学的行为审计评价方法，对审计客体的履职行为目的、行为流程及行为结果进行考察分析，并对其行为心理因素和环境因素做出科学准确的评价与分析，据此解释履职行为动机。由于履职行为动机在审计行为关系体系中尤为重要，能够指引履职行为目标，决定履职行为手段和方法的选择，最终直接影响履职行为结果。故行为审计的目标是正确地审查和评价被审计客体的履职行为动机，预测其履职行为规律，监督和控制异常履职行为的发生，激发良好履职行为动机，最终促进经济约定目标的实现。

关于行为审计总体目标的实现，审计主体需要注意几个方面：

第一，要确定好审计委托方的期望和关注的业务重点及行为重点；第二，需要确定审计委托方与代理人之间的委托关系，以及二者之间委托与受托的行为边界、现状和利益冲突等，是否存在行为机会主义倾向；第三，需要确定接受委托后，审计人自身的资源配置、专业水准、知识储备是否能实现审计委托方的预期，即需要将审计委托和受托之间的审计期望差控制在可接受范围内；第四，要确定审计人能为审计委托方提供的审计产品和审计产出，包括审计产品的质量、价值和成本等，尤其要关注审计产品的适用性和时效性。

3.2.2.2 行为审计具体目标

依据行为审计主题可知，其具体目标为：识别、发现和分析审计过程中的正常行为与缺陷行为，并依据缺陷行为的可接受程度实施全流程的行为差异分析和行为主体分析。

行为审计具体目标的实现要解决两方面的问题：第一，审计行为关系体系中各主体的行为甄别与分级，以解决行为的分类问题；第二，从行为本身和行为主体两个视角对行为差异进行分析，以解决行为的责任问题。具体分解如下：

（1）行为发生时对应流程（包括主流程和子流程）的梳理，以及行为所处的生命周期分析。

（2）行为发生时对应的业务载体、对应的行为主体的确定。

（3）缺陷行为与正常行为判定标准的确定。

（4）缺陷行为不可接受程度的确定，包括定量标准与定性标准。

（5）重要缺陷行为与重大缺陷行为的确定边界。

审计主体接受审计委托并需要向审计委托方提交的行为审计产出物主要为行为审计报告，报告主要包括行为审计发现、行为审计建议和行为审计结论等。

3.3 行为审计具体要素分析

行为审计要素作为实施行为审计研究的核心基础，主要包括行为审计内涵与实质、行为审计主体与客体、行为审计环境与审计假设、行为审计需求、行为审计目标、行为审计对象与内容、行为审计流程与机制等。

3.3.1　行为审计内涵与实质

行为审计以行为作为审计主题，是针对审计主体、审计客体在审计与被审计过程中所体现出来的各类行为，实施证据获取、规律分析和鉴证评价的过程；行为审计实施的过程是一个识别、发现和控制行为差异、行为缺陷的系统性过程，并对审计关系体系中的组织行为、群体行为、个体行为的动机、需求进行规律性分析。

行为审计的实质是审计主体对审计客体的实际行为表现与审计委托方的行为期望之间的一致性、合理性和效果性进行系统性验证、鉴证。

3.3.2　行为审计主体与客体要素

3.3.2.1　行为审计主体要素

审计主体指根据审计委托方或授权人的要求或授权，运用审计方法、执行审计流程来实施审计行为，从而实现审计目标的审计机构及其审计人员。

审计主体是说明“谁来审计”的问题，它是制约和影响审计信息质量的第一因素。行为审计主体指实施行为审计、获取审计证据和分析、进行审计评价与判断的审计组织及其审计人员，即行为审计的实施方或实施者。

3.3.2.2　行为审计客体要素

审计客体即被审计的单位或被审计的组织机构，审计客体是说明“谁被审计”的问题。由委托代理理论可知，审计客体实际上是接受经营委托方的委托，实施经济管理活动和承担管理责任、以达到经营委托方目标的组织或个人。

行为审计客体指实施企业经营与运营、财务收支、资金运营等经管和管理行为的组织及其个体。行为审计客体包括受托机构及其延伸单位、业务关联单位、受托个人等，即行为审计的被审计方或被审计人。

3.3.3　行为审计对象与审计内容

审计学的研究对象是针对经济行为的评价和监督；基于行为科学视角分析来看，经济行为由经济组织或经济个体的行为动机、行为方式和行为结果共同构成；而影响经济行为的主要因素既有内外组织环境因素，又有个体的心理因素、行为因素等。

传统审计中的审计对象通常指企业单位或组织机构的财政预算和决算、财务收支（资产及负债情况、损益）、企业经营和运营、资金运营情况，以及与此相关的经济活动及其经济效益。行为审计中的审计对象，则主要针对经济行为组织及行为个人的行为动机、行为方式，以及影响经济行为的个体、群体和组织层面的心理因素、社会因素等；行为审计对象是以行为为主题的审计客体，正常行为和缺陷行为共同构成了行为集合。

行为审计实施的重要工作就是从诸多的行为中识别、发现缺陷行为。根据缺陷行为的严重程度，可将缺陷行为划分为一般缺陷行为、重要缺陷行为和重大缺陷行为；依据缺陷行为发生的主观性和非主观性，缺陷行为又可划分为瑕疵行为和不当行为。随着审计客体特征的变化，行为审计对象也相应发生变化，而且会不断拓展与企业经营行为、运营行为相关的“四流”行为（资金流、物流、业务流、信息流）边界。较之传统审计，行为审计将更能使审计主体对审计客体及审计对象实现动态跟踪和掌控过程，从而能更精准地发现问题根源和更好地起到审计监督作用。

另外，由于现代企业组织及机构均主要利用互联网技术、大数据技术、计算机系统及 ERP 系统来实现业务交易、账务核算、生产运营和企业管理，人因或操作失误导致的计算机系统风险或案件也日益频发，故应将使用计算机及网络的用户行为纳入行为审计对象，以规避人因产生的系统风险。

3.3.4 行为审计环境与审计假设

3.3.4.1 行为审计环境分析

所谓行为审计环境是指影响审计行为的因素集合体，按照因素的起源可以分为外部行为审计环境与内部行为审计环境。外部审计环境是指不以行为关系主体的组织意志和个人意志为转移而对审计行为关系产生影响的因素集合，包括但不限于经济环境、金融环境、政治环境、法制环境、科技环境和社会文化环境等；内部审计环境是指审计主体、审计客体能够掌控或调整的各类主观因素和客观因素，包括但不限于组织架构、文化理念、组织伦理、职责定位、行为准则及工作制度、人员素质及资源配置等因素。

行为审计环境的功能与作用分析如下：

第一，内部审计环境因素与外部审计环境因素之间会发生相互间的影响和作用，形成行为审计环境的矛盾统一性，不同的行为审计环境会形成不同的行为审计。

第二，基于组织论和系统论可知，作为复杂性组织的系统，与环境之间存在信息、资源、能量之间的交换。行为审计组织也处于内外部审计环境中，行为审计环境为各行为主体的活动提供了实施情境、刺激因素，为各类审计行为关系主体之间的互动提供了空间，也为行为审计的研究提供了实验环境和条件。另外，行为审计环境因素也会制约、影响、扰动审计行为关系中各类主体的行为，会产生利益冲突、消极或危害作用，如会计报表造假行为、内部舞弊行为和审计合谋行为等。

第三，行为审计环境因素的变化会影响行为审计行为关系的结构和稳定，各行为主体会根据行为审计环境的因素变化和相互关系的变化而实现“自组织”的一种动态平衡性。同时，行为审计环境因素的变化，会影响行为审计体系中各主体的治理结构变化以及审计的功能选择。

第四，审计行为关系主体在审计产品的供给和需求实现过程中，产生相互制约、联动的行为关系，当某一方处于输入或输出的“强势”或“弱势”，其他关联方会进行审计“利益博弈”和新的关系再平衡。这种再平衡会作用于行为审计环境，产生或积极良性或消极不良的行为结果。

总之，审计行为关系体系和行为审计环境之间存在复杂的非线性互动关系，使整体行为审计体系具有显著的动态性、复杂性和互动性。

3.3.4.2 行为审计假设分析

由于审计主体和审计客体均处于复杂多变的审计环境中，故而审计行为关系亦处于动态变化中，审计主体和审计客体的行为环境呈现出复杂性、动态性和不确定性。故在审计的实践过程中，需要对审计环境和审计实践中的各类不确定因素进行一定的假定，即审计假设；缺失了审计假设，审计活动将无法顺利进行。审计假设是用统一口径和标准的“审计语言”实施审计行为的基础，也是得出审计结论的前提。

莫茨和夏拉夫（1961）认为，几乎所有的假设均与审计人员的责任有着密切的联系。确定审计假设的目的是为了消除审计环境对审计实施产生影响的不确定性，以使审计人员的审计行为更加理性，其审计意见和结论也更加客观。关于行为审计的假设可归纳为以下三方面：

（1）基本依据假设，即为什么要审计的假设。包括：对会计财务报告或数据信息的披露有正当质疑；经营绩效与经营目标的一致性核查等。

（2）行为关系假设，即审计实施过程中审计委托方、审计主体和审计客体间相互作用和影响的假设。主要包括：第一，审计主体及相关审计人员与审计客体之间是否存在利益关联或利益冲突；第二，审计委托方和审计客体之间的委托与受托关系是否存在“虚拟委托”情况；第三，审计委托方与审计主体之间的审计委托目的、审计范围的明确性，是否能最大程度确保审计主体在审计实施过程中的客观性和独立性；第四，审计主体中的审计人员专业水准、职业素养是否与审计委托的目标要求、审计客体中审计对象的专业要求相匹配。

（3）职能行为假设，即审计人员的职责界定和职能履行的假设。主要包括：第一，审计人员是否获得充分的审计资源支持和配置、审计技术及工具的支持配备，能够在规定的时间内启动审计和实施审计；第二，审计人员在获取审计证据过程中，是否能够按照行为规范和审计委托要求不受外部影响地实施独立性审计；第三，不同审计个体、审计群体（团队）和审计组织团队的职能、职责界定是否明确，针对不同的审计对象和审计项目在审计实施方面是否存在重叠或断点。

3.3.5 行为审计模式与审计程序

传统审计的实施主要基于风险导向审计模式进行，即审计主体运用风险评估方式（重要性判定、重要性水平值）对审计对象（财务报告；交易、账户与列报）实施两大测试（控制测试、实质性程序），验证其真实性、完整性和准确性，并最终得出鉴证意见和审计报告；传统的审计模式本质上属于结果导向型审计。

在审计程序方面，传统审计的审计程序包括资料与数据信息搜集（经营管理数据、内控系统信息、财务数据及相关文字资料）、编制审计计划、现场进驻、测试和评估内控系统、测试财务报表及反映的经济活动、收集审计证据、整理评价、评估工作底稿、编写审计报告和后续跟踪等环节。其程序环节节点多，程序路径和实施周期长。具体审计方式如图3－2所示。

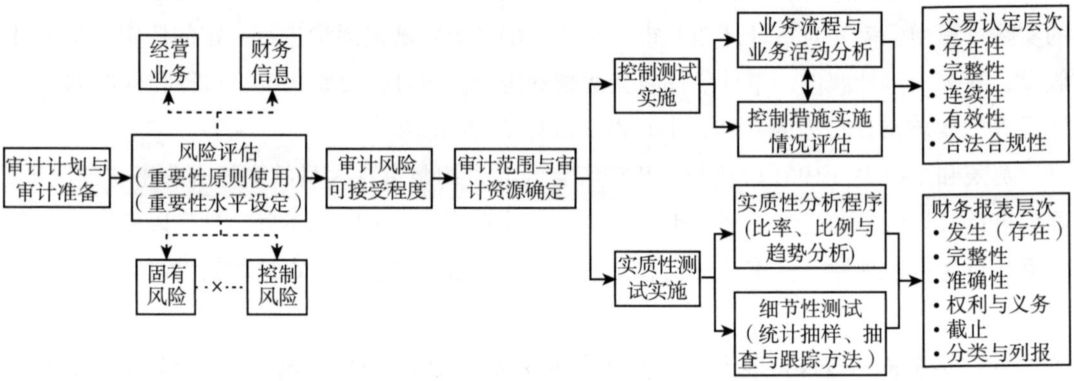

图3－2 传统审计模式

而行为审计则以“行为”为审计主题，其发起一般是基于审计行为关系中的审计委托，由行为审计主体对审计客体及审计对象的行为差异和缺陷行为进行鉴证的过程。因此行为审计模式与审计程序不同于传统审计。

行为审计的实质是“行为导向”审计模式，即审计主体运用行为科学理论与方法、审计行为科学研究方式，针对行为审计对象（管理行为、经营行为、涉财行为和操作行为等）进行行为甄别（正常行为与缺陷行为），依据预设的缺陷行为可接受程度去识别、发现重要缺陷、重大缺陷行为，并进一步就行为动因、行为过程、行动关系和行动结果展开深入分析。行为审计模式如图3－3所示。

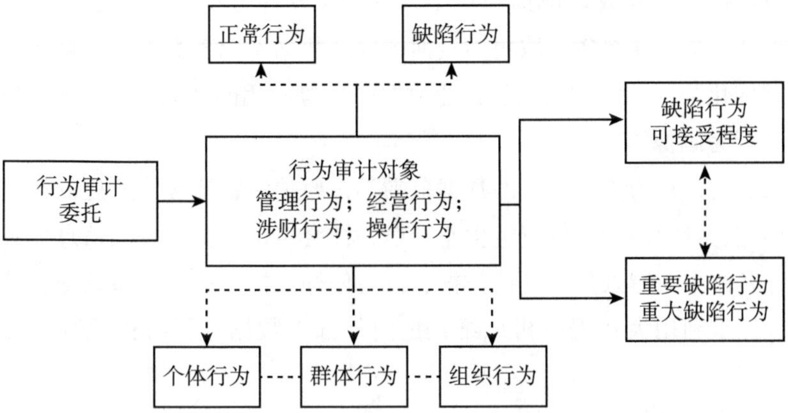

图 3-3　行为审计模式

行为审计的程序为：首先，对应审计行为关系中的不同行为主体搜集和获取其行为数据、案例信息，包括管理行为数据、经营行为数据、涉财行为数据和操作行为数据等，甄别正常行为和缺陷行为；其次，运用观察法、案例分析法、透镜法、行为科学分析、统计分析和大数据分析等方法，对数据及案例信息进行分析；再其次，基于缺陷行为可容忍程度（定性判定与定量判定相结合），识别、发现重要缺陷行为、重大缺陷行为；最后，依据行为的生命周期（行为动机阶段；行为过程阶段；行为关系阶段；行为结果阶段）来挖掘和确定影响行为的个体因素与组织因素。

需要指出，随着大数据、云计算、区块链、物联网等技术的快速发展，它们将逐渐在行为审计中得到深入应用，可使审计主体更有效地追踪审计客体的行为过程，并识别和发现审计对象在资金流、物流、商流和信息流变动背后的各类行为规律，从而使行为审计可以实现“物本审计”和“人本审计”全覆盖，成为全流程、动态化的持续性审计。持续性审计是现代信息技术与审计相结合和有机交叉的产物①，对于具有高度信息化和网络化特点的企业而言，实施持续性审计将符合其行业特点，也能够确保更为良好的审计效果。

另外，行为审计将逐渐以远程网络化审计、大数据审计和非现场审计为主要方式，可以有效改进现场审计的局限性，缩短审计路径，提升行为审计效率和质量。

3.3.6　行为审计线索与审计证据

实施行为审计时，不再仅仅局限于获取审计客体提供的财务数据和非财务数据，而是要运用行为科学理论与大数据、互联网技术等拓展行为审计数据的获取范围，获取更为精准的审计线索和审计证据。

在对审计客体组织与人员的经营行为、管理行为、网络与计算机行为分析的过程中，

① 叶焕倬，杨青．持续审计技术发展与现状［J］．审计研究，2011（3）：81-85.

运用大数据技术在多维度数据搜集和加工、数据关联性分析、数据运算等方面强大的特性，可以使审计人员快速有效获取更为全面的内部数据（财务数据、非财务数据等）和外部数据（互联网化数据、声誉数据、行业数据等）等有用的动态信息，实现对组织与人员行为特征的“行为画像”。

需要指出的是，行为审计所需的数据范围不仅要关注审计客体所处的经济环境、金融环境、产业环境、行业环境、供应链生态环境、社会声誉评价等关联信息，必要时还要搜集和分析审计客体中关键人员的征信数据、行为偏好数据、社交关系数据及其他相关数据等。行为审计注重利用大数据分析思维，把内外部大数据进行有机关联，实现规律性的“审计画像”。

行为审计的核心是行为数据特征分析。在实施行为审计过程时，需要以行为科学作为理论指导，运用大数据分析等现代技术手段，从海量复杂的内外部数据中，准确定位异常行为线索，更合理地配置审计资源和制定实施方案，实现主动式追踪审计的实施，逐步改变传统金融审计的被动审计模式。以大数据为导向的非现场式金融数据审计模式将成为未来行为审计模式的方向。

未来的行为审计将不仅仅关注个体行为层面的动机和特征，还将关注组织行为的特征，从内部、外部等繁杂的因素中寻找能够正向引导和理性促进组织行为和个体行为的“粒子”因素，使得行为审计成为预先性审计、预防性审计和预测性审计的重要工具。

3.3.7 行为审计技术与审计模型

当面对海量数据和越来越复杂的审计环境时，传统审计中主要使用的数据抽样方法、控制测试、实质性测试、穿行测试等技术和方法，已无法适应大数据的挑战和困难。随着互联网技术和大数据技术被广泛应用于行为审计中，审计技术和审计模型需要随着这种变化而改进，形成大数据条件下的行为审计技术和审计模型。

3.3.7.1 行为审计技术的发展

在抽样技术的适用性方面。传统审计主要采用抽样方法，以“部分”样本的规律和特征来表示“总体”的规律特征，这种方式会掩盖或隐藏“以偏概全”“以样本推断总体”的审计风险①；同时，对审计客体的财务经营状态主要以精确的经营结果数据作为分析依据，从因果关系推证，寻找审计线索，而非单纯利用企业的过程数据和动态数据。在大数据环境下，由于海量非结构化金融数据的存在，传统的审计技术从效率性和总体性方面已越来越不能满足现代金融审计的要求。

行为审计的实施，需要审计组织和审计人员基于审计客体的动态经营数据（资金流、

---

① 郑新源，刘爱松．审计原理与实务（高职精品财务）[M]．大连：东北财经大学出版社，2011.

财资流、信息流等）和非经营数据、关联性数据等，运用互联网、大数据、云计算、区块链等技术展开。未来的行为审计将更加注重利用云技术，从而实现全流程、动态的“云端”联网审计，即“云审计”。

3.3.7.2 基于大数据的全局性审计技术引入

大数据和云计算将为审计人员的审计技术和审计思维带来全新和根本性的改变。在大数据环境下，搜集和获取对审计客体的动态经营数据、非经营数据和关联性数据，通过数据与统计模式、社交网络模型，构建以审计客户为核心节点的经营网络、资金及物流网络等社会网络图谱，通过关联性、网络路径分析方法能够快速定位异常节点和风险节点，从而能够发现隐藏于海量数量背后的重要信息。

基于大数据的全局性审计技术引入后，能够有效克服抽样技术所带来的审计风险，并且能够掌握审计客体的经营信息和非经营信息的全貌，从而更有利于发现审计线索和审计证据。

今后，以行为数据的关联性分析和网络路径分析为基础的验证与预测，将是行为审计的重要特征。

3.3.7.3 审计模型的设计和应用方面

大数据对行为审计的发展既是一个机遇，也是一个重大挑战。大数据在行为审计工作的应用深度和广度，将直接影响行为审计的质量和审计效果，并对审计风险的控制程度有深刻的影响。

在大数据环境下，行为审计模型也将发生相应的变化和调整，其重要目的是：在审计模型中应用云计算、统计工具和参数设置等，对已获取的审计客体全量数据进行计算、挖掘和钻取，从不同维度对审计客体的资金流、物流、业务流等信息流路径和信息规律进行追踪和验证，从中发现审计线索，形成审计证据。

学术界和审计界一直在审计模型的算法方面进行着相关探索，如将人工神经网络方法引入审计模型①②，利用风险网格工具构建信息系统审计模型③，以及联机分析处理（on-line analytical processing，OLAP）、基于数据挖掘（data mining）技术的智能审计路径分析模型等④，这些研究成果对于行为审计模型的发展起到了基础性作用。未来行为审计模型将向智能仿真方向发展，构建“网络化全局式审计模型”，其模型的核心是网络路径仿真规则和审计数据算法。

---

① 王忠，武哲．基于人工神经网络的金融审计模型［J］．计算机工程，2006（4）：200－202.

② 阎晓杰．人工神经元网络审计理论初探［J］．审计研究，2002（3）：53－58.

③ 梁秀根，黄邓秋，应鸿，等．基于风险网格构建信息系统审计模型的实践［R］．全国内部审计理论研讨优秀论文集，2013.

④ 张懿婷．基于目标导向的智能审计路径及方案研究［D］．重庆：重庆理工大学，2013.

3.3.8 行为审计评估报告与成果

传统审计中的审计报告格式相对较为固定，内容主要为根据审计客体的经营情况和财务结果描述验证过程和审计结果意见，属于静态评估报告。在大数据环境下，审计范围和审计内容的深度和广度将发生变化，审计成果中除了常规审计报告外，将会包括不限于基于大数据所得到的数据验证结果、审计对象风险线索和薄弱点、经审计模型优化后的涉财行为路径等建议，以便能够促进审计客体更充分地利用审计报告。行为审计报告能够更全面体现审计客体的总体管理情况和经营动态情况，更能体现出行为审计的作用和价值。

全局性审计技术引入行为审计后，审计人员能够更加容易地收集和获取审计客体及其相关联的各类行为数据，基于大数据技术和云计算技术，利用审计模型对数据进行计算和分析，可以归纳和发现审计客体的信息流、资金流、业务流和物流等方面的内在规律、网络路径和总体特点等，可以为审计客体和关联机构（个人）提供更为翔实和综合的数据证明和关联证明，从而督促和促进审计客体更好地进行整改，正确执行相关政策制度，准确改进经营流程与管理薄弱环节。

另外，行为审计报告数据将会以电子化、格式化的形式存在于信息系统中，审计人员可以对审计报告数据进行持续性跟踪和关注；如果审计客体已对经营和管理进行整改，其结果会自动反馈和关联至审计报告中，审计人员可以实时查看到相关结果。此外，审计人员还可以根据此前的审计报告特点，在对审计客体实施持续审计时更有侧重点，从而可以进一步提升审计效率和突出审计重点。

3.3.8.1 行为审计发现

行为审计发现是指运用行为审计技术与方法，按照行为审计实施程序，基于获取到的行为数据，分析行为特征及行为规律。审计发现包括审计客体及审计对象中的正常行为和缺陷行为的分布情况、特征和规律，以及重要缺陷行为、重大缺陷行为对应到行为主体和行为流程中的分布、特征和规律。行为审计发现以数据和规律来说话。

3.3.8.2 行为审计建议

行为审计建议是基于行为审计发现结果，从行为类型、行为主体层级、重要缺陷行为和重大缺陷行为发生的行为流程、审计环境等视角，提出应对个体缺陷行为、组织缺陷行为的相关建议，包括内控管理、风险管理、公司治理、行为流程及行为规范等方面的优化建议。同时，行为审计建议中还包括行为责任认定和行为责任处罚建议等。

3.3.8.3 行为审计结论

行为审计结论是审计人基于审计委托方的委托目标，对受托方及审计客体（被审计人）的管理行为、经营业务、涉财行为和操作行为进行判定，即是否符合委托方的行为要求，是否存在违反委托方的行为，履职尽责程度和违规行为程度如何等。

本章习题

1. 行为审计的内涵及其主题是什么？
2. 行为审计体系框架是如何构成的？
3. 行为审计的总体目标与具体目标分别是什么？
4. 行为审计都有哪些审计要素？审计要素间的关系是什么？

第 4 章　审计行为科学及审计行为分析

学习目标

1. 了解审计行为科学的发展和基本理论。
2. 理解审计行为科学的特征与实质。
3. 理解审计行为与行为审计的关系。
4. 理解审计行为及偏差分析。
5. 理解审计环境对审计行为的影响与作用。
6. 理解如何预防不当审计行为。

本章导读

瑞华会计师事务所的审计行为分析

近年来，上市公司“爆雷”事件频发，个别案例情况恶劣。

比如，康得新利润造假 119 亿元，时间长达 5 年，造假金额刷新 A 股纪录；辅仁药业账上 18 亿元现金，却连 6 000 万元的分红款都拿不出来；华泽钴镍 13 亿元应收票据，几乎全部是伪造的……

巧合的是，这三家公司的审计机构均为瑞华会计师事务所。据媒体报道，针对康得新年报审计机构瑞华的调查，目前已经启动。有上市公司已公告，因为瑞华被证监会调查，重大资产重组事项被中止。

2017 年 1 月，瑞华就曾因为有 6 件案件被证监会立案调查而被暂停证券业务资格，在整改之后，当年 4 月证券业务即告恢复。孰料，仅仅过了 2 年时间，瑞华又“旧病复发”。

根据证监会 2020 年 7 月 26 日晚间公布的信息，瑞华参与的 29 家 IPO 项目均被暂停；上交所信息则显示，有 4 家科创板拟上市公司 IPO 也处于中止状态。对拟 IPO 企业来说，这意味着整个上市节奏被打乱，不确定性增加，成本也会相应提高。对瑞华而言，既有客户流失，潜在客户另投他人不可避免。

纵观 A 股数十起财务造假案，包括瑞华在内，审计机构作为“看门人”的角色几乎集体丧失，从未主动揭露过上市公司的造假问题。造假的上市公司要么是现金流断流，故事已经编不下去而东窗事发，比如康得新、辅仁药业；要么是证监会、媒体调查揭露，比如胜景山河 IPO 造假案、雅百特虚构巴基斯坦项目案、康美药业财务造假案等。

审计机构只有在风险暴露之后才会“恍然大悟”，比如瑞华对康得新出具的“无法表示意见”的审计报告，就是发布在康得新债券违约之后，但这样的审计意见已无多少价值。

无论是在国内，还是国外，注册会计师均为一个高度专业化的高薪职业，审计工作也有一套精细、严谨的标准流程。如此专业的审计机构，为何一次财务造假都未曾发现？

——杜恒峰．财务造假案频发“瑞华们”为何均为睁眼瞎［N］．每日经济新闻，2020－07－29.

［阅读思考］

（1）阅读素材中的会计师事务所是否严格遵守了“看门人”的角色？存在哪些不当行为？

（2）请探讨阅读素材中相关会计师事务所的行为是否存在审计合谋情况。

（3）从审计机构、审计团队、审计个体等不同视角来系统分析审计主体可能面临的审计风险。

会计行为是会计主体针对会计信息及数据进行生产与获取、记录与核算、加工和分析、输出与传递的活动，会计行为可以分为会计信息及数据的输入、加工和输出过程。审计行为则是审计主体针对会计财务报告、会计数据及关联信息进行真实性、完整性、准确性的公允性判断和信息质量鉴证的活动；相对于会计行为而言，审计的最终行为是基于客观数据基础之上的主观判断和逻辑推理，审计组织及审计个体的行为特征会对审计客体及审计对象的质量评价产生更为重要的影响和作用。

审计行为科学的产生源于多维主体间的审计行为关系。作为相对独立的经济监督形式，审计行为的实施涉及多元主体，包括审计人（审计主体）、被审单位（审计客体）和审计委托方（委托主体），构成相互交融的审计行为关系。审计人（审计主体）是审计行为体系中审计委托的接受者和审计行为的实施者，也是审计行为关系中的重要构成和核心节点；审计主体、审计客体、审计委托方的行为会随着审计环境的变化而不断变化，从而形成动态的审计行为科学。

4.1 审计行为研究框架

行为审计是一种审计研究的新范式，是运用行为科学、组织行为学、心理学等理论，从个体行为及特征角度对审计主体行为、审计客体行为及关联行为进行分析的新方式；行为审计更关注对“行为人”的审计，包括自审和他审两方面内容。

审计的实质即是一种系统性的鉴证和验证过程，故审计行为是审计主体有目的的审计活动，也是基于审计主体视角对审计实质的一种理解和认识；由此可见，审计行为研究属于“自审”研究，是行为审计研究中的重要组成部分。

4.1.1 审计行为科学的出现

行为科学是管理科学的重要组成部分，是用心理学、社会学、人类学等多学科的方法，通过对个体行为、群体行为和组织行为进行分析研究，以期最大程度调动个体的能动性、积极性和创造性，实现组织的协同性和经营目标、管理目标。

行为审计研究的兴起，再一次印证了行为科学的强大生命力和影响，即审计学也是“个体—群体—组织”间的行为科学。行为审计研究的不断深入和认知，使得我们能够从“行为”视角更好地解释审计主体的实际决策和实施过程，并将审计的触角延伸到审计客体中的各类“行为人”上。行为审计体系中，需要从“审计人”和“被审计人”两类“行为人”视角研究其行为特点及规律，而审计行为科学则以“审计人”的审计行为作为研究重心，研究审计行为关系、审计环境因素如何影响到审计行为。

当前，随着行为科学、行为会计日益的深入研究，审计行为科学越来越受到国内外学者及审计学界的关注和重视。审计行为科学作为行为审计研究中的一个新方向，需要从理论基础支撑、实践应用等方面进行体系的构建。需要指出，由于审计行为处于不同的国家、不同的地区、不同的文化和不同的组织等环境中，故审计行为科学的研究内容、研究重点和演进情况并不相同，当前尚未形成体系化、普适化的审计行为科研体系。

随着人工智能、大数据、区块链、物联网等新兴技术与行为科学等多个学科共同在审计领域的深入应用，审计行为科学体系必将逐渐丰富，并在指导审计人员、审计组织的审计行为实施和规避审计行为风险方面发挥重要的作用。

4.1.2 审计行为科学内涵与特征

审计行为科学是行为科学在审计领域中的具体应用与体现，通过分析和研究审计活动中审计主体的各类行为，以期发现审计行为规律和影响审计行为的各种因素（内部环境与外部环境等），从而达到提升审计效率、质量和有效规避审计行为风险的一门审计学科。

需要指出，传统审计一般是从审计人的“理性经济人”和独立“受托方”视角，研究会计信息及财务数据的真实性、完整性，而忽视了审计人自身的特性、心理、动机、道德素养和利益追求等因素。而审计行为科学则建议运用行为科学、社会学、心理学、组织行为学等理论，分析审计人员在审计方案判定、审计行为方面如何选择，以及审计环境因素是如何影响审计行为的独立性的。

审计行为科学具有如下特征。

4.1.2.1　审计行为具有主观选择性

审计行为是审计主体选择的结果，具有主观性。从审计行为形成过程视角看，审计主体是受委托者的要求，为实现或达成委托目标（需求），基于自身的专业知识水平、意识、心理和判断能力等基础，并在审计环境的影响下，产生审计动机后形成的一系列行为与动作。审计主体在审计方式、审计路径、审计流程、审计起点和方向、审计技术等选择方面，具有自主性。另外，审计行为的规范程度、适当性、合规性等，也可以由审计主体根据其主观目的判定、动机和其他利益诉求进行决定。

特别需要指出的是，由于审计主体处于一定的审计环境下，审计主体的行为既决定于审计主体的主观判断和特质，又会受到审计资源配置、审计团队协作、审计流程、审计时限等内部环境因素，以及审计法律法规要求、审计客体的配合、审计对象的复杂性等外部环境因素的共同影响。

4.1.2.2　审计行为具有高度专业性

从本质和职能而言，审计的本质是为了证实经济活动和经济现象的认定与制定标准之间的一致程度，而客观地收集和评价证据，并将结果传递给有利害关系的使用者的系统化过程[①]。由此可见，审计的过程是一种信息收集和信息评价的过程，需要由审计主体在此过程中进行技术、程序、方法等方面的选择，并且对审计证据进行“真实性”“完整性”方面的主观判定，需要消耗大量的脑力和体力。故审计确实是一门专业性、应用性很强的学科，它也是审计技术与审计艺术（思维、方法、智慧）的一种融合。

不同的审计主体实施相同或相近的审计任务，因其所选择审计技术、方案和审计流程存在差异，就可能发生不同的审计成本和产生不同的审计结果，其审计质量也会存在差异。这其中重要的原因就是审计人员的专业知识水平和判断能力，而审计实施中的客观性要求则对审计人员的职业道德素养和独立性提出了极高的要求。

---

① 引自美国会计学会《基本审计概念说明书》。

4.1.2.3 审计行为具有系统性

审计最基本的职能是鉴证职能，鉴证的过程也是一个系统性求证过程，审计主体接受审计委托，通过实施系统性的审计行为，对所获取的会计信息的真实性、完整性和可靠性等进行核查，并提出审计意见和发布审计报告；审计行为过程应该是合理的、有序的和有组织的，如图 4-1 所示。

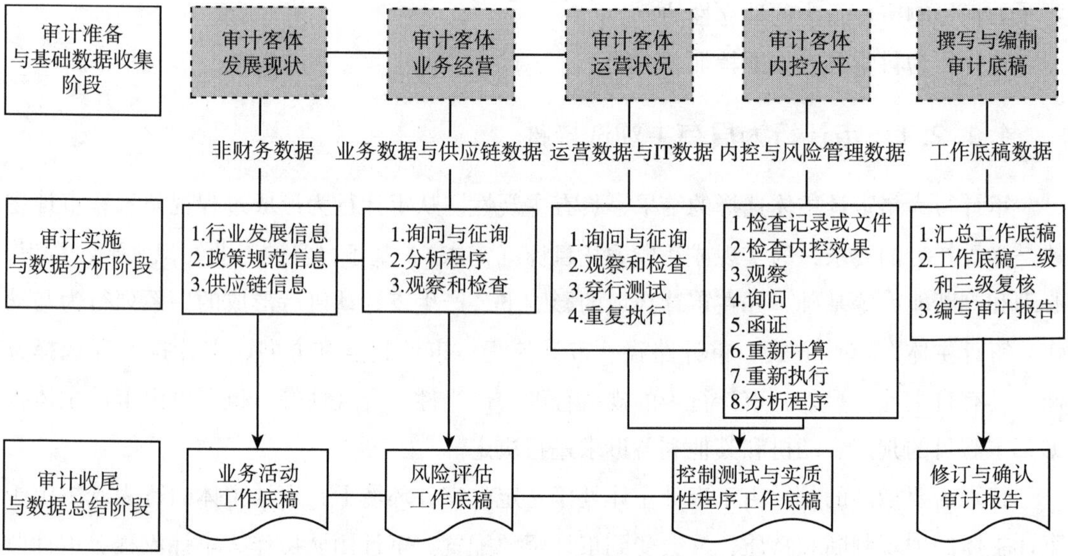

图 4-1 审计行为的专业性与系统性

从图 4-1 可知，审计行为实施的过程，也是一个数据收集、数据加工、数据分析和数据输出的系统过程。在审计准备、审计实施和审计收尾的不同阶段，审计行为主体需要依据从审计客体所获取的各类数据进行专业判定，选择不同的审计方法和审计工具，合理控制审计资源、审计流程，最终完成鉴证。

4.1.3 审计行为科学的研究价值

从行为视角研究审计组织及审计个体的行为特征及规律，具有以下研究价值。

4.1.3.1 有利于提升审计组织总体的审计效率

审计行为科学以研究“审计人”的审计行为特征和行为规律作为研究重心，并且研究审计行为人之间的相互关系、审计环境因素对审计行为的影响。通过审计行为科研的研究和开展，可从内因、外因两个方面系统性分析出审计行为的需求变化、动机形成、实施过程等，这样有助于审计行为人充分认知审计行为中的积极因素和消极因素，从而能够自主选择积极因素和规避消极因素，从而处理好、应对好每项审计任务，并理顺和处理好与其他审计关联方的社交关系、信息交互关系等，减少矛盾冲突，全面加大和强化相互间的配合，最大限度地提升审计工作效率。

4.1.3.2　有利于更好的甄别、规避和控制审计风险

审计风险是指审计人员对财务报告存在事实上的重大错报、而审计人员发表不恰当审计意见的可能性；审计风险实质上是审计人员在审计客体的财务报告存在重大错报的情况下，认定其符合审计鉴证的“真实性”“完整性”和“准确性”要求，并出具无保留意见审计报告的可能性。审计行为科学研究，可以有效协助审计人员知晓识别、应对审计风险的审计缺陷行为，进而采取更为科学、适当的审计行为，从而规避不当审计行为和强化审计风险意识、规避审计风险。

4.1.3.3　有利于更好控制和提升审计实施和工作质量

审计行为科学的研究和运用，可以有效提升审计人员的工作积极性和主观能动性，并为审计人员提供优化审计流程、选择合适审计程序的建议及方法，从而全面提升审计人员的审计行为素养、行为合规意识，进一步规范审计从业行为和强化审计职业道德，明确法律责任和进一步提升审计工作质量。

4.2　审计组织中的各类行为

审计行为有其特定行为模式，该模式由内外要素引发特定审计动机，再由审计动机产生审计行为，并依行为目标的实现与否或实现程度来决定是否产生或调整新的审计动机、新的审计行为。

对于审计组织中的审计行为研究，需要从审计流程视角和审计主体类型视角进行综合考虑。基于审计实施流程特点，可以将审计主体行为划分为业务委托与承接行为、审计计划与准备行为、内控评估和风险评估行为、审计实施与判断行为以及审计终结与审计报告出具行为五个阶段。基于审计主体类型，在审计组织实施审计的各阶段中，既包括各类审计个体行为、审计群体（团队）行为，也包括审计组织行为。

扩展阅读

某零售公司的非法行为

美国某零售公司是一家创建于 1959 年的大型零售折扣商店。1972 年 A 会计师事务所担任该公司年报审计工作，并签发了无保留意见的审计报告；该零售公司将此审计报告提交给美国证券交易委员会，申请并获准发行了 3 000 万美元的股票，并

贷到了1 200万美元的流动资金。

1973年初，A会计师事务所要求撤回其签发的无保留审计意见的审计报告；该案情暴露后，该公司数名高管被以舞弊罪起诉并判有罪。1979年，美国证券交易委员会对A会计师事务所提出了严厉谴责，并暂停负责该公司审计的合伙人执业5个月。

据查，该零售公司虚构了1 100家广告商名单，并声称已向他们预付了30万美元的广告费；而负责审计的A会计师事务所只函证了四家广告公司，均得到预付广告费是错误的反馈；但A事务所不但未追查，而且在另行抽查的20笔业务中只要求提供证明文件。

另外，该零售公司财务副总裁共伪造了28个假贷项通知单，以此来抵减25.7万美元应付账款；A事务所的助理审计人员先后得到了可能是销售退回、销售折扣、销售折让三种不同的解释，而且在取证过程中发现该零售公司总是会预先电话给关联公司（导致关联公司被A说服来协同造假）。该零售公司还发出了35份假贷项通知单，以减少另外一家公司的13万美元应付账款，而其根本与该零售公司没有往来关系。

在审计过程中，A会计师事务所安排了大量审计助理人员实施现场审计，这符合成本—效益原则。但当助理人员发现异常或线索时，会计师事务所应及时进行深入调查和追加进一步的审计程序。

——李若山．巨人零售公司审计案例：会计师事务所因屈服客户压力而执行了许多无效的审计程序，注册会计师难辞其咎的审计案例［J］．注册会计师通讯，1998（11）：40-44.

4.2.1　审计个体行为分析

审计个体行为是指审计人员根据审计组织的设定目标和自身职责任务，从事和参与各阶段审计工作过程中所体现出来的行为过程和行为绩效。如审计主体中审计人员在实施审计过程中的参与审计工作主动性、审计目标认知行为、价值观判断行为、获取证据行为、提出审计意见和撰写审计报告等行为。审计个体行为具有环境影响性、目标差异性和需求变动性等特点。

4.2.1.1　环境影响性

审计组织由多个审计个体构成，每个审计个体均有自身的内在需求、动机，并处于复杂多变的内外部审计环境中，并且与多个审计行为关系主体发生社交互动、信息互动和职责互动。由于内外部审计环境中不同的审计行为关系人有自身的需求和动机，故会限制或影响审计个体行为自身的需求和动机实现，甚至使审计个体可能出现不当审计行为或违规审计行为（如审计合谋），并导致承担更多审计风险或出现审计失败。

4.2.1.2　目标差异性

审计个体行为会因为个体在审计知识储备情况、审计技能掌握程度、审计逻辑思维能力和审计专业判定能力等方面的差异而存在效率和质量方面的差异，同时，也会因为审计目标调整、审计任务难度、审计团队配合度、审计任务时限等因素，影响自身审计目标的实现程度和实现期限。

4.2.1.3　需求变动性

根据马斯洛关于生理需要、安全需要、社交需要、尊重的需要和自我实现需要的“需求层次论”观点，审计个体行为同样也会因需求的满足程度或优先序而影响、调整其审计行为。在需求实现的过程中，激励因素起到至关重要的作用，适当和适度的激励会促进审计个体将审计需求转化为合理的审计动机，并由动机转化为积极型的审计行为，并在审计行为的实施过程中保持良好的心理状态和精神状态。另外，审计个体在审计行为过程中，会依据审计环境条件、审计资源配置、审计激励程度、个人提升机会等进行“公平”比较，公平因素也会直接或间接影响审计个体行为的实施效率和审计质量。

需要指出，审计个体行为是审计行为科学中的研究重点，其研究内容主要针对审计个体行动的动机生成、不同的个体需求变化、审计个体行为对审计组织行为的影响因素及影响程度，以期发现影响审计个体行为的积极因素和消极因素，充分发挥积极因素，有效抑制或消除消极因素，从而规范审计个体行为。

4.2.2　审计群体行为分析

群体是由两个或两个以上的个体，基于共同的目标形成相对稳定并相互作用的集合体。群体一般有较为长期和稳定的互动交往与心理依存，并具有集体归属感。群体行为是个体社会化、交互化的结果，又是群体特征的表现途径。积极、稳定的群体行为，对组织目标的达成和组织效率的提升有正向促进作用，而消极、松散的群体行为，则会对组织结构的稳定和组织目标的实现起到制约或阻碍作用。审计群体是基于审计目标或共同的审计任务所形成的协作团队或作业部门，如审计小组、审计项目组等，具有一定的相对稳定性和周期性。

审计群体行为即是在审计群体的信息交互、职责交互、任务和目标交互过程中所体现出来的整体行为过程和行为表现。审计群体行为包括审计主体中的各审计小组、审计团队在不同审计阶段实施审计时所体现出的团队行为与协作行为，审计客体中各职能部门、非正式群体所表现出来的沟通行为、认同行为等。审计群体行为一般具有目标共同性、行为规范性和作用交互性等特点。

审计行为科学中，关于审计群体行为的研究重点在于审计群体成员之间的相互作用关系（包括向心力的形成、群体冲突的形成），并且研究非正式审计群体对审计组织目标实现的“利”与“弊”，研究存在哪些“对立”因素和哪些“助推”因素，以便消除负面行为和有效规范审计活动中的群体行为。

影响审计群体及其行为的因素主要包括审计个体因素、审计群体因素和审计群体环境因素等。

4.2.2.1 审计个体因素

（1）审计群体中各审计个体成员的性格特质、基本素养、价值观及信仰、合作意向和社交及互动能力等。

（2）各审计个体成员的审计知识吸收程度、技能掌握程度、创新能力、逻辑判断能力等。

（3）审计群体领导的个人影响力和向心力、协调力和控制力、做事效率与做事风格、激励手段等。

4.2.2.2 审计群体因素

（1）审计群体中各审计个体间的人际关系，审计群体目标与行为规范的明确性、审计群体的需求与行为动机的强度等；对群体利益、群体声誉或荣誉的重视程度。

（2）审计群体的共同目标、群体规范、团队文化和团队荣誉感等。

（3）审计群体内部的凝聚力、向心力和群体内部的冲突情况。

（4）不同审计群体之间的相互关系、协作关系和职级归属等，以及群体间冲突等。

4.2.2.3 审计群体环境因素

（1）审计群体的层级和结构、群体内部控制方式和信息沟通渠道等。

（2）审计群体所要实现审计目标的清晰性、审计行为规范的执行情况。

（3）审计群体的资源配置情况、群体运行状况、群体内与群体间信息沟通顺畅程度。

（4）审计群体的工作压力、审计项目和任务的时限。

4.2.3 审计组织行为分析

审计个体行为、审计群体行为和审计组织行为均发生于特定的审计主体（政府审计、社会审计和内部审计）中，审计组织结构的合理性和运行的有效性直接影响着个体行为、群体行为的合理性与有效性。故提升审计组织行为的效能，对于审计行为科学体系的构建而言是非常重要的。

审计组织行为是以提升审计组织的整体运行效能为目标，领导和组织、协调内外部可调配和可利用的审计资源，完成审计委托方及利益相关者的委托的活动与过程。审计组织行为包括审计组织的领导行为、审计委托承接行为、审计计划行为、内控评估与风险评估行为、审计实施与判断行为、审计终结与审计报告出具行为等。具体如图 4－2 所示。

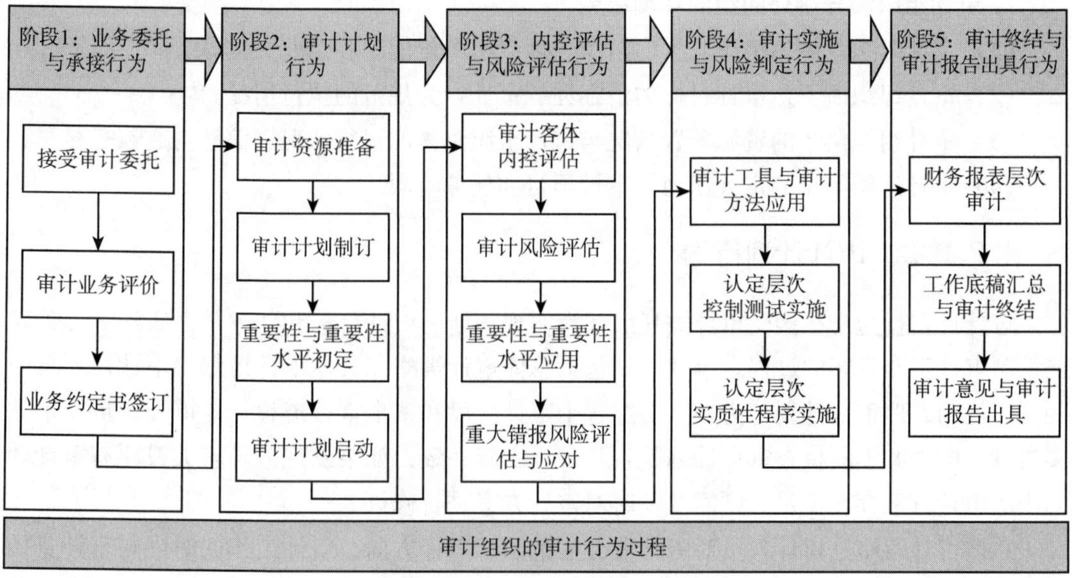

图 4－2　审计组织的审计行为过程

4.2.3.1　审计组织的领导行为

组织行为学认为，领导是一种能够影响一个群体实现目标的能力，发挥指标、协调和激励的重要职能。审计组织中的领导行为即领导者能够影响、引导审计个体与审计群体能够为审计组织设定目标而共同努力的一种行为。审计组织中的领导行为体现了审计个体（领导者）与审计个体（被领导）之间的作用关系，是一种特殊的“投入”与“产出效能”。基于菲德勒的领导权变理论，可以构造审计组织的领导产出效能函数 $E=f(L,F,S)$，E(effectiveness) 指领导效能，L(leader) 指审计组织领导，F(follower) 指组织中的被领导者，S(situation) 指组织环境或所处情景。

审计组织中的领导行为，既要影响和引导审计个体的行为，也要影响和引导审计群体的行为；同时，审计个体行为和审计群体行为又反过来会影响审计组织的领导行为效果。

审计组织的领导行为重点关注审计领导的效能，即领导的有效性、协同性和应变性等。影响领导行为效能的因素主要包括以下两方面：

1. 审计组织领导的个体因素

（1）审计领导个体的性格特点、气度修养、综合素质、价值观、专业知识、专业视野等。

（2）审计领导个体的感染力、社交能力、控制能力与协同能力等。

（3）审计领导个体的领导风格、处理原则、工作效率和激励方式等。

（4）审计群体领导的个人影响力和向心力、协调力和控制力、做事效率与做事风格、激励手段等。

2. 审计组织领导所处的组织环境因素

（1）审计组织总体的组织愿景、组织伦理、组织价值观和企业文化等。

（2）审计组织所下达审计目标的清晰性、审计行为规范的执行情况。

（3）审计组织给予的资源配置情况与审计组织总体的运行状况、信息沟通顺畅程度。

（4）审计组织给予的审计压力、审计项目和任务时限。

4.2.3.2 审计计划行为

审计计划行为是在接受审计委托后，为实现预期的审计目标和任务，在实施审计程序前编制审计工作方案的过程。审计计划包括总体审计策略和具体审计计划。审计计划是一种预先规划，但审计计划行为一直贯穿各个审计阶段和整个审计流程。即审计人员在审计实施过程中需要不断核查审计计划是否与审计实际一致，如果发现差异较大或原有审计计划中的审计方案存在不足，则需要及时对审计方案进行修订。

总体审计策略是审计人员对审计业务的范围、审计方向、审计工作的时限与审计资源的安排等，其中核心是审计资源的合理配置和计划阶段的审计重要性水平制定（即审计覆盖范围、风险容忍度等）；具体审计计划则是针对审计流程、时间规划和审计范围所做的详细规划。

需要指出的是，审计计划行为需要审计主体和审计客体管理层进行预先性的讨论，以及审计项目团队内部的讨论，以便计划方案更具有可行性和合理性。审计计划行为实质上是审计组织识别重大错报风险与配置审计资源的动态过程。

审计计划行为需要审计主体基于审计从业经验、审计客体行业的总体信息，确定好审计资源配置、审计业务范围与方向、风险容忍度确定等重要内容。

4.2.3.3 内控评估与风险评估行为

内控评估与风险评估行为是审计主体基于审计风险理念基础（审计风险 = 控制风险 × 固有风险 × 检查风险），对审计客体的内部控制状况、财务报表层次和各类交易、账户余额和披露层次的重大错报风险进行系统性评估的过程。

内控评估与风险评估行为的实施，主要运用审计重要性及重要性水平来确定审计业务的覆盖范围和审计证据的搜集范围。在此行为过程中，审计人员需要制订恰当的审计计划，为审计项目分配合适的审计资源，并保持谨慎的职业怀疑。

实施内控评估与风险评估行为的目的是，基于有限审计资源条件，获取尽可能充分、适当的审计证据，从而把审计风险降低至可接受的容忍度水平以下。

4.2.3.4 审计实施与风险判定行为

审计实施与认定判断行为是审计主体运用审计方法、技术与工具，实施风险评估程序的相关活动，其目的是为切实了解审计客体的业务、经营和管理状况，从而识别和评估审计客体的重大错报风险。

审计实施与风险判断行为实施过程中，审计主体将审计客体的性质、行业环境、会计政策运用、经营目标与战略、财务绩效评价、内控水平等作为分析因素，主要运用控制测试方法（询问、观察、穿行测试等）和实质性程序（分析性复核、细节测试）来识别和评估财务报表的重大错报风险，并判定重大错报风险的程度，从而采取相应的应对措施。

审计实施与风险判定行为的目的，是为了客观评估出审计客体的重大错报风险水平，从而为审计意见的提出和审计报告的出具打好基础。

4.2.3.5　审计终结与审计报告出具行为

审计终结与审计报告出具行为是审计主体基于前序审计实施行为过程以及所获取的审计工作底稿数据，编制试算平衡表，并对财务报表总体合理性进行判定，评估审计结果，形成初步审计意见和撰写审计报告的过程。

审计终结与审计报告出具行为过程中，需要对会计账户的期初余额、期后事项、持续经营等要素进行审计，重点行为是分析审计差异内容和评估审计结果，最终出具标准审计报告或非标准审计报告。

审计终结与审计报告出具行为的目的，是为了最终完成审计委托任务，完整履行对审计客体财务报告信息及数据的真实性、完整性、准确性（计价与分摊、业务分类、截止时间等）的核查工作。

4.3　审计行为的偏差分析

当前，审计行为科学尚在深入研究中。在审计行为关系体系中，审计主体、审计客体和审计委托者基于自身利益和位置，对审计行为和审计结果会有不同的接受程度。故审计行为需从总体上进行科学与合理的规划、领导和组织，从而使审计行为更加有效，并提升其可接受度，但实际上审计行为偏差还是普遍存在的。

扩展阅读

众华会计师事务所的审计行为分析

雅百特前身是江苏中联电气股份有限公司（股份代码：00232），江苏中联电气股份有限公司经过重大资产重组于 2015 年 8 月 27 日更名为江苏雅百特科技股份有限公司，雅百特实现借壳上市。2015 年，雅百特通过虚构木尔坦项目，虚增营业收入 20 182.50 万元，相应虚增当期营业利润 14 967.52 万元，占当期披露利润总额的

47.09%；雅百特通过安美国际，以虚构出口建筑材料销售的方式虚增营业收入1 852.94万元，相应虚增当期营业利润1 402.93万元，占当期披露利润总额的4.41%；雅百特通过李某控制的关联公司，以虚构国内建材贸易的方式虚增销售收入26 147.24万元，相应虚增当期营业利润6 855.89万元，占当期披露利润总额的21.57%。

2019年5月24日，中国证监会发布2019年37号《行政处罚决定书》，认定众华会计师事务所在对江苏雅百特科技股份有限公司（以下简称“雅百特”）进行2015年财务报表审计、盈利预测实现情况专项审核以及财务报告内部控制有效性审核时存在违法违规行为，并依法对众华所及签字注册会计师做出罚款和警告的处罚决定：一是责令众华所改正，没收业务收入54万元，没收违法所得12万元，并合计处以174万元罚款。二是对孙某、顾某给予警告，并分别处以8万元罚款。

具体审计行为偏差描述如下：

（1）众华会计师事务所对木尔坦项目的审计程序不到位（未审慎核实木尔坦项目来源、工程回款的真实性，未对木尔坦项目使用的建筑材料出口、存货权属确认、巴基斯坦当地的材料供应和劳务服务执行有效的审计程序）；

（2）对雅百特2015年度安美国际的销售收入审计程序不到位（未充分关注异常情况、未审慎核实销售回款的真实性、对材料出口未执行有效的审计程序）；

（3）对雅百特国内材料销售收入的审计程序不到位（未关注雅百特财务报表附注中收入列示分类的更改，未对国内材料销售业务收入大幅增长保持应有的审慎，未审慎核查合同及出入库单据等证据）；

（4）提供盈利预测实现情况专项审核服务时未勤勉尽责；

（5）雅百特提供财务报告内部控制有效性审核服务时，未审慎核查销售合同及发货单，控制测试程序无法达到控制测试目标。

——中国证监会行政处罚决定书，http：//www.csrc.gov.cn/pub/zjhpublic/G00306212/201911/t20191128_366621.htm.

4.3.1 审计个体因素的影响分析

4.3.1.1 审计人员经验依赖的影响

心理学相关研究证明，由于决策时间、信息获取的有限性，人们在进行决策判断时，囿于时间过少和信息量过多时，往往采取启发式决策（heuristic decision processes）方式来做出判断。而这种判断的经验规则，会形成推理或判定的“路径依赖”，从而导致不自觉的偏误。审计人员在实施审计过程中，会形成诸多经验判断，当其在面对审计信息量过大、审计时限紧的情况时，往往会对审计对象或财务报告的重大错报风险过分依赖经验规则，从而可能会导致不自觉的偏误。另外，审计人员会因审计的高度专业性、主观性和自主裁量性，可能在审计实施中因“过度自信”而产生非理性行为。

4.3.1.2　选择性理解和验证性偏见的影响

审计人员在面临海量会计信息数据时，当出现无法依靠历史经验和现有技能做出判定时，往往可能会对信息数据进行“片段式”或“切片式”选择，即选取自己所熟知或能够证实自己内心中已假定的数据来实施审计。在这种情境下，审计人员的心理会存在对信息数据进行选择时的“趋利避害”，主观上避开具有验证难度的信息数据；同时，某些审计人员为了要表现出自身具有良好的专业水准，但又无法从所获取的信息数据中得出准确判断时，往往会倾向“无保留意见”的假定，导致后续审计工作均以“无保留意见”这种错误的“锚定”而展开。

4.3.1.3　审计人员报酬与绩效关联的影响

审计组织与审计个体、审计群体之间存在着利益相关关系，审计组织往往会强调薪酬与审计绩效之间的关系，客观上给审计个体、审计群体形成了较大的审计压力。压力之下，会使审计人员在审计范围确定、审计证据搜集、审计技术与方法选取、审计资源投入等方面可能进行“非理性”选择。

4.3.2　审计组织因素的影响分析

4.3.2.1　审计组织职业道德的影响

审计组织存在职业道德风险的原因是多方面的。主要包括以下原因：第一，审计组织自身的经营动机和经营伦理。审计组织是一种秉承“独立性”的特殊商业机构，具有追求利润的动机，故在利益诉求与独立、客观的判定之间会存在一种平衡性选择。第二，逃避审计处罚的机会主义。即审计组织未遵循审计执业要求，并且其有失公允的审计结果未被发现或未受到处罚时，审计组织的行为就会更多地去追求利益和利润，如审计合谋现象。

4.3.2.2　审计委托与受托关系的影响

保持高度独立性是审计主体实施审计工作的重要前提条件。但由于审计客体既是审计行为关系中的审计客体，又同时是审计委托方，故这种双重身份往往会使“审计委托者—审计受托者—被审计者”三方的制衡存在不同程度的失效；同时，审计人员在实施审计过程中必然与委托方及其关联关系人、关系单位进行多维信息和社交关系、工作关系方面的互动，主观上亦会受到各种外部因素的影响，容易形成对某种特定环境的依赖或某类人员的无因信任，从而可能会产生心理偏差和出现非理性行为。

4.3.2.3 审计主体与客体间信息不对称的影响

会计及财务报告主体、审计主体之间的信息不对称，是产生审计行为偏差的重要原因。会计及财务报告主体产生并拥有信息，但它极易影响信息的真实性、完整性和准确性，在信息披露和对外提供行为方面有“自主选择性”；作为受托的审计主体，在实施审计行为过程中，既需要坚持审计的独立性，又需要从委托方获取报酬，当报酬与形成的审计意见、审计报告类型相关联时，就容易出现“独立性”和“公正性”之间的矛盾。

4.3.3 审计环境因素的影响分析

4.3.3.1 审计环境和心理状态的影响

心理学相关理论认为，人们在不确定性前提下会向其他行为影响因素寻求心理依托。故审计人员在复杂而多变的审计环境下，其审计行为选择将会受到审计客体的非理性行为、审计行业日益加剧的竞争以及行业监管的缺失等因素的影响。另外，审计人员在实施审计过程中，除了基于其自身审计专业知识、技能技术和获取的外部信息外，当其所处的审计环境不同、心理状态不同时，对同一问题的认知可能会存在差异，从而影响其得出的审计结论。

4.3.3.2 审计行业竞争的影响

当前审计市场中会计师事务所之间业务竞争十分激烈，也会使审计组织和审计人员高度重视客户关系的维护和拓展，并追求客户的数量和质量。部分事务所通过低价策略来维持现有客户（审计客体）和拓展新客户，这样的策略将会导致审计资源投入的减少、审计程序实施的简化，极易造成审计风险或审计失败。

4.3.4 审计监管因素的影响分析

我国在会计及财务报告信息披露、不当行为及舞弊行为、造假行为的处罚方面，存在法规法条不完善、惩罚力度偏轻的情况；同时，《中华人民共和国会计法》《中华人民共和国证券法》及注册会计师协会颁布的相关审计指南等主要界定的是会计与审计人员的职责、义务，以及违规行为的处罚，而在如何确保会计与审计人员的权利保护和工作的独立性保护方面，并没有可依据的法规法条，导致了权利和义务的不对称。审计监管水平的高低，会直接影响审计人员动机和行为的适当性和合规性。

本章习题

1. 试述审计行为科学与行为科学的关系。
2. 审计行为科学的内涵与特征有哪些？
3. 审计行为体系中的个体行为、群体行为、领导行为和组织行为的区别与联系是什么？
4. 审计环境对审计行为有什么样的影响？
5. 如何理解审计行为中的偏差？如何规避不当审计行为？

第 5 章　行为审计中的主体与客体

学习目标

1. 理解和掌握行为审计主体的构成及特征。
2. 理解和掌握行为审计客体的构成及特征。
3. 理解和掌握行为审计主体与客体之间的关系。

本章导读

杜弗洛的田野实验

一般而言，审计人员均是由被审计企业支付相应酬劳的。这一特点极易使审计人员在披露真实可靠的审计报告还是要提供有利于被审计企业的报告方面出现选择矛盾。为了维持长期审计利益关系，审计人员存在掩盖和伪造审计报告以帮助被审计企业逃避政府规制的动机。如何增强第三方审计组织及审计人员的独立性，激励方式的改变也许是解决以上矛盾和避免政府规制失效的必要举措。

行为审计学则为研究上述问题提供了与众不同的方法和新思路，从而更好地提升审计质量，譬如田野实验法①。埃丝特·杜弗洛（Esther Duflo）② 针对印度古吉拉特邦的企业排污审计展开了田野实验。杜弗洛通过改变一些控制措施来试图激励审计人员提出高质量的真实审计报告。473 家被审企业成为实验样本，其中，一半企业为基准组（对照组），另一半则被分配到实验组。实验组与基准组的差异主要在于：第一，实验组的被审企业的审计员由控污管委会指定，对照组的由被审企业自己指定。第二，实验组中审计人员的审计费用由古吉拉特邦管委会提供。第三，实验组所提交的审计报告将会有一部分被随机抽取出来给排污技术机构进行认证，并

---

① “田野实验（field test）”，也称为实地实验。它既不同于在实验室中进行的人工可控实验，它通常涉及对真实世界的介入和干预；也不同于由独立于研究目的的事件引发的自然实验。它在方法上既包含了对现实的干预，又超出了实验室之外，侧重于描述真实世界的规律。

② 埃丝特·杜弗洛（Esther Duflo），法国经济学家，Abdul Latif Jameel 贫困行动实验室（J-PAL）联合创始人，在美国麻省理工学院担任发展经济学教授。杜弗洛于 2019 年 10 月 14 日荣获诺贝尔经济学奖。

根据审计报告内容对被审企业进行同步查证，且审计费用与审计质量挂钩。此实验持续期为两年，实验结果如下：实验组中的审计错误比例显著降低，信息披露准确度升高，而对照组的审计结果中存在高达 29% 的报告错误；实验组的审计报告中被审计企业污染情况比对照组高 50% ~70%，而对照组中的审计报告中被审企业污染状况整体明显低于监管标准在实验期，实验组中被审企业污染排放量出现了实际下降，部分企业还下降了 21%。由以上实验结果，可进行以下分析：:

（1）审计人员既是一位经济人，同时也是社会人，从行为审计学的角度分析，审计人员在一定程度付出劳动，对审计客体进行审计往往存在一种“惰性”，认为其只要在一定时间内完成自己必备的工作任务即可，无须大量耗费超出审计费用的精力来提高审计质量。

（2）实验组的设计可促使审计员的报告更为真实、准确，极大地提高了实验质量，这证明通过对制度、报酬方式的重新设计，审计人员的行为是可以被正确引导的，审计人员的行为在制度的设计下变得更加规范，从而亦提升了审计质量。

——罗俊．改变激励方式，使第三方审计报告更真实［N］．中国社会科学报，2014-07-22.

［**阅读思考**］

（1）田野实验有哪些特征？与传统的实验室实验有哪些区别？

（2）导读素材的实验情境中，两类审计主体与审计客体有哪些区别？你认为，实验设计是否合理，还存在哪些待改进之处？

（3）导读素材可能导致两类不同实验结果的因素都有哪些？

行为审计学是行为科学有机融入审计科学的必然产物，其主要理论依据来源于审计学、行为科学、组织行为学等理论。基于行为科学与心理学理论可知，审计行为源于审计动机，而审计动机又源于审计需要。审计行为体系中的各构成主体均有其各自动机和内在需要，即审计委托方、审计行为实施主体和审计客体均会基于自身的利益和需求，体现出不同的行为特点和表现结果，同时三方之间对相互的期望和需求也各不相同，形成了动态稳定的三方博弈关系。

5.1　行为审计中的行为关系分析

行为审计体系中重要的基础即为审计行为关系；审计行为关系即审计人、被审计人、审计委托方三类主体之间的“受托—委托”关系。审计行为体系中的审计委托行为、审计主体行为和审计客体行为，以及各类行为之间的相互作用关系，共同构成了行为审计中的“受托—委托”关系架构。

5.1.1 委托代理关系分析

审计，是针对经济活动的一种重要监督活动和控制机制。而实施审计行为的前提是发生审计委托，即受审计委托方的要求或请求，对审计客体中的经营行为、管理行为、涉财行为和操作行为等经济活动中的真实性、完整性和准确性进行验证和鉴证。审计委托方即审计产品的需求者，包括了股东（权益投资者）、企业经营者、商业银行、政府及监管部门、税务部门以及其他利益相关者等。

基于代理理论，由于代理人属于有限理性的经济人，往往因自身利益、绩效压力或技能水平等内部因素，以及激励不相容、信息不对称、组织环境不确定等外部因素的存在，代理人会存在机会主义倾向，并可能发生非理性行为；需要特别指出的是，代理人自身可能会存在道德风险问题，且其非理性行为的发生往往具有一定的潜伏期或阶段性。

另外，从委托代理关系视角来看，审计委托方和被审计人形成了第一委托代理关系，审计委托方与审计人构成了第二委托代理关系。从代理关系可见，被审计人和审计人均处于代理人的位置，二者之间并不存在根本性的利益冲突，故会存在二者产生共谋的机会和条件。假如审计委托方和被审计人为同体，则审计人的第三方位置就实质上丧失了“真实委托”，而处于“虚拟委托”位置。

故单纯对以财务报告或经营绩效作为验证和鉴证对象，无法对代理人的非理性行为风险进行判断或识别；同时，审计人对被审计人的审计结论具有重要的导向性和示范性，故除重视如何得出结论的财务报告外，还必须要重视审计人得出结论的行为是否客观、真实。

5.1.2 信息供需矛盾分析

现代企业在发展中越来越具有信息化和数字化特征，其经营模式、治理模式和管理模式等不断创新和发生变革，其所有权也出现越来越分散和持续流动的现象，从而导致股东委托方也具有一定的流动性和非长期性。在这种情境下，公司的管理权、经营权及真实情况往往掌握于受托方手中。

另外，现代企业的财务报告信息的需求方和审计信息的需求方呈现多维状态。两类信息的需求方主要包括公司股东（委托方）、投资者（现实投资者、潜在投资者）、公司经营管理者（受托方）、债权人、政府部门及监管机构等信息需求方（信息使用者），且每个信息使用者所关注的信息范围、信息维度和信息要素均不一致，故而导致了信息供需双方的“信息供需矛盾”，也客观上导致了公司治理效率和效果方面的资源分流。

5.1.3　信息不对称分析

信息不对称实质上是信息关联主体之间在信息获取和掌握的范围、时效和质量上的差异。审计过程中的信息不对称源于三方面。

第一，代理人与委托方之间。在委托关系中的代理人因其可以直接利用所掌握的资源、权力来完成所交付的委托事项或任务，故代理人会在最快时间和最短渠道获得最新的信息和数据；而后，再由代理人通过一定的渠道把信息和数据输出给委托方，此时传递的数据和信息可能是选择性输出或调整修订性输出（即数据与信息被加工、处理或被调整、修订、隐匿），故而数据和信息的速度和质量可能无法保障，从而产生信息不对称问题。

第二，审计人和被审计人之间。由于被审计人存在利益动机，故而在提供和传递相关信息与数据时，会存在选择性提供或延迟提供，从而导致审计人面临不确定性和审计风险的增加；二者之间的信息不对称往往是造成审计人审计失败的重要原因。

第三，审计人与审计委托方之间。由于审计人的绩效报酬往往和审计委托方的期望挂勾，故二者之间会在审计范围、审计资源配置、审计期限、审计质量、审计报酬等各方面产生博弈，从而产生信息不对称问题。

由以上三类分析可知，“委托—受托”关系下的审计，是以财务报告数据和信息作为审计对象和审计主题的，所有的鉴证、验证依据也均为账表数据与信息，并基于此发表审计意见和出具审计报告。而实际上，各信息使用者关注的除供给的信息质量、时效外，更应关注信息的供给者的供给行为是否符合期望。

扩展阅读

家电行业龙头企业的竞争行为

2020 年 3 月 14 日，中国移动公司反馈，相关企业投诉该公司 2 月 29 日公示的某设备采购中标候选人 GL 电器的申报材料中存在问题，具体为标书中要求的 33 份业绩证明材料其中 1 份关于项目的描述有误。6 月 1 日，中国移动发布公告，指出 GL 电器本次采购项目中存在问题，并做出取消中标资格等处罚。

GL 电器因弄虚作假遭中国移动通报、取消中标资格的消息登上微博热搜。此事凸现中央空调行业的困境，家电龙头品牌如何在疫情之下保持业绩增长与坚持诚信经营是一个考验。从 GL 电器的回应看，疫情之下家电行业龙头企业如何公平理性竞争是另一考题。

针对被投诉造假遭中国移动取消中标资格一事，GL 电器于 7 月 4 日凌晨发布严明声明表示，属于申报过程材料整理失误，并非为了达到中标目的虚标技术参数、虚标能效参数的行为。同时表示网上的恶意诽谤是同行企业所为，将保留追究其法律责任的权利。

——胡玲．被中国移动取消中标资格，格力深夜紧急回应：系投标人整理材料失误，广东某某同行企业利用此事恶意攻击［N］．每日经济新闻，2020－07－04.

5.2 行为审计主体及其选择

5.2.1 行为审计主体内涵

行为审计主体指实施行为审计、获取审计证据和分析、进行审计评价与判断的审计组织及其审计人员。一般而言，行为审计主体通常可以是国家审计机关（审计署）、内部审计机构（企事业单位的内审部门）、社会审计机构（会计师事务所）。

5.2.2 行为审计主体的选择

选择什么样的审计主体来实施行为审计，需要从审计委托的制度设计、审计主体的独立性与专业性、审计客体及审计对象特性三个方面来考虑。由于行为审计客体所处行业环境的复杂性，管理行为、经营行为的多样性，应构建起有效的行为审计组织来开展行为审计，其构建原则及要求如下。

5.2.2.1 遵循“委托—受托”中的独立性原则

首先，审计委托方和经营受托方有无投机动机、行为审计组织是否能够实现“真实审计委托”，是确保行为审计目标达成的重要保障；其次，审计主体需要独立于经营受托方，不能成为经营受托方所领导的组织或下辖部门；最后，行为审计组织在设立和实施权限时，应确保其审计资源的充分性以及审计地位的权威性。

行为审计委托方在选择行为审计主体时，可有两种方案供参考：第一，建立起独立于经营受托方（即审计客体）的审计组织，该审计组织可由审计委托方来领导，但不能由经营受托方来领导；第二，聘请外部第三方审计机构来实施对经营受托方（即审计客体）的行为审计，且审计报酬由审计委托方来负担。两种方案选择的目的均是为了最大程度确保审计组织的独立性。

5.2.2.2 遵循“专业的人做专业的事”原则

该原则要求行为审计人员应具有专业化的审计知识储备和获取充分的行为审计证据，

并运用不同于传统审计的审计方法或技术来实现对各类审计行为关系主体行为的系统性分析。

由于行为审计客体所处行业环境的复杂性，管理行为、业务经营行为的多样性，故在实施行为审计过程中，行为审计主体及审计人员需要具有专业的审计知识储备，并获取充分的行为审计证据，从而运用不同于传统审计的审计方法或技术来实现对各类审计行为关系主体行为的系统性分析。

5.2.2.3　遵循审计报酬偿付与审计结论的分离原则

行为审计组织的审计报酬与审计结论不应挂钩，应具有强分离性，即不以审计结论作为审计报酬偿付条件。审计报酬应与审计质量挂钩，且审计报酬的支付也应遵循“委托—受托”中独立性的原则要求。

5.3　行为审计客体及其选择

5.3.1　行为审计客体内涵

行为审计客体指行为审计组织接受审计委托方的委托进行行为验证和行为鉴证的受托机构、受托组织及关联单位、受托个体等。行为审计客体的行为主要包括管理行为、经营行为、涉财行为和操作行为等，审计委托方重点关注行为审计客体的各类行为与委托方的目标期望是否相符。

需要指出的是，由于互联网、物联网、云计算、区块链等现代科技的快速发展和应用，企业组织间的信息流、资金流、物流、商流的流动性和网络性越来越强，现代企业组织的构成及其关联方越来越呈现多元化、虚拟化和网络化的特点，故行为审计客体的范围也呈现扩大趋势和复杂趋势。

5.3.2　行为审计客体的确定

审计客体即对谁审计，行为审计客体即对哪些行为来审计。审计客体可从行为主体和行为主题两个视角来进行确定。

（1）行为主体层次视角。可以依据组织、群体和个体层次来确定行为审计对象。组织层次的审计对象一般指经济性组织，包括企事业单位、政府部门、正式协会组织等；群体层次的审计对象主要指职能部门、管理部门、支撑部门等；个体层次的审计对象一般指组织内的领导个体或关键人、关联人等。在确定审计客体时，还需要注意不同行为主体所处的审计环境，以及环境因素对各层次主体行为偏好的影响。

（2）行为主题类型视角。行为主题可以划分为管理行为、经营行为、涉财行为和操作行为等。需要指出的是，在选择各行为主题时，需要关注各主题行为所关联的项目、部门（团队）、流程的重要性、特殊性和生命周期性，如公司治理结构变动行为、新项目研发行为、特别业务经营行为、关键部门运营行为、核心产品设计行为、资金收支行为等。

扩展阅读

ZZD 的“精彩剧情”终落幕

ZZD 成立于 1992 年 9 月，是一家以水产增养殖为主，集海珍品育苗、增养殖、加工、贸易、海上运输于一体的综合性海洋食品企业，产品包括虾夷扇贝、海参、鲍鱼、海螺、海胆等。2006 年 9 月，ZZD 在深交所挂牌上市，此后 8 年，公司净利基本都在亿元左右，一度被股民誉为“海底银行”“海上蓝筹”。

2014 年，如日中天的 ZZD 因扇贝受灾迎来事业转折。彼年 10 月，ZZD 突发公告称，底播虾夷扇贝因北黄海异常冷水团温度异动导致绝收，公司第三季度亏损约 7.63 亿元，受此影响，公司当年亏损达 11.89 亿元。2015 年，ZZD 再亏 2.43 亿元。

连续两年亏损的 ZZD，客观上利用海底库存及采捕情况难发现、难调查、难核实的特点，不以实际采捕海域为依据进行成本结转，导致财务报告严重失真，2016 年通过少记录成本、营业外支出的方法将利润由亏损改为盈利，成功扭亏保壳。

2018 年 2 月，ZZD 故技重施。在“底播虾夷扇贝 2017 年终盘点情况公告”中，公司又以存货异常为由，对以前年度已采捕完毕未结转成本的虚假库存进行核销减值，并全部计入 2017 年度损益，造成公司 2017 年度亏损 7.23 亿元。与此同时，ZZD 因涉嫌信息披露违法违规收到证监会立案调查通知。即便如此，ZZD 扇贝仍旧频繁遭遇不测。2019 年 4 月，公司第一季度报告称因底播虾夷扇贝受灾导致报告期内产销量及效益下降，净利亏损 4314 万元；11 月，秋测结果显示底播虾夷扇贝再次遭遇非正常死亡，预计核销存货成本及计提存货跌价准备合计 2.78 亿元，为年度巨亏埋下伏笔。

2020 年 6 月 24 日，证监会依法对 ZZD 公司信息披露违法违规案做出行政处罚及市场禁入决定，对 ZZD 公司给予警告，并处以 60 万元罚款，对 15 名责任人员处以 3 万元至 30 万元不等罚款，对 4 名主要责任人采取 5 年至终身市场禁入。据悉，这已经是依据原证券法可以做出的顶格处罚；认定公司存在《年终盘点报告》和《核销公告》披露不真实、秋测披露不真实、不及时披露业绩变化情况等多项违法事实，违法情节特别严重，严重扰乱证券市场秩序、严重损害投资者利益，社会影响极其恶劣。

在 ZZD 公司案查证过程中，证监会借助卫星定位数据，对 ZZD 公司 27 条采捕船只数百万条海上航行定位数据进行分析，委托两家第三方专业机构运用计算机技术还原了采捕船只的真实航行轨迹，复原了公司最近两年真实的采捕海域，进而确定实际采捕面积，并据此认定 ZZD 公司成本、营业外支出、利润等存在虚假。

——陈琼，贾玉静．獐子岛造假被证监会处罚［EB/OL］. 2020 - 06 - 28. 中国网财经，http：//finance. china. com. cn/news/20200628/5305110. shtml.

本章习题

1. 行为审计主体包括哪些？应如何选择审计主体？
2. 行为审计客体包括哪些？应如何确定审计客体？
3. 如何理解行为审计主体和客体之间的委托关系？
4. 结合扩展阅读素材，分析应从哪些视角来实施对被审企业的行为审计。

第 6 章　行为审计的内容与对象

学习目标

1. 了解和掌握行为审计与信息审计的区别与联系。
2. 了解行为审计内容体系的总体构成。
3. 了解并掌握经济责任行为审计的内容及实施重点。
4. 了解并掌握管理决策行为审计的内容及实施重点。

本章导读

谁促成了 Y 传媒与 X 公司的“错误婚姻”

Y 传媒于 2013 年对 X 公司进行收购。收购后，Y 传媒发现 X 公司并非如其财务报表中的“业绩向好”所述，而是存在严重失实和造假情况，随后在 2015 年举报 X 公司的股东涉嫌合同诈骗。

后发现，X 公司为获得 Y 传媒的投资，已经连续三年进行财务造假（2010 ~ 2012 年），而其聘请的 Z 会计师事务所连续为其出具了无保留意见的审计报告。在 2013 年完成并购之后，X 公司仍旧依靠财务造假提供业绩良好的财报，并再次获得 Y 传媒的两次增资。

证监会于 2016 年对 X 公司是否存在财务造假进行调查，同时对 Z 会计师事务所进行调查，并且调查了 X 公司的其他投资者。最终，证监会认定 Z 会计师事务所在对 Y 传媒收购 X 公司的审计过程中未勤勉尽责，所出具的审计报告存在虚假记载，随后对 Z 会计师事务所及相关涉事人员进行处罚。

基于上述信息可知：

（1）Z 事务所在风险评估阶段，未保持应有的职业谨慎和职业怀疑，未识别出存在的舞弊风险；

（2）Z 事务所在了解被审单位内部控制及控制测试审计程序中，对审批签名不全单据仍得出“控制有效并得到执行”的审计结论；

（3）Z 事务所在实质性程序执行方面存在严重缺陷，且部分审计工作底稿存在缺失现象。

——叶陈刚，王云汉．会计师事务所审计失败问题研究［J］．会计之友，2020（20）：36－42.

［**阅读思考**］

（1）导读信息中的会计师事务所在审计过程中存在哪些不足和问题？

（2）导读信息中涉案企业的造假行为为何没有被会计师事务所发现？

（3）如拟增加对涉案企业的行为审计，应如何更新原有的审计方案？

行为审计是以行为审计主题为主线，对审计业务所反映和体现出的审计客体及被审个体行为的真实性、合规性和合理性进行鉴证和评价的过程。审计人员需要针对组织与人员的特定行为做出相应的鉴证与评价结论，并提出相应建议。

基于设定的审计主题，审计工作均围绕一定的对象进行具体开展和实施，即“审计什么”——审计对象。审计人员针对不同的审计对象，会对应采用不同的审计流程、审计方法和审计模式来实施审计，并就审计对象提出审计意见和出具审计报告。依据审计客体的业务类型及特点，行为审计的内容与对象一般包括经济责任行为、管理决策行为、公司治理行为、绩效行为、舞弊行为、内部控制行为、计算机与网络行为等。

6.1　经济责任行为审计

6.1.1　经济责任与经济责任审计内涵

经济责任是指相关责任人在经济方面所应履职的职责和应承担的过失，一般而言是委托方和受托方之间的一种经济约定，其实质是双方在经济权利和经济义务的关系。在双方的经济约定期间，受托方依约定对资产和财产、经营权和管理权拥有支配权，并按规定向委托方汇报、提交经营及管理情况。

经济责任一般可划分为经济政策执行责任、经营决策责任、经营管理责任、经济监督责任等，审计内容及对象包括重大经济事项决策情况及效果、资产保值增值、财务收支情况、企业治理与内控体系建立及执行、法律法规遵守情况等。

现代企业治理要求企业机构或组织的财产所有权与经营管理权之间应明确分离，委托方为了核查和鉴证受托方在经营管理期间是否达到了委托方的预期目标，并确保实现目标过程中的会计信息与数据、资产与财产以及经营绩效的真实性、可靠性和完整性，故经济责任审计应运而生。

6.1.2 经济责任审计内涵与需求

经济责任审计是审计组织基于审计委托方的委托与要求，运用适当的审计手段、程序和方法，对受托方在经营和管理期间经济责任的履行情况进行核查、鉴证的审计活动；其重要目的是为了明确财产经营管理者——即受托方的经济责任。传统的经济责任审计的基础主要是财务审计，即对受托方在经营和管理期间所负责的财务收支情况、资产管理及经营生产绩效（财务报告）等是否符合法律法规和经济约定目标。经济责任审计既针对审计客体，也针对被审计人。

从行为审计视角而言，经济责任行为审计是指审计主体基于审计委托方的委托，依据委托方的委托预期、绩效目标和行为规范等，运用相关审计手段、程序和技术，对审计客体（受托）履行经济约定的偏差进行行动分析的过程。

经济责任行为审计的目的有两个方面：第一，是为了明确受托方的行为责任和经济责任；第二，是分析受托方的行为是否符合委托方的行为预期，并对行为差异动因进行规律性分析，从而更加科学地进行经济约定方案的设计，最大限度地约束受托方行为和减少失职行为。需要指出的是，传统的经济责任审计关注的是经济资源投入与产出方面的履职结果，而行为审计则关注委托方与受托方之间经济约定的行为履职适当性以及行为激励效果的合理性。

在当前公司治理环境和诚信建设体系仍不完善的情况下，政府部门、上市公司投资者及社会各方对经济责任行为审计的需求较为强烈。从审计动因上来看，“委托—受托”关系中受托方的机会主义行为一直客观存在，受托方为了达到某种利益目标，在经济和管理行为方面不按委托方的期望或经济约定实施，甚至运用造假、虚构等手段，给经济运行和社会运行带来了严重的负面影响。从审计目标看，经济责任审计的目标是核查、鉴证受托人是否按约定完成了预期绩效目标；而经济责任行为审计的目标则是受托人的行为是否合规合法，以及是否和行为预期、社会预期相符。故将行为审计的研究逻辑、研究方式应用于经济责任审计方面，具有坚实的必要性和可行性。

6.2 管理决策行为审计

6.2.1 管理决策行为内涵及分类

决策管理学派创始人西蒙认为，现实生活中组织和个体的决策需要一定程度的主观判断，但这均为在有限理性的条件下进行的；在有限理性下，导致组织和个体寻找满意解，而非最优解。企业或组织的不同管理者在做出判断、选择、行动等管理决策过程中，会表现出不同的心理特征与行为倾向、习惯偏好与思维逻辑。针对管理决策行为实施行为审计，为系统性研究管理者的决策过程、影响决策的各种因素和决策效果，并因势利导利用这些决策规律，以及为科学的管理决策行为提供更好的理论依据和实践建议，具有十分重要的研究价值和现实意义。

组织行为学中将组织内部的活动分为经常性、非经常性两类，前者活动一般为程序化决策，后者活动则为非程序化决策。管理者做出决策的过程一般为：界定问题→明确目标→寻找可选方案→比较并评价方案→做出决策→实施方案→方案效果评估→修订和总结方案。而决策的过程体现了组织及管理者个体的知识水平、管理理念、响应能力、决策水平和意志等。决策的失误，会给企业运行、社会运行带来严重的负面影响，甚至是失败。管理行为中的核心即为决策，管理决策行为中的核心即为理性决策。管理决策行为类别如表 6 - 1 所示。

表 6 - 1　　管理决策行为分类

决策行为类别	具体管理决策行为
决策主体	领导决策行为；部门决策行为；个人决策行为
决策层级	战略型决策行为；战术型决策行为；操作型决策行为
决策形式	组织决策行为；个体决策行为
决策内容	投资决策；筹资决策；经营决策；市场决策；竞争决策等
决策性质	正常决策行为；缺陷决策行为

由上可知，可以根据管理决策的过程环节来分析管理决策行为主体的动机、行为过程，并对决策行为过程和决策行为效果进行核查、鉴证。

6.2.2　管理决策行为审计的要点

在实施对管理决策行为审计的过程中，需要高度关注以下因素。

6.2.2.1　决策者个体心理因素

决策者在决策过程中能否拥有和保持“理性”心态，是客观选择“满意”决策方案和确保方案质量的重要行为条件。不同层级的决策层在进行不同项目、方案、业务及内容决策时，其知识储备、专业视野、性格特点、情绪与意志等因素均是决策重要的个体因素。决策行为中如果发生个人情感或喜好来代理理智、科学现象时，即使决策者自身领导能力极强，也无法避免出现错误决策。

故行为审计实施过程中，要注重观察决策者自身在非常规条件或环境下的认知、直觉与潜意识、压力承受程度、应急应变能力、价值观与意志、风险偏好和决策能力。

6.2.2.2 决策者职能定位因素

现代企业组织一般具有明显的层级性，故管理决策也具有层级性；而管理层级的不同又决定了各级决策者的决定权限不同。在管理决策中，组织中的高层领导者负责全局性工作，拥有组织资源的选择权、不同方案的比较权和最终方案的决定权，故高层领导者个体居于决策活动的核心地位，也称之为“决策层”。决策层在决策过程中的职权主要包括指挥权、监督权、组织权和控制权。所以，行为审计过程中需要高度关注决策层的职权定位。

6.2.2.3 决策行为环境因素

一个决策正确和适当与否，除了决策者的个体因素和职能定位因素外，还直接受决策行为环境和条件影响。决策环境是指与组织发生信息交互，并且影响、制约组织决策、个体决策的客观因素总和。由于决策活动是以决策主体为中心进行的，故决策环境也可视为决策主体自身因素之外的一切客观因素。在从决策目标比较、决策方案选定到决策方案实施、决策效果评估等全流程中，决策主体既受决策环境的影响和制约，也同时会反作用于决策环境。决策主体对决策环境的认知、适应和控制的程度，不但关系到决策目标和方案的选择，而且还关系到决策实施的效率与质量。

决策行为环境是指影响决策者行为的各种决策环境因素的集合，包括组织的治理结构与治理水平、组织内的职能界定、组织内的决策层级结构和组织内的信息传递与沟通等，以及决策者所面临的规制环境、技术环境、监管环境、经营压力环境、绩效激励环境、团队合作环境等。

6.2.2.4 决策信息质量与时效因素

信息是决策主体在决策过程中做出正确决策的重要依据，决策信息指与决策目标、决策方案、决策评价等紧密相关的支持性信息与数据，包括行业与产业数据、市场与竞争信息、业务—财务—税务信息与数据等。

在针对决策行为的过程和效果进行审计分析时，需要考虑影响决策行为的相关信息因素。第一，核查和鉴证信息过程的可靠性。包括：信息来源、信息渠道的可靠性；信息输入、加工处理和输出载体（硬件、软件和网络）的可靠性；以及信息使用主体人员的可靠性。第二，核查和鉴证信息的完整性与准确性。包括信息维度的完整性、信息所用指标及体系的完整性，并需要核查数据计算、参数配置的准确性。第三，核查和鉴证信息的时效性。包括：数据输入、加工处理、输出的时间规范性；数据下载、转移和分发的操作时点等。

6.3　行为审计与信息审计的关系

行为审计实施过程中，需要审计主体对审计客体的特定事项进行验证和发表鉴证意见，这个特定事项就是审计主题。如果审计主体对审计客体所给出的信息做出结论，审计的主题就是信息。如果审计主体对审计客体的行为做出结论，审计的主题就是行为。

参考相关理论，可以将审计主题划分为两类：第一类是信息主题，主要指财务数据、报表数据和非财务数据等，注重信息结果的认定和鉴证；第二类是行为主题，主要指提供信息和实施管理的组织或人员的作为及过程等，注重行为规律和过程特征。实施行为审计的审计类型主要包括政府审计、内部审计，而信息审计则为外部审计实施的重点。

故根据审计主题不同，审计区分为行为审计和信息审计（信息审计主要指财务与绩效审计）。行为审计就是对行为的动因、行为的过程、行为的关系和行为的结果进行核查和鉴证，并提出审计意见和结论；从技术上来说，就是从众多的行为中识别和发现正常行为、缺陷行为，并对缺陷行为进行类别划分和程度分级。所以，如何理解行为，是行为审计的基础。

6.3.1　行为审计与信息审计要素比较

郑石桥和宋夏云（2014）具体比较了行为审计和信息审计的区别，对行为审计理论做了归纳性的总结和拓展，强调了行为审计中动机的重要性。基于行为审计与信息审计的特性，两者在审计动因、审计目标、审计主客体、审计内容、审计取证和审计流程等方面存在诸多差异。具体如表6-2所示。

表6-2　行为审计与信息审计要素比较

审计要素	信息审计（财务报表为主）	行为审计（组织及个人行为）
审计动因	受托方（组织或个人）在向委托方或其他利益相关者提供财务数据及信息时，可能会主观故意弄虚作假，以达到实现自利或掩盖的目的	受托方（组织或个人）可能完全未按照委托方的意愿期望或契约约定来实施特定的行为或过程
审计目标	审计委托方及审计主体期望对受托方提供的财务数据及信息的真实性（或公允性）进行鉴证，并在此基础上发表评价意见	审计委托方及审计人员期望对受托方执行委托方预期的特定行为的合规性（或合法性）进行鉴证，并在此基础上发表评价意见

续表

审计要素	信息审计（财务报表为主）	行为审计（组织及个人行为）
审计主体	实施的主要审计类型为注册会计师审计（社会审计）	实施的主要审计类型为政府审计和内部审计
审计客体	提供财务数据及信息的组织或个人	实施特定行为的组织或个人
审计内容	主题是特定信息——审计客体提供的财务数据及信息情况；审计人员需就审计客体的陈述或认定发表意见	主题是特定行为——审计客体实施的特定行为；审计人员需就审计客体的特定行为或行为实施过程发表意见
审计依据	财务报表数据及信息质量是否符合数据收集、记录、加工、核算和报表编制的相关会计准则和法规等	受托组织或个人的行为及行为过程是否符合委托方的期望和既定标准
审计程序与方法	审阅、询问、监盘、观察、调查、重新计算、控制测试、实质性测试（分析性程序和细节性复核）等	流程审计（管理流程、业务流程和数据流程）、大数据审计、相关性审计、合理性判定等
审计模式	账项基础审计、制度基础审计、风险基础审计、现代风险导向审计	审计模式尚在不断探求中
审计判断	审计人员基于会计与审计的专业知识基础、从业经验、审计逻辑和职业准则要求实施审计工作	审计人员需要借助行为科学理论工具和现代科技手段、运用大数据等方法来判定特定行为的规律
审计结论	审计意见（无保留；保留；否定；无法发表意见）	审计结论形式在不断探求中

由表6－2可知，信息审计体系与行为审计体系的差异总结归纳如下：

第一，在解析审计客体的异常经济行为原因时，财务与绩效审计往往从制度建设和内容体系不完善等视角进行分析，强调总体组织的系统性完善；而行为审计则是基于心理因素和社会因素视角，强调要满足心理需要，并应讲究激励方式和方法，强调企业的组织目标、战略目标和个体需求之间的匹配度、吻合度问题。

第二，在评价审计客体经济行为时，财务与绩效审计往往倾向使用违规、违纪或合法、遵章等偏于规制类的术语；而行为审计则常用心理需要满足程度、动机激发适当性、个性特点等术语，如动机、机会和需求等。

第三，在对审计客体异常经济行为进行取证时，财务与绩效审计通常依据会计准则、财会制度等对财务报表、会计凭证或账簿进行核查，强调资源投入与经济产出的平衡关系；而行为审计则主要依据行为科学的基本原理，运用大数据分析法、关联分析法和问卷调查法等，对组织行为与个体行为之间的需求契合度、不当组织行为与个体行为的动因进行分析。

6.3.2 行为审计与信息审计对象的比较

行为审计与信息审计在审计对象范围方面存在一定的一致性，但两类审计的关注点存在较大差异，具体如表 6－3 所示。

表 6－3　信息审计对象与行为审计对象比较

审计对象	审计实施范围	信息审计关注点	行为审计关注点
经济责任	重点核查经营责任人在任期间，对受托负责的资产运营状况，以及由此产生的负债、损益等	关注受托经营成果的真实性、合法性和效益性	关注对受托组织和受托个体在受托期任职间经济责任的履职行为实施情况（包括政策执行行为、经营决策行为和管理行为等）
财务收支	对审计客体的会计账目、会计报表等会计资料及其已发生的财务收支活动进行审查和评价	关注财务收支依据、凭证和账簿记录的真实性、合规性	关注财务收支行为主体的实际执行过程及活动的科学性、合理性；关注收支行为效果与预期财务收支效率、效果之间的偏离情况及偏离成因
合规性	核查审计客体是否遵循了特定的法律、法规、程序或规则，或者是否遵守将影响经营或报告的合同的要求	关注现行政策、程序、标准、法律以及法规的制度的应用或遵从程度	关注组织及管理者、员工个体的管理行为、经营行为和其他行为与既定政策规制之间的偏离情况及偏离成因
内部控制	针对审计客体的组织内部控制在设计和运行上的有效性的核查	关注业务单位、重大业务事项和高风险领域的内部控制，以及组织运营管理的合规性、资产的安全性、经营信息的真实性和完整性	关注组织及管理者、员工个体经营过程中，内部控制策略的实行执行行为与预期内部控制效率效果的偏离情况及偏离成因
风险管理	对审计客体的风险管理架构、风险管理流程与实施管理活动的有效性进行评估	关注风险管理治理架构的合理性、风险管理流程的有效性，主要运用风险估计方法（定量与定性结合）	关注组织及管理层、员工个体实施风险管理行为及过程的效率和效果、治理效率和效果，以及偏离成因
工程项目	依据工程项目流程，对工程造价、竣工财务决算等活动实施核查，以确保工程项目顺利开展	关注针对工程合同信息、工程资金使用、预算执行情况的真实性、合规性、合理性的审核	关注与工程作业过程中的合同签订行为、管理与组织行为、资金使用行为的真实性、合规性

续表

审计对象	审计实施范围	信息审计关注点	行为审计关注点
舞弊行为	针对经营受托人在财务信息的披露、经营资产的运用情况是否存在舞弊问题来进行核查	关注对舞弊行为使用检查、查询等审计程序进行取证，并向委托者或授权者出具审计报告	运用分析性复核方法、案例分析法、大数据分析法等对财务报表、财务收支等异常数据背后的行为及动因进行分析
经营绩效	基于组织目标，对资产及资本运营情况进行核实，包括资产、负债、收入及利润、损失的核查	关注经营管理活动的经济性、效率性和效果性	对组织及管理层、员工个体的经营管理活动进行经济性、效率性和效果性审查和评价

由表6－3可见，信息审计对象主要关注经营受托人在资产、资金的管理和运营、受托财产的保值与增值等方面的合规性，以及财务信息披露的准确性、真实性；而行为审计对象则关注组织机构、管理层、员工个体等行为主体的实际行为与预期目标之间的偏离情况，深入寻找偏离成因，从而达到修订和完善现行规制、流程的目的。

本章习题

1. 行为审计系统中有哪些审计内容与对象？
2. 如何实施经济责任行为审计？
3. 如何最大程度规避管理决策行为中的管理决策失误？
4. 行为审计与信息审计的区别与联系是什么？

第 7 章　行为审计环境及其影响

学习目标

1. 理解行为审计环境的内涵和构成要素。
2. 理解行为审计主体的组织环境与个体环境。
3. 熟悉行为审计客体的内部公司环境和外部治理环境。
4. 掌握行为审计环境对主体、客体行为的影响。

本章导读

AR 与 AD 是合作伙伴，还是利益合谋?

AR 公司曾是世界上最大的电力、天然气以及电讯公司之一，2000 年披露的营业额达 1 010 亿美元之巨。公司连续六年被《财富》杂志评选为“美国最具创新精神公司”。

然而真正使 AR 公司在全世界声名大噪的，却是这个拥有上千亿美元资产的公司 2002 年在几周内破产，持续多年精心策划乃至制度化系统化的财务造假丑闻。2001 年 12 月 2 日，AR 公司突然向纽约破产法院申请破产保护，该案成为美国历史上第二大企业破产案。在这场破产案件中，AR 公司的管理层遭到严重质疑。他们面临的指控包括疏于职守、虚报账目、误导投资人以及牟取私利等，据悉：AR 高层通过大多数合伙公司进行巨额借贷，巨额贷款经常被列入这些合伙公司，而不出现在 AR 的资产负债表上，从而隐藏了高达 130 亿美元的巨额债务，达到其粉饰财务报表的目的。2001 年以来，AR 的营业收入一直呈 4 倍以上的态势增长，但 2001 年第二季度，公司却突然出现高达 6.18 亿美元的亏损，这严重损害了投资者的利益。

AR 假账问题也让承接其审计业务的 AD 会计师事务所遭受到美国证券交易委员高达 700 万美元的处罚。AD 会计师事务所作为 AR 公司财务报告的审计者，既没审计出 AR 虚报利润，也没发现其巨额债务。2001 年 6 月，AD 因审计工作中出现欺诈行为被美国证监会处罚，这直接导致了 AD 的解体。

据专家分析，AR 公司内部环境存在严重问题。公司奉行“赌场文化”，内部控制错漏严重，独立董事和审计委员会形同虚设。而 AD 事务所也为了维持客户关系，在执业时没有坚持应有的独立性，这一切都表明：审计环境对审计结果而言具有重要影响。

——根据以下资料整理：徐黄凯．“安然事件”引发的法律风暴——萨班斯法案的诞生［J］．法制与社会，2011（34）：53－54；申卉艳．注册会计师审计独立性问题研究——以“安然事件”为例［J］．山西农经，2020，272（8）：173－174；张斯琪．从安然事件看审计主体与客体之间的“亲密关系”［J］．现代商贸工业，2016，34（37）：317－318.

［阅读思考］

（1）导读信息中的 AR 公司和 AD 事务所之间所存在怎样的审计关系？

（2）AR 公司和 AD 事务所的审计环境存在哪些问题？这些问题与 AD 事务所的审计失败存在哪些关联？

（3）通过导读素材，请分析在复杂多变的审计环境下，审计主体与审计客体之间应构建怎样的审计关系？

本章介绍行为审计环境的内涵和类型。首先，重点从审计主体、审计客体和审计人员的不同视角，分析行为审计所面临的内部审计环境。其次，重点从政治环境、法律环境、经济环境、社会环境等方面分析行为审计所面临的外部审计环境。然后，对审计环境的功能和作用进行分析，解析审计环境因素是如何对行为审计主体和行为审计客体产生影响的。

7.1　行为审计环境

7.1.1　行为审计环境的内涵

一般来说，审计环境指审计监督活动中的内外部因素及主客观条件等周围情况，分为内部环境和外部环境。内部环境主要指审计机构能够凭借自身的意志而形成的各类因素集合，包括但不限于审计主体及审计客体的组织机构设置、价值理念、责任观、职能定位、行为准则及工作制度、人员素质等因素，审计主体及审计客体能够凭借自身的意志而形成的因素集合，包括但不限于价值理念、责任观、职能定位、行为准则及工作制度、人员素质等因素。外部环境主要包括政治环境、法律环境、经济环境、社会环境等，通过影响审计人员的审计行为，影响着审计的地位及其独立性和威慑力在社会上的影响等。

根据系统论理论，环境与系统相互对应，是系统之外并且对系统有影响的因素，对于高级系统来说，子系统的环境是它的构成因素。行为审计环境通过影响行为审计系统中的各个构成要素，影响整个行为审计系统的运行状况，它是影响审计主体行为、审计客体行为的各种内部、外部环境因素的总称。行为审计主体、行为审计客体和行为审计环境三者共同组成了行为审计系统，该系统关注审计主体和审计客体中的组织行为、团队行为、个体行为特点及规律，是一个“由果溯因”的系统。

7.1.2　行为审计环境的构成要素

行为审计环境可划分为内部审计环境和外部审计环境。内部审计环境可从审计主体、审计客体两个视角进行分析，主体环境主要聚焦行为审计的审计主体，即政府审计、内部审计和社会审计（又称注册会计师审计），而客体环境主要聚焦审计客体，即被审单位。外部审计环境主要包括审计主体和审计客体所面临的法制环境、监管环境、文化环境、社会环境等。具体如表 7－1 所示。

表 7－1　行为审计环境层级定义

第一层级	第二层级	定义
行为审计环境	内部审计环境	审计主体视角：政府审计、内部审计和注册会计师等主体的机构设置、价值理念、责任观、职能定位、行为准则及工作制度、人员素质等因素
		审计客体视角：审计客体的内部组织结构、治理结构、内部控制、技术应用、经营伦理等因素
		审计人员视角：审计人员的个体性格、动机（需求）和个人情绪等特质
	外部审计环境	审计主体与审计客体、审计人员所处的政治环境、法律环境、经济环境、金融环境、社会环境和监管环境等外部环境因素

7.2　行为审计的内部审计环境

7.2.1　行为审计主体视角下的内部审计环境

行为审计主体主要包括政府审计、社会审计（即注册会计师审计）、内部审计等三类审计机构及相应的审计人员。三类审计在审计方式、审计对象和审计权责等方面存在诸多差异，如表 7－2 所示。

表 7－2　　政府审计、社会审计与内部审计的区别

要素	社会审计	政府审计（官方审计）	内部审计
方式	受托、有偿	强制、无偿	自主、自愿
对象	会计报表的合法公允一致	财政收支及公共资金的合理合法	内部管理制度的执行
执行人	外部审计师（CPA）	政府审计部门人员	内部审计师或审计人员
性质	外部经济监督	外部行政监督	内部经济监督
权责	发表意见权	处置权	报告权
独立性	双向独立	单向独立	相对独立

7.2.1.1 政府审计机构的内部审计环境

政府审计又称国家审计，从组织结构来看，其主体主要涉及国家审计署及其派出机构和地方审计机关。最高审计机构为审计署，审计署的主要职责包括：拟定审计方针政策，参与制定审计、财经方面的法律、法规；制定审计规章制度并监督执行情况；办理地方性审计法律法规的备案审查；以及直接依照我国法律法规规定，领导地方各级机关进行审计等。

目前，我国政府审计环境主要由以下几方面构成：

（1）政治环境。国家审计作为权力监督制度的重要组成部分，政治制度的影响表现为国家立法机关或者权力机关对于审计这种独立的经济监督活动法律地位的确认程度，以及选择何种审计模式。审计模式的确定应当取决于国家政治制度，并与社会文化、经济发展等相匹配。

我国的审计制度是：审计署隶属于国务院，由国务院领导，对国务院负责，属于政府内设的审计机构，对各级政府具有直接监督的作用。这种审计制度自从确立以来就收效颇丰，目前经济的飞速发展已使社会发生巨大变革，为适应社会、民主、法制的发展，全国人大应当对权力重新配置，以防权力滥用，在这种环境下，审计制度必然要受到影响并发生变革。

（2）法制环境。法律制度主要指我国的审计法律体系，我国审计法制体系的初步框架应该是以《中华人民共和国宪法》为核心，以《中华人民共和国审计法》为母法，以《中华人民共和国注册会计师法》为骨干子法，以国家审计准则、独立审计准则和内部审计准则为行业操作规章的系统。审计法律规范是审计工作得以顺利开展的强制性保障，不但明确了审计机关的职责、权限、审计程序，而且对审计人员全面具体地规范了各项审计行为。

（3）社会文化环境。我国历史悠久，占主流伦理价值的儒家思想深刻地影响着人们的观念。儒家思想在治国理念上，提倡德政、仁政、礼治，主张统治者修身养性来治国平天

下，认为法治是人治的手段，从而淡化法治的意义，这种思想观念深深地嵌入了国家政治与法律制度。

时至今日，权力与法律关系探讨在理论上虽有定论，但权大于法的观念还没有完全消除，在行为上从权而不遵法的现象还在一定程度上存在。例如，就审计客体而言，被审单位在处理一些经济业务时，往往以单位行政领导的意愿行事，这可能造成许多有意或无意的违法行为。就审计主体而言，审计人员在审出问题后，常常将上级领导或部门的讲话、批示作为评价和处理依据，审计行为效力在很大程度上取决于行政首脑对审计的认识和重视程度。

值得注意的是，随着人们文化水平的提高，社会民主化进程的加快，公众民主意识和廉政意识的相应加强，无形中推动了国家审计的发展。例如，近年来，公众较为关注“国家审计风暴”现象，审计结果公告制度的发展过程，是对执政为民、审计为民治国理念的进一步阐释，深刻体现了公众要求对国家审计的知情权，是对国家审计的审计质量、审计透明度、审计结果落实提出更高的期望和要求。

（4）科技教育环境。自 20 世纪 80 年代开始，以查账为主要手段的审计受到了来自现代信息技术的挑战，金融、财政、海关、税务等部门，民航、铁道、电力、石化等关系国计民生的重要行业，都开始广泛运用计算机、大数据、区块链、网络等进行管理，国家机关、企事业单位会计电算化趋向普及。审计署前审计长李金华曾强调要在审计工作中注意“人、法、技”的问题，把审计人才的培养、审计的技术和手段提到很重要的地位①。审计对象的信息化，客观上要求审计机关的作业方式必须及时做出相应的调整，要学会运用计算机技术，尽快实现由手工记账向以计算机、大数据为主的记账方法的转变，全面检查审计客体的经济活动，并且加强对审计人员的教育培训，发挥审计监督的应有作用。

大数据和信息化时代的到来，给传统的政府审计体系带来了极大影响。需要指出，我国政府审计在实施过程中还存在着法规依据不够完善、审计监督覆盖范围较为有限、现代审计技术应用程度不足等问题。今后政府审计将更加注重运用大数据、区块链、物联网等现代信息技术手段，以改进审计方式和突出审计重点，实现政府审计的“数字化”和“云化审计”。

7.2.1.2　社会审计机构的内部审计环境

根据我国《注册会计师法》的规定，注册会计师执业，应当加入会计师事务所，故社会审计的主体应为会计师事务所②，主要指会计师事务所的治理结构、治理水平、质量控制

① 参见：李金华副主席与南审［EB/OL］.［2017 - 06 - 15］. 南京审计大学网站，https：//www. nau. edu. cn/2017/0616/c66a5144/page. htm.

② 会计师事务所（accounting firms）是指依法独立承担注册会计师业务的中介服务机构，是由有一定会计专业水平、经考核取得证书的会计师（如中国的注册会计师、美国的执业会计师、英国的特许会计师、日本的公认会计师等）组成的、受当事人委托承办有关审计、会计、咨询、税务等方面业务的组织。

制度和经营理念等。

1. 会计师事务所的组织结构类型

目前，会计师事务所的组织结构形式如下：

（1）国有所。起源于新中国成立初期，当时由于国家实行计划经济体制，会计师事务所与国有单位密不可分，大部分会计师事务所均为挂靠某一单位建立，以该单位的名义执业，故又称“挂靠所”。

（2）合伙所（普通合伙会计师事务所）。即由一个或几个有执业资格的人员以出资等各种形式一起设立会计师事务所，并各自承担相关的经营风险。

（3）合作所（有限合伙会计师事务所）。合作所是由相关执业人员成立的，具有一定联盟性质的会计师事务所，与合伙所的区别是，成立时各人员承担的是有限责任。

（4）有限责任事务所（特殊普通合伙会计师事务所）。与以上二者类似，也是由不同的执业人员出资成立，但最大的不同是各出资人员以其出资额为限承担有限责任，事务所作为独立法人，应对全部债务承担责任，这是目前会计师事务所的主要形式。

（5）集团所。挂靠某公司集团建立的事务所。

（6）个人所。目前只见于深圳市，即满足一定从业年限的人员可以个人名义申请立所。

2. 会计师事务所的组织治理环境

会计师事务所的组织治理主要包括内部管理机制和外部业务控制机制。

（1）内部管理机制。内部管理机制主要指会计师事务所的战略管理制度、合伙人管理制度、重要决策的制定制度、人事聘任和激励制度，合并后的文化融合制度等，具体如下：

①事务所的战略管理制度。目前会计师事务所虽然按照国家有关规定和行业规范制定了内部管理制度，但是从实际运行看，会计师事务所往往将重心放在重点业务管理方面，对于内部管理制度的完善和优化不够重视，这种优化不够主要表现在事务所没有建立清晰的长远的发展规划和经营管理战略，或者根本没有战略，在现代这个快速发展的社会中，失去了战略就等于失去了船舶航行时的指路灯，很容易湮灭在竞争激烈的中国审计市场中，因此战略对内部管理制度，具有极其重要的意义。

②事务所合伙人管理制度。我国会计师事务所大多为有限责任制，而在有限责任制中，掌握事务所发展脉络的当为事务所合伙人。然而随着国家对事务所“做大做强”的号召，事务所之间的合并浪潮逐渐兴起，当多家事务所进行合并时，可能会产生一个或多个主要的合伙人，此时主要负责人的身份需要重新界定。一旦诸合伙人意见相左，则必然导致事务所无法做出有效决策，使事务所今后的发展受限。这一点在我国体现得尤为严重，某些事务所在进行资源整合后，会为合伙人的排名进行长期的内斗，从而延缓整个事务所的业务进程，为以后的管理埋下了隐患，甚至会导致企业瘫痪，最终导致整个事务所的破灭。

③事务所重要决策制定机制。事务所的重要决策很多时候往往均由主要领导自主决定，股东之间、合伙人之间存在的矛盾如果没有及时进行调和处理，就会影响内部管理效率和质量。还有一些会计师事务所股东、合伙人素质和能力相对较低，缺乏相应的经验，过于关注短期利益，忽视会计师事务所的长远发展，从而影响了事务所的持续运行管理效能，不利于内部治理工作有序规范开展。

④事务所人事管理制度。该制度主要包括会计师事务所对人员的聘任和激励制度。对于聘任制度而言，根据我国注册会计师质量控制的相关准则，会计师事务所对于人员的使用和管理要严格控制，规定进行审计的项目经理必须具有专业执业资格，并且要严格执行项目质量控制制度，指派至少一名所外人士进行复核，某些事务所还规定项目经理必须具有注册会计师（CPA）执业资格证。但某些事务所为了控制成本，会派遣尚未取得 CPA 执业资格的人员担任项目经理，这些审计人员通常缺乏专业技能，无法识别客户风险，严重者还会和审计客体进行合谋，给事务所工作带来较大的经营风险。一旦这些审计人员执业出现失误，就会使事务所遭受证监会处罚，使事务所的声誉毁于一旦。

对于激励机制而言，因为事务所主要工作人员的数量较少，因此必须创建科学的奖励系统，让事务所内部的重要工作人员能够积极发挥自身优势，进而降低企业在运营过程中出现的系统内部风险。但激励约束方面大部分事务所做的仍然不足，导致员工动力不足，积极性不够，即使采取了一定的个人承包、业务提成等方式进行奖励，整体作用相对较小，加上缺乏相应的约束机制，就会增加违法犯罪风险，不利于会计师事务所的长远发展。

⑤事务所的文化融合制度。会计师事务所在管理中，应当重视文化整合。然而，现实中我国会计师事务所由于受到脱钩改制历史遗留问题的影响，事务所合伙人之间的矛盾重重，难以形成统一的价值观和牢固的合伙基础。尤其是现代会计师事务所管理制度普遍提倡“做大做强”，几家会计师事务所合并之后，虽然市场份额有所扩张，但并不能很好地融合原有事务所的文化，导致合伙人之间缺乏沟通、苦乐不均等情况。同时也会导致人力资源管理、财务、企业文化等核心领域总所和分所不能接轨，员工缺乏组织认同和归属感，这必将导致巨大风险，这种情况在特殊普通合伙制会计师事务所中体现得尤为明显，因此需要着重注意。

（2）内部管理机制的完善。针对内部治理机制的相关特点，会计师事务所应从以下几方面进行完善：

①合理安排股权架构。一是机构应当依据实际情况开设科学的股权分配制度，在保障权利适当的情况下提升决策效率，定期引入新的合伙人，避免产生权力过于集中的情况。二是在机构的内部规章制度中对主要执行者，如执行董事或首席合伙人的具体权力进行一定的限制，保证监管力度的实施。三是积极创建较为公正、公开的民主决策系统，事务所可根据所内注册会计师相互配合的特性和决策事项，参照现代公司治理体系，采用累计投票制或依出资比例投票等制度，保证所有股东和工作人员的自身权利，切实体现所有工作

人员的利益最大化管理方式。

②保障员工的权益。在报酬激励方面，因为机构主要工作人员的数量较少，因此机构必须创建科学的奖励系统，让机构内部的重要工作人员能够积极发挥自身优势，进而降低企业在运营过程中出现的系统内部风险。

③主动提升员工技能。健全机构的培训系统是提高工作人员综合素质的重要方法，这种培训机制为机构带来的不只是短期的利润收入，而且在企业的未来发展过程中，能给员工带来更多的归属感。而对企业自身来说，提高工作人员的专业能力能够直接影响到机构未来的发展，工作人员也能感受到企业对自身的栽培，进而激发主动性，与此同时，还会让工作人员对机构产生依赖感和归属感，降低了人才的流失。

④加强会计师事务所的文化建设。在提升机构内部工作人员文化认同感的过程中，首先要确定机构统一的价值观念，并将其作为主要的思想进行宣传。结合实际情况对主要思想理念进行分享宣传，使职业机构内部的工作人员形成统一的文化思想。再用机构的文化直接影响内部工作人员的工作态度。只有提升了工作人员的综合素质，才能保障机构文化系统的作用发挥。而企业优秀的文化也直接影响着工作人员的工作效率，从而提升审计质量，降低机构风险。

（3）外部业务质量控制机制。与内部管理机制相对，会计师事务所的外部质量控制机制主要包括：

①会计师事务所的业务风险管理。这是会计师事务所业务控制机制的主要侧重点，一家会计师事务所品牌形象的建立，关键是要看所内审计人员在执行业务时是否严格遵循审计准则并进行严格的质量控制。目前，部分会计师事务所管理层风险意识不强，为逐利低价承揽业务，不重视事务所的质量控制，忽视注册会计师的专业胜任能力，承接的报告数量远远超出正常水平，项目组专业胜任能力不足。承接业务方面较为随意，合伙人以下的部门经理或项目经理即可承接。在出具报告时，缺乏职位较高的注册会计师签字，领导责任无法落实，也缺乏显著有效的质量控制复核机制，这里着重说明几点：

一是会计师事务所的业务承接。此类问题主要出现在规模较小的中小内资所或地方分所①中。相对于大型会计师事务所（例如：国际审计业界有名的“四大”②）的组织结构完善、业务能力强、内部控制科学等特点，中小型会计师事务所无执业范围和业务类型的特点，大多数事务所只能从事年度报表审计、验资、代理记账等业务；又由于这些小事务所一般都没有证券从业资格，无法获取可以支付较高费用的大型上市公司，故只能与客户“合谋”，简化程序，减少收费来提升竞争力。同时，一些对审计质量要求不高，一心只想获取无保留意见的小型公司也会倾向于聘请小事务所。这就会形成不良循环，大大降低事

① 内资所指由国内股东出资建立的会计师事务所；地方分所指大型事务所在某省或某市的分所。

② 国际“四大”，指普华永道会计师事务所、安永华明会计师事务所、毕马威华振会计师事务所和德勤会计师事务所。

务所作为财务报表鉴证人的可信度。

二是会计师事务所签字制度的控制①。根据国家法规要求，为保证审计报告的可信度，在审计业务完成后，必须由两名具有主审资格的注册会计师签字盖章，其中一位最好为合伙人。但是，由于签字权会增加注册会计师的审计收费，注册会计师之间可能会开始为签字权明争暗斗，这样不仅会降低工作效率，甚至有可能导致业务执行瘫痪。

三是会计师事务所的业务复核。我国审计报告共需经历编报人员审核、负责人签字、主管复核和事务所盖章四道程序，只有当全部程序复核通过后，审计报告才能被最终形成。但我国大部分事务所并未完全遵循此制度，没有成立专门的复核部门，严重者甚至未安排专职复核人员。盲目追求项目数量而不顾质量的现象屡见不鲜，这也给审计市场带来了巨大危害。

②会计师事务所的客户关系维护。会计师事务所执业时需要不断与审计客体交互来往，审计客体即为会计师事务所审计业务的“客户”。在审计业务的执行过程中，客户与事务所不断交互，为审计最终产品——审计报告的出具而通力合作。事务所在与客户的合作过程中，也会积累一些相应的客户行业知识，即为“行业专长”。行业专长可以提高审计效率，但是若与客户合作时间过长，则有可能损害审计人员的独立性。因此我国审计准则规定，一家事务所与某家公司合作时间最长不得超过五年，但很多公司并没有执行这一点。

③会计师事务所的声誉维护。会计师事务所在执业过程中会形成“声誉”，即通常所说的“口碑”。良好的声誉可以培养客户信赖和忠诚度，提升客户的财务绩效和市场地位，并且进一步提升事务所和审计人员的声誉，形成“良性循环”。因此，声誉对事务所的重要性不言而喻。②

（4）外部业务质量控制机制的完善。针对会计师事务所内部治理机制的相关特点，会计师事务所应从以下几方面进行完善：

①建立质量监管系统和风险评估系统。事务所应依据国家有关规定，依据实际情况，将审计业务流程的各个主要环节纳入风险评估系统，建立风险预警与报告机制，完善晋升制度等。

②落实风险管理责任制。树立合伙人和主任会计师统管全局的意识，确定机构内部各工作人员在项目执行途中的责任分配承担制度。

③关注机构内部会计人员的综合素质，积极进行培训。会计师事务所应积极进行培训，提升培养系统，进一步提升负责人的责任机制，科学分配工期，提升人才的使用效率，进而减少审计的风险。

---

① 李兆华．我国会计师事务所实行定期轮换制的博弈分析［J］．会计研究，2005（3）：81－82.

② 唐衍军．会计师事务所内部治理：理论基础与机制创新［J］．财经理论与实践，2016（2）：77－89.

7.2.1.3 内部审计机构的内部审计环境

内部审计指审计客体内部自行设立审计部门，在政府审计与注册会计师审计执行之前，先依据审计准则和会计准则对其自身进行“自查”。内部审计本身有重要的功能与价值，与审计客体的内部规章制度有关。

一般来说，组织机构针对业务、涉财、管理等各种行为均可开展内部审计，其内部审计的过程需要多部门配合，人员与资源的使用情况较为复杂。另外，内部审计是审计客体的自查，因此它的环境和公司的客体环境密不可分，此部分将在 7.2.2 节与行为审计客体环境一同进行介绍。

7.2.2 行为审计客体视角下的内部审计环境

行为审计的客体即被审单位，审计客体的环境即为审计客体的内部环境。另外，由于内部审计是审计客体自身成立的审计机构，故行为审计客体的审计环境也是内部审计主体的审计环境。

7.2.2.1 内部治理结构

审计客体中的主要类型为企业，内部治理结构复杂，其结构是否合理的判断因素如下：是否采用“三会一总，法人治理”结构；公司的机构设置是否健全；公司董事数量与构成情况；外部董事或独立董事占比；公司董事会职能是否得到有效履行；会议是否及时召开以及董事参会情况；监事会中是否有职工代表，职工代表所占比重；大股东持股情况，是否存在大股东侵害中小股东的现象，高管是否持股；是否设置战略委员会、审计委员会等。以上因素将会对公司的内部结构产生不同程度的影响。

1. 审计客体的持股情况

（1）大股东持股比例。现有研究对此主要持两点看法：一是认为大股东侵占较多，公司的信息不对称程度就越高，公司的代理冲突就越强。为了缓解代理冲突，管理层通常会选择聘请审计质量较高的大所进行审计，此时管理层对公司审计的要求较严格，公司的财务报表质量较高，审计环境较完善。二是认为大股东侵占、代理冲突与审计需求之间并无必然关系，认为管理层会屈从于大股东的意志，通过粉饰财务报表帮大股东进行融资，满足大股东的需求。

（2）管理层是否持股。相关研究认为：管理层持股比例与审计质量有关。管理层持股比例越高，代理冲突就越强，人们对高质量独立审计的需求就越低。这是因为管理层持股会加大公司的代理冲突，并在两方面产生影响。一方面，当管理层持有较少的股票，且公司的代理冲突较强时，公司在首次融资上市时会为了满足监管机构需求，更倾向于选择规模较大的事务所来进行审计；另一方面，国内相关研究发现：我国上市公司管理当局持股会增大其权利，缺乏强有力制约的权利可能会增大管理层舞弊的机会，而舞弊行为风险的加大则又会影响到会计信息的质量，并且会进一步增加审计的难度。

（3）机构投资者持股比例。现有研究普遍表明，机构持股会增加投资机构对公司的关注，改善公司的审计环境，缓解公司大股东和小股东之间的信息不对称性和利益冲突；改善企业筹集资本的能力，增强董事会独立性，调整高管薪酬和契约关系，从而增加公司对高质量审计的需求，完善审计环境，且这种情况在法律制度不完善的欠发达地区更加明显。

2. 审计客体的机构设置

（1）董事会构成及独立董事占比。已有文献表明，董事会中人数越多，外部董事或独立董事占比越大，勤勉程度越高，董事会的职能就越强，对公司的监督就越好，公司的审计环境就会越干净，对高质量审计人员的需求也就越高。同时，现有研究还发现，随着外部董事比例的升高，公司更倾向于选择具有行业专长的会计师事务所，以更好地净化公司的审计环境，且外籍独立董事对公司聘请高质量审计人员影响更大。

（2）审计委员会的设置与组织效率。相关研究发现，设置审计委员会的公司更倾向于聘任规模较大的国际化会计师事务所，这是因为审计委员会的设置能加强对高质量审计的监督，对公司披露高质量信息的要求也更大，因此更倾向于聘请审计质量较高的会计师事务所，审计环境也就更干净；同时还有研究表明独立董事比例的增加会增加审计委员会的话语权，从而保证披露的会计信息真实可靠，对真实完整公允的信息进行进一步维护，提高公司财务报表的可信度和报表质量。

3. 审计客体自身的财务状况

公司的财务状况主要包括公司的规模、成长性、负债水平、是否存在关联交易等。现有研究表明：规模较大、成长性较高、负债水平较高或存在关联交易的公司，代理冲突更严重，更倾向于聘请高质量的事务所来净化审计环境，这部分公司的财务报表质量也相对较高。

7.2.2.2　内部控制环境

公司的内部控制环境主要指公司是否按照美国反虚假财务报告委员会下属的发起人委员会“全美反舞弊性财务报告委员会发起组织”（COSO）[①] 公布的内部控制五要素准则进行严格的内部控制：包括公司的权责分配是否明晰，是否同时设置有不能兼容的职务，管理层风险控制意识是否较强，是否定期进行风险评估和内部审计，是否在招标采购、订立合同等重大事件出现时进行严格的监控；公司的组织架构是竖长型还是扁平型，信息沟通是否流畅，信息失真率如何；以及公司控制系统是否有效，是否能够发现控制缺陷等。

---

① COSO 英文全称为 Committee of Sponsoring Organizations of the Treadway Commission.

公司内部控制制度的建立具体来说可以从以下几方面进行完善：完善公司章程；完善各项规章制度；设置分工明确、精练合理的组织机构；控制预算；风险防范；财产的定期盘点和保全等。

7.2.2.3 技术应用环境

技术应用环境主要指公司的计算机技术运用水平，以及这些是否与公司的经营效率、风险、财务成本等相关。具体到财务审计层面，主要体现在以下三个方面：

（1）通过互联网，使得企业的管理手段由线下变为线上，可以达到全天候无缝运作，这样可实现内外互联，降低成本并提高效率。

（2）通过企业内部管理信息系统的运行，实现多方向即时化共享数据。无缝衔接各个环节，实现“业财同行”，避免“信息孤岛”。

（3）加强财务管理和资金流量监控，实现信息共享，避免信息流失和失真。

但关于信息化对公司环境的影响，现有研究并不统一，主要持两种观点：一是认为公司的信息化程度越高，公司的信息流通就越通畅越透明，审计人员的审计力度就越小，审计环境就越干净，质量就越高；二是认为由于公司信息系统最终掌握在管理层手中，受人为因素影响较高，因此公司过度信息化会使管理层凌驾于内部控制之上，增加审计难度，污染审计环境，使审计人员执行审计工作变得更加困难。

7.2.2.4 经营伦理环境

公司的经营伦理与社会责任内涵相似，均为要求企业管理者在经营全过程中，应主动考虑社会公认的伦理道德规范，处理好与各利益相关者的关系，承担社会责任。通过经营伦理管理，公司必须做到让各利益相关者都满意。目前，有关研究表明：如果企业的社会责任感较强，则其披露的信息更加可靠，这可以从侧面反映出伦理对客体审计环境的影响①。

7.2.3 审计人员视角下的内部审计环境

审计主体的个体环境主要是三大主体审计②执业人员的专业胜任能力与相关心理因素。

7.2.3.1 专业胜任能力

所谓专业胜任能力，是指审计人员应当具有专业知识、技能或经验，能够胜任承接的工作。既要求注册会计师具有专业知识、技能和经验，又要求其经济、有效地完成客户委

---

① 谢运博，陈宏民．互联网平台型企业横向合并的模式研究［J］．中国软科学，2016（5）：11－23.

② 三大主体审计指政府审计、外部审计和内部审计。

托的业务①。

通常来说，监管机构主要从以下三个方面评价审计人员的专业胜任能力：

一是评价执行审计的能力，主要包括：执行审计的人员是否取得美国注册会计师（CICPA）、中国注册会计师（AICPA）、国际注册会计师（ACCA）等具有公信力的专业资格证书；是否对审计准则、财务报表编制基础和其他职业准则有充分的理解；从事审计工作的年限长短；职业生涯中是否因审计失败受过处罚等。

二是评价能否保持独立性，主要包括：执业人员私下与被审计客户是否有过沟通交流；事务所承接审计业务前三年内是否在被审计客户及其关联公司任职；与被审计客户合作时间长短；是否为被审计客户提供咨询或报表编制等非审计服务等。

三是评价保持应有关注的能力，即：在执业过程中应每时每刻保持执业怀疑，运用审计准则中规定的科学方法对获取的证据进行评价。同时，使客户了解审计的固有局限性。这里主要涉及：执业人员是否习惯秉持执业怀疑态度；执业人员在执行审计工作时投入的时间精力等。

7.2.3.2　心理因素

从心理学视角来分析，审计人员的心理因素可从性格、动机和情绪②三个方面来进行分析。

1. 性格因素

性格是人与客观世界相互作用过程中形成和发展起来的稳定的态度和习惯化的行为方式。审计人员的性格会相应影响其行为。塔佩斯（Tupes，1961）曾提出关于性格的五因素模型，认为人的性格受五个相对稳定的因素影响，即外向性、宜人性、责任心、神经质或情绪的稳定性与开放性。据此，若审计业务执行人员责任心强，表现出的外在行为可能是工作质量较高、有条不紊；但若其责任心弱，表现出的可能是工作质量较差。同样的，若审计人员的情绪稳定性差，表现出的外在行为可能是无法良好地坚持执业怀疑，容易产生敏感、焦虑等。

同样地，荣格（Jung，1976）的对立类型理论认为，执业者依据心理因素可被划分为内倾型和外倾型。内倾型人工作努力，善于思考但因不擅言辞易承受过多压力；外倾型人虽善于沟通表达，但也会因思考不成熟而表现出过度轻率。一般来说，这些性格反映在审计工作中，会导致内倾型人格效率高但承受的工作压力大，外倾型人格虽然效率低但因善于沟通而承担的压力较小。

弗洛伊德（Freud）认为人的性格由三个主要的系统组成：本我、自我和超我；本我、

---

① 中国注册会计师协会．审计［M］．北京：中国财政经济出版社，2020.

② 李占卿，李子举，吴泽航．审计人员心理因素及其影响［J］．合作经济与科技，2018，590（15）：134－136.

自我重感情，而超我偏重理性[①]。反映在审计行为上，即自我元素中的审计人员更倾向于自我发展，而超我则更重视工作。

2. 动机因素

动机被认为是行为的动力，审计人员进行审计时的动机可以被划分为内部动机和外部动机。内部动机指的是审计人员本身想做这件事，即因工作本身很有趣味，促使审计人员自发地想做。外部动机则是升职加薪等外部因素促进审计人员努力工作的行为。

内外部动机相互影响。通常而言，内部动机过高，会使审计人员更为自发地去完成某项工作，可能提升工作效率；而面对较为复杂的工作时，升职加薪等外部动机的效果可能更为显著。

3. 情绪因素

一般来说，审计人员执业过程中的情绪可以给其带来以下四方面的功能：

第一，动机功能。一般情况下，正向反馈较多的事情可能使人们更喜欢。即表扬和赏识可能会提高审计人员的工作效率，但无理由的打压可能会使工作效率降低。

第二，适应功能。这主要是调整自身情绪适应环境的功能，与情绪管理能力息息相关。一般来说，审计人员的情绪管理能力越强，其适应功能也越强，工作就可以得到更好的推进，反之，则有可能影响工作效率。

第三，健康功能。这也与情绪控制力有关。一般而言，如果审计人员面对较为复杂的工作问题，能够冷静耐心地处理，就说明其不仅情绪管理能力较强，也较为健康，能够很好地处理问题。反之，如果面对复杂的问题，审计人员的反映是焦躁不安甚至自暴自弃，则说明其情绪管理能力较弱，这样不仅其完成工作的能力很弱，甚至也会威胁到其身体健康。

第四，信号功能。情绪有传递人内心想法的功能，是信号的传递和捕捉利器。审计人员在实施审计过程中，应懂“捕捉信号”，会“察言观色”，能够揣度对方的意图，从而更好地感知对方客户的心理，利用心理对审计客体的行为进行“画像”和动因分析，从而进行“行为审计”。

7.3 行为审计的外部审计环境

外部审计环境是指不以行为关系主体的组织意志和个人意志为转移而对审计行为关系产生影响的因素集合，包括但不限于经济环境、金融环境、政治环境、法制环境、科技环境和社会文化环境等，可以概括为政治、法律、经济、文化四类环境[②]。

---

① 西格蒙德·弗洛伊德（S. Freud）. 弗洛伊德的心理哲学［M］. 北京：中国戏剧出版社，2008.

② 郑石桥，李媛媛. 行为审计客体论：理论框架和例证分析［J］. 会计之友，2016（10）：116－120.

7.3.1　政治环境因素

政治环境因素包括政局稳定状况、政府权力分配或利益集团间矛盾、政府管理行为及管理能力（如本国资源的管控意识及行为）、政策规制强度（如税务政策、国际贸易政策和产业政策）等。政治环境是否稳定关系到公司能否在安稳的环境中经营，是公司经营成败的基石。

7.3.2　法律环境因素

法律环境因素主要包括：公司的监管法规是否完备，国家、地方政府、证监会等监管机构或中国注册会计师协会等同业监督机构颁布的各项法规、法令、条例等监管法律环境是否齐全；法律法规是否得到严格执行，触犯法规的公司是否在第一时间得到惩戒；公司高级管理层遵纪守法的意识强弱程度；媒体是否对公司行为给予充分监督等。

一般而言，法律环境可以通过影响市场需求，来影响企业的消费活动。企业研究并熟悉法律环境，便可以通过法律条文的变化对市场需求及其走势进行预测。通常来讲，如果公司处于经济较为发达、市场制度较为健全、法律规制较为完善的地区，则公司的遵纪守法意识会更强，会更倾向于聘请内部控制制度较为健全、审计质量较高的事务所，编制财务报表时会更加严格遵循准则，审计人员的执业也会更规范，财务报告传递出的信息会更加真实可靠；反之，如果公司处于经济欠发达地区，则市场制度不健全和监管力度的缺失会增强高管的投机动机，增大高管的投机行为。

7.3.3　经济环境因素

经济环境主要与公司所处地理位置有关，比如，企业是处在发达的东南沿海还是经济欠发达的中西部地区。经济环境与法律环境互相影响，其对行为审计的影响基本与上述法律环境因素对行为审计的影响一致。

7.3.4　社会环境因素

社会环境主要包括公司社会责任的履行情况，以及媒体是否对公司行为给予充分监督等。这里需要特别关注媒体报道和监督，媒体报道作为一种重要的外部监督手段，对高管的行为约束也起着重要作用。近年来新兴的相关研究表明：媒体对公司的负面报道越多，则公司的财务报表质量和所聘请事务所的审计质量越高，且这种增高会伴随着年报预定公布时滞的延长而降低；而基于“信息传递—感知改变—行为调整”的传导机制，媒体若对上市公司出具正向评价则会降低公司的财务报表质量。

7.4　审计环境对审计主体及客体的影响

7.4.1　行为审计环境的功能与作用

行为审计环境的功能与作用分析如下：

第一，内部审计环境因素与外部审计环境因素之间会发生相互间的影响和作用，形成行为审计环境的矛盾统一性。总体而言，不同的行为审计环境会形成不同的行为审计。

第二，基于组织论和系统论可知，作为复杂性组织的系统，与环境之间存在信息、资源、能量之间的交换。行为审计组织也处于内外部审计环境中，行为审计环境为各行为主体的活动提供了实施情境、刺激因素，为各类审计行为关系主体之间的互动提供了空间，也为行为审计的研究提供了实验环境和条件。另外，行为审计环境因素也会制约、影响、扰动审计行为关系中各类主体的行为，会产生利益冲突、消极或危害作用，如会计报表造假行为、内部舞弊行为和审计合谋行为等。

第三，行为审计环境因素的变化会影响行为审计行为关系的结构和稳定，各行为主体会根据行为审计环境的因素变化和相互之间的关系变化而实现“自组织”的一种动态平衡性。同时，行为审计环境因素的变化，会影响行为审计体系中各主体的治理结构变化以及审计的功能选择。

第四，审计行为关系主体在审计产品的供给和需求实现过程中，产生相互制约、联动的行为关系，当某一方处于输入或输出的“强势”或“弱势”，其他关联方会进行审计“利益博弈”和新的关系再平衡。这种再平衡会作用于行为审计环境，产生或积极良性或消极不良的行为结果。

总之，审计行为关系体系和行为审计环境之间存在复杂的非线性互动关系，使整体行为审计体系具有显著的动态性、复杂性和互动性。

7.4.2　审计环境对行为审计主体的影响

7.4.2.1　对审计人员的影响

审计人员是审计工作的从事者，是审计行为的实施者。审计环境会通过影响审计人员的执业作风来影响人员的审计行为。例如，会计师事务所的业务风险管理意识越强，对风险的把控越严格，审计人员在执业时就越会约束自己的行为，严格按照审计工作进行执行。再例如，如果会计师事务所对人员的招聘把控越严格，对会计审计技术要求越高，则人员的专业职业胜任能力就越强，同时也会越独立。另外，审计人员自身的情绪、动机、对职业的规划、遵纪守法意识的强弱，都有可能影响到审计业务的执行；客户和审计人员的交互影响也会影响到审计人员在执业时的行为。有关研究表明，和客户合作关系较长的审计人员的独立性更易受到影响，审计人员会为了维持与客户的合作关系而屈服，与客户合谋出具虚假审计意见，这样既会导致事务所受罚，也会对财务报告的信息使用者产生重大影响。

7.4.2.2　对审计机构的影响

环境对审计机构的影响为：审计体制决定了审计机构向谁报告工作，不同审计体制会影响审计机构的独立性和权威性，从而审计机构工作的效率和效果可能会受到影响。又如，审计机构的财务来源可能会影响其独立性，如果审计客体的客户重要性程度较大，掌握着事务所大部分收入，则审计独立性会受到影响。再如，如果事务所整体以获取收入为导向，对业务的把控管理不过关，质量把控意识不强，也会导致审计人员在执业时的懈怠，再加上如果审计人员缺乏相应执业能力，则审计机构可能难以有效地应对复杂的审计工作，而这些都会作用于行为审计的客体，对管理层的行为产生严重影响。

7.4.3　审计环境对行为审计客体的影响

所谓行为审计的行为，指的是审计客体管理层或治理层在编制财务报表时产生的一系列特定行为，包括编制报表、把控内部控制在内的正常行为和舞弊、提供错报等缺陷行为。一般来说，注册会计师在进行审计时，主要关注的是相关业务和涉及财务处理的行为。而行为审计环境对行为客体的影响，主要分为两个方面。

7.4.3.1　主体环境对行为审计客体的影响

主体环境主要指事务所的业务把控程度和从业人员的独立性、专业执业能力、情绪、动机和性格等。一般来说，主体环境越严格，客体出现舞弊或错误行为的动机就越小，而没有了动因的驱动，出现舞弊行为的概率也会越小。例如，事务所对审计业务的把控越严格，风险控制意识越强，业务复核越严格，股权架构越合理，则越容易发现审计客体的错误或舞弊行为，审计客体的管理层舞弊的动机和机会就越小，就越不倾向于去舞弊。

再如，审计人员的专业执业能力越强，遵纪守法的意识越强，在执业时就更倾向于按照审计准则严格执业，产生舞弊的动机和概率就越小，对行为审计主体的审计行为也会有一定的约束。

又例如，如果承接审计业务的人员天生性格严谨，做事认真，在执行业务时有较高的热情，将重要性水平定得很低，又会运用科学的审计抽样方法，则会增加管理层和治理层的外在压力，使其在一定程度上配合审计人员的工作，约束自身的舞弊动机，提高提供给审计人员的财务报表的真实性和可靠性，减少财务报表中出现的错报。反之，如果事务所的风险意识不强，质量把控和业务复核不严格，审计人员遵纪守法的意识不强，专业执业能力不强，自身也不是很严谨的话，管理层和治理层的舞弊动机就会加大，相应地也会纵容管理层和治理层的舞弊行为。

7.4.3.2 客体环境对行为审计后果的影响

客体环境主要指公司的机构设置、内部控制结构、法律制度、技术应用、财产控制保全等，而行为审计后果指的是出现舞弊或错报的概率。一般来说，客体环境越严格，客体出现舞弊或错误行为的可能性就越小，且客体环境的影响比主体环境更为直接。例如，如果公司的机构设置合理，董事会按期召开且出席会议人数都符合要求；设置的审计委员会、监事会能够发挥自己的作用，公司自身的财务状况良好，内部控制制度健全，则会压制公司管理层或治理层进行舞弊的动机，舞弊行为也会受到约束；反之，如果审计客体的客体环境不严格，则会加剧公司管理层的舞弊行为，对公司的财务报表质量造成损害。

这里需要特别指出信息化对行为审计的影响。一般来说，公司的信息化程度越高，流程中的自动化、正规化模式的比例也就越高，越能够约束因人为主观因素造成的舞弊行为，但是，自动化流程的增多也会使管理层的舞弊动机作用于整个内部控制系统，从而进一步增大舞弊风险。

总而言之，行为审计的主体和客体作为一个系统，受行为审计的环境影响，行为审计的环境越严格干净，则行为审计的主客体行为就越正规，越不容易产生舞弊的动因和行为，财务报表出现重大错漏的可能性就越低；反之则会加剧财务报表出现重大错漏的可能性。

本章习题

1. 行为审计的内涵有哪些？构成要求有哪些？
2. 如何衡量行为审计的组织环境？
3. 会计师事务所的内部治理制度和外部控制制度应当如何完善？
4. 审计环境对审计主体的情绪和审计质量可能会产生哪些影响？
5. 行为审计主体应如何评估审计客体的内部控制环境？
6. 简述行为审计环境对行为审计主体和客体的影响。

第 8 章　行为审计的实施及方法

学习目标

1. 了解并掌握行为审计的实施逻辑。
2. 了解并掌握行为审计的实施流程。
3. 了解并掌握行为审计证据获取的过程。
4. 了解并掌握行为审计的工作底稿要素。
5. 了解并掌握行为审计的主要审计方法。

本章导读

大数据时代下的审计实施模式新变化

审计技术和方法的发展是随着科学和管理技术的进步而发展的。现代审计技术和方法体系是在原始的查账基础上从低级向高级、从不完备到比较完备发展起来的。在业务和会计处理手工操作阶段，审计实施的是账表导向的审计技术和方法；当内部控制理论和方法全面应用于业务和会计处理时，审计实施的是系统导向的审计技术和方法；当风险管理理论和方法全面应用于业务和财务管理时，审计实施的是风险导向审计技术和方法；与风险导向审计技术和方法并行的是，计算机技术广泛应用于业务和会计处理时，审计实施的是IT审计技术和方法。目前，面对大数据、云计算技术的产生和发展，审计人员需要应时而变来适应由此而带来的变化，分析大数据、云计算技术对审计方式、审计抽样技术、审计报告模式、审计证据搜集等技术和方法的影响。

大数据、云计算技术对审计人员而言，不仅仅是一种可供采用的技术手段，这些技术和方法将给审计人员提供实施总体审计模式的可行性。利用大数据、云计算技术，对数据的跨行业、跨企业搜集和分析，可以不用随机抽样方法，而采用搜集和分析被审单位所有数据的总体审计模式。利用大数据、云计算技术的总体审计模式时要分析与审计对象相关的所有数据，使得审计人员可以建立总体审计的思维模式，可以使现代审计获得革命性的变化。审计人员实施总体审计模式，可以规避审计抽样风险。如果能够收集总体的所有数据，就能看到更细微、深入的信息，对数据进行多角度的深层次分析，从而发现隐藏在细节数据中的对审计问题更具价值的信息。同时，审计人员实施总体审计模式，能发现审计抽样模式所不能发现的问题。大数据、云计算技术给审计人员提供了一种能够从总体把握审计对象的技术手段，从而帮助审计人员能从总体的视角发现以前难以发现的问题。

直到今天，审计人员的数字审计技术依然建立在精准的基础上。这种思维方式适用于掌握“小数据量”的情况，因为需要分析的数据很少，所以审计人员必须尽可能精准地量化被审计单位的业务。随着大数据、云计算技术成为日常生活中的一部分，审计人员开始从一个比以前更大、更全面的角度来理解被审计单位，将“样本=总体”植入审计人员的思维中。相比依赖于小数据和精确性的时代，大数据更强调数据的完整性和混杂性，帮助审计人员进一步接近事情的真相，“局部”和“精确”将不再是审计人员追求的目标，审计人员追求的是事物的“全貌”和“高效”。围绕大数据，一批新兴的数据挖掘、数据存储、数据处理与分析技术将不断涌现。在实施审计时，审计人员应利用大数据、云计算技术，使用分布式拓扑结构、云数据库、联网审计、数据挖掘等新型的技术手段和工具，以提高审计的效率。

——秦荣生. 大数据、云计算技术对审计的影响研究 [J]. 审计研究，2014 (6)：23-28.

［**阅读思考**］

(1) 抽样审计具有怎样的特点？适用于什么样的审计环境及条件？抽样审计是否会从审计方法中消失？

(2) 实施总体审计时，需要具备哪些审计条件？总体审计是否会降低审计效率？

(3) 现代审计主要会应用到哪些新技术和新方法？这些技术和方法会如何影响行为审计的变革发展？

行为审计学是行为科学与现代审计学科交融的产物，它关注的是组织的行为与个体的行为，注重透过现象看本质；从行为审计视角对“物本审计”鉴证配以“人本审计”鉴证，将可以有效拓展审计研究范围，并有效弥补传统审计研究中缺少行为研究的短板。

行为审计的范围不是一般行为，而是一种涉及委托方与受托方之间的经济约定行为，或者说是与经济约定履职有关的行为。故行为审计的实施是以经济责任作为前提，其核心内容是从众多的特定行为中识别正常行为和缺陷行为，并运用匹配的审计方法从中获取审计证据。

行为审计要以审计证据为基础，从众多的行为中找出缺陷行为，判断某个特定行为是否是缺陷行为，需要分析出缺陷行为的实质和特征。行为审计一般采用系统的方法，获取并记录审计证据，将特定行为区分为正常行为和缺陷行为。

8.1　行为审计实施逻辑

8.1.1　行为审计需求与动机

行为审计的范围是委托人与受托人之间的经济约定所规定的契约行为，包括组织行为、个体行为。之所以要对受托人所约定的经济行为进行审计，主要基于以下三点理由：

8.1.1.1　行为审计产生的客观基础是“委托—受托”经济行为关系

经济责任这一概念在不同的历史条件下有着不同的内涵和外延，其内容是从单纯的财务责任，逐渐向更广泛的经营责任、管理责任方面纵深扩展，进而形成现代经济责任的完整概念。受托经济责任关系的出现是审计产生的客观基础；经济责任内容从简单到复杂的演进，提供了审计不断发展的前提。

8.1.1.2　行为审计实施的前提基础是所有权与经管管理权的分离

资源财产的所有权和经营管理权分离以及管理者内部分权制，是受托经济责任关系早期形成的基本根据，也是审计赖以存在和发展的社会条件。

随着社会经济的发展，特别是现代市场经济的形成，经济责任也因社会经济生活中出现银行信贷关系、商业信用关系、征税纳税关系、经济合同关系等而形成了企业与各方面的经济责任关系。在经济责任日益复杂的进程中，审计成为联系各方面经济责任，保障社会经济正常、有序运行的重要制约机制。这个机制自然也就构成审计自身存在和发展的社会条件。

8.1.1.3　行为审计实施的直接动机是委托方对预期目标实现程度的鉴证

资源财产的所有者无法实现对经营管理者的直接监督，是审计产生和发展的直接动因。资源财产所有者对经营管理者从事的经营管理活动往往是既信任又不信任，即处在一种正当怀疑的状态。因此，他们对经营管理者是否尽职尽责地履行经济责任、有无舞弊和差错最为关心，但是，在实际生活中，基于地理上的距离、时间上的距离、法律上的距离，特别是技术上的距离，资源财产的所有者无法直接进行经常性的监督和检查，因而只有审计人员以其独立地位才能担当起监督和检查的职责，这就构成了审计产生和发展的直接动因。

8.1.2　行为审计实施条件与基础

8.1.2.1　实施依据与实施标准设定

从行为审计来说，审计依据是判断代理人行为是否适宜的既定标准，是关于审计客体应该如何行为的具体规定。对于某些行为审计来说，可能存在明确的审计依据，然而，对于许多特定行为来说，什么是“既定标准”可能难以达成共识，这种审计依据的不清晰可能对行为审计的独立性形成负面影响。审计人要做的是收集证据，判断审计客体是否按这个具体规定在行为，如果不按规定行为，还要判断其偏离程度，如果偏差超出重要性水平，就判断为行为不合规。例如，管理审计，本质上就是判断审计客体的管理行为是否偏离既定的管理标准。

8.1.2.2　职业判断与专业能力的具备

行为审计中的职业判断比信息审计更多且更困难。审计职业判断是审计主体能否保持独立性的主要领域，如果不需要职业判断，则审计不独立也难以发生。审计职业判断越多，考虑审计独立性的情形也就越多；审计职业判断越多，发生审计不独立的概率也就越高。由于行为审计需要更多的职业判断，因此，职业判断对审计主体的独立性会形成显著的负面影响。

8.1.2.3　行为审计模式的选择

行为审计可以以两种模式开展。第一，以审计客体的管理行为为主要审计内容，完全摒弃常规审计紧抠制度、注重考查是否违规违法的做法，而是以审计对象的履职行为心理因素及社会因素为切入点，全面分析其心理需要满足程度、动机激发适当性、个性特点等；第二，在常规审计中融入行为审计，就是使用行为审计的基本理论、思想和方法，分析审计证据中的行为动机、行为规律及行为结果。

8.2　行为审计的实施

8.2.1　行为审计实施流程

作为一项创新性的审计理念，行为审计在实施中尚不能完全脱离常规的审计流程，而是应贯穿于传统审计的实施过程中。即在各项传统审计业务中，在特定阶段、特定时间和特定业务上融入行为科学及关联学科（心理学理论、组织行为学理论、动机论、社会学论）的相关理论与技术，辅助审计工作的系统性实施。

行为审计是以审计对象（经营行为、管理行为、涉财行为和操作行为）为审计实施切入点，通过设计适宜的、系统性的审计流程来实施，即“接受审计委托—确认审计对象—审计方法选择—识别行为类别—甄别缺陷行为程度—行为差异分析—行为主体分析—行为动机因素分析—行为报告与建议”，从而系统性分析评估审计客体的心理需求、动机变化、行为关系、影响因素结果。

行为审计成果的分析与运用，既是审计工作的终点，也是审计工作的起点。行为审计是“以人为本”和以行为为主题的新型审计模式，故应加强对行为审计结果的深度挖掘与应用。

8.2.2　行为审计证据获取

8.2.2.1　行为审计证据的内涵

审计证据是指审计主体通过实施审计程序所获取的，用以证实审计事项，做出审计结论和建议的支撑依据。审计主体在对审计客体进行行为审计意见或报告出具时，必须以充分、适当、合理和可信的审计证据作为依据。故获取审计证据是行为审计实施中的重要产出和目标。

行为审计证据是指审计主体对审计客体实施行为审计程序后，为向审计委托人及利益相关者表达行为审计结论和形成行为审计意见时，而采用的依据。行为审计证据应具有充分性、适当性和可靠性，审计主体需要依据或借助专业经验来对审计证据的充分性、相关性和可靠性进行判断。

8.2.2.2　行为审计证据特性要求

1. 行为审计证据的充分性

行为审计证据的数量多少是支撑审计主体出具行为审计意见和发表行为审计报告的重要判定因素。审计证据的充分性主要与获取的审计样本量紧密相关。在确定审计证据的充分性时，审计主体需要考虑以下方面：

（1）审计客体行为数据的样本量。例如，对针对审计客体的运营绩效行为实施审计时，基于统计学视角而言，从 100 个运营行为数据中获取的审计证据要比从 50 个运营行为数据中获取的审计证据更为充分。

（2）审计客体的内部控制水平。审计客体的内部控制水平越高，需要验证的行为数据可能相对越少；而内部控制水平越低，则需要验证的行为数据可能相对会越多。

（3）审计客体的行为数据质量。审计客体的行为数据质量越高，需要的行为数据相对越少；而行为数据质量越低，则需要的行为数据则相对会越多。

2. 行为审计证据的相关性

相关性重点指单项审计证据或多项证据应具有充分证明力。审计证据与既设审计目标之间的关联程度，是确保审计证据质量和审计实施效果的重要保障。在确定审计证据的相关性时，审计主体需要考虑以下方面：

（1）要注重审计证据之间的相互印证和逻辑性。如审计主体在实施员工成长绩效行为审计时，可获取公司层面的培训规划方案、财务会计部门的培训花费账务、人力资源部门的培训组织资料及签到数据、员工实际参与培训的时长、培训地点实际使用情况等，从而核查某一项培训是否切实开展。

（2）要注重行为审计程序与审计证据之间的对应性。即审计程序是“因”，审计证据是“果”，审计主体采用特定的审计程序时，应获取对应程序的审计证据。

（3）要注重审计证据与审计结论之间的相关性。管理行为、绩效行为、舞弊行为、计算机与网络行为、合规行为之间可能会存在重叠或交叉，但获取的每项审计证据应清晰地对应到审计客体的行为，而不能以偏概全。

3. 行为审计证据的可靠性

行为审计证据的可靠性指所获取的各类证明或信息资料本身的可信度，它受审计证据获取的来源、性质、情境、地理区域、时长和空间等多元因素的影响，还与审计主体的专业水准和判断能力相关。审计主体在进行审计证据可靠性判定时，需要注意以下方面：

（1）审计证据来源与性质。公开性的文件、记录或报告信息资料比口头形式更为可靠；经验证的信息，比未经验证的信息更为可靠；原始证据比复印证据更为可靠；直接证据比间接证据或推断更为可靠。

（2）审计证据获取的时点。审计主体获取审计证据时，需要考虑审计客体所处的生命周期阶段，并考虑其内部治理水平、内控水平、财务运营状况等信息，来对审计证据的可靠程度进行判断。

（3）审计证据种类。证据包括实物证据、书面证据、口头证据、电子证据和环境证据①等，审计主体在证据搜集时需要注重多维数据的结合。审计证据如图 8－1 所示。

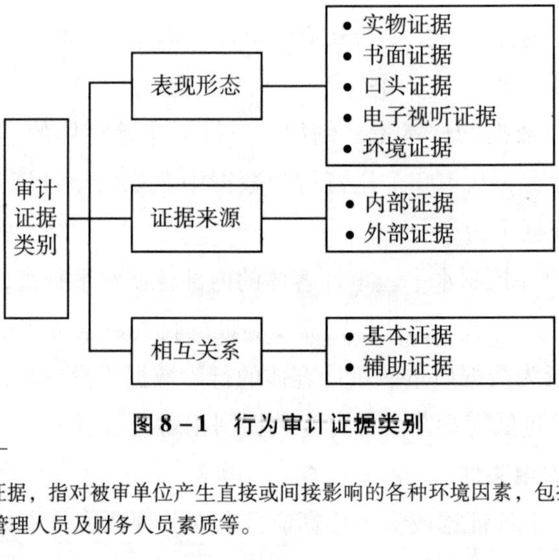

图 8－1　行为审计证据类别

① 环境证据亦称情境证据，指对被审单位产生直接或间接影响的各种环境因素，包括被审单位的内部控制情况、管理水平、信息技术水平、管理人员及财务人员素质等。

8.2.2.3　行为审计证据收集

行为审计证据收集，是审计主体为了识别和获取审计客体行为的审计证据而展开的审计活动。审计取证是行为审计中的重要节点，它关系到审计实施的顺利程序，又会影响行为审计目标的实现与否和审计风险的高低。行为审计取证需要遵循相关取证规范和运用科学的方法。

1. 行为审计取证原则

行为审计需要获取审计客体大量的行为数据，而行为数据与治理层、管理层、员工个体紧密相关，故在取证过程中可能会遇到诸多困难。故要想获取充分、适合的行为审计证据，需要遵循相关取证原则：

（1）法定取证原则。审计主体在实施行为审计取证时，需要严格遵守审计法规的相关规定和具体准则，遵循审计工作流程和履行审计手续，避免出现运用不恰当或非法手段获取审计证据。

（2）实事求是原则。审计主体在取证时，需要客观、专业和科学选择审计证据的渠道、类型和方式，避免主观判定；获取证据过程中和获取后，需要维持审计证据的真实性，避免证据损毁或偏离真相；获取证据时，需要充分考虑证据之间的关联性，以确保主证据、辅助证据之间的印证。

（3）点面结合原则。审计主体在取证时，需要从全局视角对审计客体的经营、管理、财务、运营等方面进行多维审视，以便充分了解被审对象；在审计实施过程中，需要运用多种审计取证方法，深入思考和把控审计客体的行为细节，更为精准地抓住异常点和疑点。

归纳而言，审计主体在审计取证过程中，需要严格遵守职业规范和实施科学的审计程序，全面、客观、细致地获取充分的审计证据，以便为审计结论和审计建议提供有力的科学支撑。

2. 行为审计取证策略

为确保能在有限时间内获取充分、高质量的审计证据，审计主体需要在实施行为审计取证过程中，遵循科学、合理的审计程序，以节约取证成本和提升取证效率。审计主体的取证策略应考虑以下因素：

（1）审计进程规划策略。审计主体应根据审计项目的特点和审计目的，基于审计客体的总体评估情况（包括治理水平、经营规模、内控水平、财务运营状况等），来规划行为审计实施的进度、步骤以及每个节点所需的审计资源；另外，在进程规划中要注意审计时限和审计人员的衔接。

（2）审计证据规模策略。审计主体在审计实施进程规划基础上，依据审计资源与审计时限要求，预先确定可选的审计方法，并对审计方法的有效性、效果和审计人员的专业水准、现有经验进行综合评估，以确定审计证据样本量的大小。

3. 行为审计取证方法

行为审计取证的主要方法包括描述法、观察法、审查法、现场核查法、函证法、分析性程序等，具体如表 8－1 所示。

表 8－1 行为审计取证方法

审计方法	方法实施表述
描述法	将审计客体的各类业务或行为以流程或可视化图表形式表示
观察法	运用顺查法或逆查法观察审计客体的各类行为过程、结果
审查法	依据审计范围的界定，对审计客体的相关文件、资料、电子数据、设备等有形资产等进行核查
现场核查法	审计主体到审计客体的现场对实际发生的各项行为进行记录、印证和总结
函证法	审计主体通过向审计客体的业务关系人、资金关系人或经营关联单位、第三方机构等发出书面询证或电子询证，从而验证行为或关系的真实性、准确性
复算法	审计主体通过对审计客体所提供的各类直接证据或间接证据重新计算，以证实证据的准确性
重做法	审计主体依据审计客体的业务流程或行为规范，跟踪某一具体业务或行为，以证实审计客体的行为是否切实执行
分析性程序	审计主体对审计客体所提供的财务数据、绩效数据、管理数据等之间的内在关系进行分析，对财务信息和非财务信息依时间序列、同业进行比较

4. 行为审计取证关注要点

审计主体在实施行为审计取证时，应关注以下方面：

（1）行为审计取证方法应切实符合行为审计委托目的。即审计主体应依据审计委托人的审计目的和审计范围边界，采取不同的审计取证方法，从而判断审计客体是否存在重大舞弊行为、绩效行为的真实与否、管理行为的科学性。

（2）不同的行为审计取证方法可以相辅相成。即审计主体可以根据各类行为审计取证方法的特征和共性部分，使各方法相互支撑以达到最佳取证效果，并获取更具效力的审计证据。

（3）行为审计取证方法应验证和确保审计证据的可用性、可信性和可靠性。即审计主体需要对审计客体所提供的信息，以及对通过不同取证方法所获得的各类审计证据的真实性、准确性进行验证，并需要保护审计证据的完整性。

（4）行为审计取证方法应考虑经济性。即审计主体在实施行为审计取证时应考虑审计资源的耗费、审计时间的限制、审计客体的配合程度、审计程序的合理程度等。在条件允许的情况下，尽可能获取更充分、可信的证据；而对于重大程度或重要的异常行为，则不应该将行为审计成本的高低或获取的难易作为减少必要审计程序的理由①。

需要指出，审计证据获取的过程及审计证据均需要在行为审计工作底稿中记录。

8.2.3　行为审计工作底稿

审计工作底稿是审计主体对审计计划与方案、审计实施程序、获取的审计证据以及审计意见及结论等做出的记录。审计工作底稿存在于审计实施的各个环节中，对审计人员的工作进行系统、全面的动态描述，也是审计证据的载体。

行为审计工作底稿是审计主体针对审计客体的舞弊行为、合规行为、管理行为、绩效行为、计算机与网络行为等实施审计过程中的相关记录。行为审计工作底稿的重要功能包括：第一，客观反映审计主体的审计实施工作过程；第二，为行为审计评价量表和行为审计报告的形成打下基础；第三，为审计委托人、财务报表使用者、监管机构等利益相关方提供重要参考。

行为审计工作底稿一般包括以下基本要素：

（1）被审单位名称。该项用于说明具体的审计客体。

（2）索引号及页次。索引号及页次是为便于审计主体对审计工作底稿的整理，根据一定的审计项目编号规则或审计对象类型进行关联映射的特定编号。

（3）行为审计项目。该项用于说明当前记录或实施的行为审计项目类别，如离任领导审计、工程项目审计、采购项目审计等。

（4）审计时点或期间。该项用于说明当前审计的具体时间节点，或规定的审计实施期限。

（5）行为审计类型。该项用于说明当前记录或实施审计的具体对象，如合规行为审计、管理行为审计、绩效行为审计等。

（6）被审单位概况。该项用于说明被审单位的经营概况与范围、组织机构及治理结构、员工人数等，便于信息阅读者快速了解基本情况。

（7）行为审计实施过程。该项用于说明行为审计实施所用的程序与具体方法、行为审计证据获取方法、行为审计证据类型、行为审计评价指标以及行为审计的专业判断意见及结论等。

（8）行为审计发现。该项主要用于记录通过行为审计的实施，所获取的审计证据、异常行为及异常行为分析等。

（9）被审单位意见。该项用于记录被审单位对行为审计实施及行为审计发现的认可态度或相关要求、想法等。

① 孟宪胜，冀锋昌．审计学实务与案例［M］．北京：中国财政经济出版社，2016.

（10）记录人及记录时间。该项用于明确工作底稿的编制人、编制权限及工作分工，并说明工作底稿的当前时点。

（11）复核人及复核时间。该项用于说明工作底稿于何时被复核，明确工作底稿的复核人、复核权限及责任划分。

（12）其他说明。以上未尽事项可在此项中进行记录或说明。

行为审计工作底稿示例如图 8－2 所示。

第　　页　　共　　页

<table>
<tr><td>被审单位名称</td><td></td><td>索引号</td><td></td></tr>
<tr><td>行为审计项目</td><td></td><td>编制人</td><td></td></tr>
<tr><td>审计时点或期间</td><td></td><td>复核人</td><td></td></tr>
<tr><td>被审行为类型</td><td colspan="3">舞弊行为□　合规行为□　管理行为□　绩效行为□
计算机与网络行为□ 其他行为（　　　　　　　　）</td></tr>
<tr><td>行为审计
情况记录</td><td colspan="3">被审单位概况：
______
______
行为审计实施过程：
______
______
______
______
行为审计发现：
______
______
______
______
审计建议：
______
______
______
被审单位意见：
______
______
记录人：______　记录日期：______
审核人：______　审核日期：______</td></tr>
<tr><td>其他说明</td><td colspan="3"></td></tr>
</table>

图 8－2　行为审计工作底稿

8.3　行为审计实施主要方法

行为审计主要是对组织、群体和个体在审计活动过程中表现出来的行为特征展开研究，还包括“委托人—审计人—受托人”三者之间的审计行为关系与相互作用，以及审计环境因素对审计主体的审计行为的影响等。

所以行为审计方法的选用上，需要将传统的审计方法与行为科学的研究方法进行结合，如常规的审阅法、询问法、观察法、调查法等审计方法，与行为科学中常用的调查问卷法、座谈法、透镜法、因果分析法、案例剖析法和新兴的大数据分析法等结合起来。

8.3.1　关联分析法

如果两个或多个事物之间存在一定联系，那么其中一个事物就能通过其他事物进行预测，预测的目的是为了挖掘隐含于数据之间的相互关系，这就是关联分析。关联分析法是运用相关工具或方法（管理学模型、计算机技术及统计工具等），挖掘和发现信息要素之间或数据元素之间内在关系的方法。它是一种实用的分析技术，能够有效发现存在于数据集合中各元素之间的内在关联，从而刻画某类事物或行为的属性、特征、规律和模式。

关联分析法可应用于舞弊行为审计、绩效行为审计和合规行为审计领域中，例如，可运用频次法、故障树法（FTA）、管理疏忽和风险树（MORT）等模型刻画风险事件的发生与个体行为因素之间的因果关系，用鱼骨图、树形图等方法描述组织机构之间的业务往来行为、个体之间的关系路径等。

8.3.2　因果分析法

因果分析法是基于某个或某类事件的发生或结果作为研究起点，分析其成因或影响因素的方法，它侧重分析影响因素的构成及因素间的相互作用关系。因果关系的表示方法可分为两类，对于数量关系清楚的因果关系可以用数理统计方法来刻画，而对于带有大量人为因素的因果关系，则需要运用定性分析方法来刻画。

因果分析法是行为审计研究中的重要方法。如审计主体在实施舞弊行为审计时，可以根据“舞弊三角”理论，从“动机—借口—机会”视角分析审计客体的组织行为和个体行为可能存在的缺陷及问题；同时，基于查实的舞弊事实追溯舞弊行为的具体原因，从正向和反向两方面来对审计客体的舞弊行为进行系统分析，从而有效识别审计客体在经营、管理、内控等方面可能存在的缺陷或漏洞。

8.3.3 类比分析法

不同事物间在成因、性质或类别等方面会有相同或相似之处，利用这种事物间的相似性，可以将这些事物的相关性质或结论推移到另一事物上去，这就是类比分析。类比法分析法也称为比较类推法，它是指由一类事物所具有的某种属性，可以推测与其类似的事物也应具有这种属性的推理方法，其结论必须要由实验来检验，类比对象间共有的属性越多，则类比结论的可靠性越大。类比分析的实质是一种以比较为基础的分析形式，通过比较寻找事物间的共同点，因此在比较中需要抓住事物相似的本质，而不能纠缠于次要的或非本质的地方。

类比分析法主要用于管理行为审计、舞弊行为审计中。类比分析法在行为审计中的实施步骤如下：第一，确定好类比主体和类比对象；第二，确定好类比维度和类比指标；第三，通过各类渠道收集和梳理类比对象的相关信息及数据；第四，将类比对象与类比主体的信息及数据进行甄别和比较，梳理出具有同质性的类比指标和类比数据，从而推断出类比主体的审计重点；第五，基于审计重点，挖掘类比主体的审计疑点和异常线索，并实施审计；第六，基于审计证据和审计发现，核实审计问题，并提出审计结论及审计建议。

8.3.4 透镜模型法

自 20 世纪 70 年代以来，透镜模型（lens model）被用作企业破产预测或内部控制评价方面的研究。透镜模型能够帮助审计人员发现多元化的零散信息与决策者所做出的判断、决策和预测之间的关系。

透镜模型又称政策捕捉，是利用模型的建立与统计方法来捕捉决策者的判断方式①。行为审计研究的早期，研究者多应用透镜模型理论来发现审计人员的行为特征和判断政策。在一般的研究中，往往会做出理性的经济人假设，假定参与经济活动的人是完全理性的，因而在相同的条件下具有一致的行为特征，从而无视人的个体行为因素。然而经济学的经济人假设往往是不成立的，由于人的认识的局限性，人均为有限理性的。所以在分析和判断问题时，不能忽视了个体的人的因素。

透镜模型强调人的判断是一个经验概率计算的过程，受到个体差异的影响。在对信息进行处理判断时，个人主体起着非常主动的作用（尽管个人从外界收到的原始信息可能会有缺陷或不真实，但当把得到的感觉信息与过去的经验结合起来时，就可能会达到对环境真实状态的正确认识和评估）。

其原理为：决策者以获取到多元化的信息集合（如证据线索或指标数据）作为透镜，

① 雷德·海斯蒂. 不确定世界的理性选择：判断与决策心理学［M］. 北京：人民邮电出版社，2013.

来透视附载信息的主体，从而形成对主体的判定或决策。透镜模型的关键之处就在于：寻找或构建一个可以描述决策者的判定反应和信息集合之间关系的模型或函数。这种关系模型或函数实质上是一种人类信息处理过程的“黑箱”，黑箱中包括不同专业水平的决策者对信息线索的利用方式、对多元信息间的权重赋值、决策与评价的敏感性等。

行为会计学家阿什顿（Ashton）被认为是运用该技术方法的第一位专业人士，他于 1976 年运用透镜模型进行定价实验，以学生作为实验对象，要求学生扮演决策者，在给定成本、价格弹性和竞争程度等信息线索下，进行价格的决策工作。实验对象被要求依据不同的成本计算方法（完全成本法和变动成本法）对一系列产品定价进行决策，研究其有无功能锁定现象①。

因此，不同个人的行为特征可能是不同的，但每一个体的长期行为会表现出一个稳定的倾向性，而这些个人的行为特征是可以被观察的。“透镜模型”寻找和总结人们对各种信息的反应规律，研究这些信息的输入与决策者做出的判断、决策和预测的结论之间的稳定关系。决策者被认为是通过信息处理形成对事项的认识。行为审计中的镜透模型主要探讨审计人员如何处理或整合其所搜集的数据，如果每位审计人员的数据处理方式都可以用统计方法加以描述和推论，则这位审计人员的行为特征就已经被捕捉。

利用透镜模型来研究审计判断行为，一般采用实验研究方式。透镜模型是审计人员对信息的处理结果的判断模型，它强调信息输入与信息处理结果表现为一种稳定关系。但它并没有探索信息使用者的信息处理内在过程，所以并不能很好地描述和判断人们内心真实的认知过程。透镜模型仍然是站在“黑匣子”的外面观察审计人员的行为特征，只能观察到其现象并加以归纳总结，并不能洞察到审计人员决策行为的过程。

8.3.5　判断认识过程法

判断认识过程主要研究决策人员评估所取得的信息并形成出现各种可能结果的主观概率的过程。它主要关注人类获得新的信息时，是否按照贝叶斯法则修正先前的判断，讨论环境中的多种信息是如何被赋予不同的权重、决策者的判断是否具有一致性、决策者的决策是否存在经验法则等。

卡尼曼（Kahneman，1974）等发现，人类在进行判断时，并不是依据贝叶斯定理，而是根据一些较简单的经验法则进行的。经验法则是指根据日常生活逐渐积累形成的经验来做决策的方式。经验法则在理论上看来是不合理的，但根据经验法则来做判断是相当有效的方式，因为能够减少判断所需要的程序、时间和数量。而且其效果并不一定比理性地

① “功能锁定”是指投资者在决策过程中往往锁定于某种特定的指标或表面信息，不能看穿被投资对象的财务报表，或不能充分理解和利用有关信息来评估证券价值，从而做出错误决策，或对公司市场价值做出不充分和有偏差的估计。

根据贝叶斯定理来做决策的效果差，这是人们几乎没有按照贝叶斯法则来调整先前概率，而是运用经验对决策任务进行简单化处理的原因。

典型的经验法一般包括三种类型：代表性、易得性、锚定与调整。第一，代表性是指当个体在做出决策判断时，一般会依据自身经验将所获取的信息与自身曾经历过的、并具有代表性的类似情境或事件进行比较和匹配，如果能对应上，决策者即会依据原有的情境或事件做出决策；但需要指出，面对新情境时仅仅依靠过去历史事件或典型情境而进行新生判断，可能会导致严重的判断偏差，包括主观上可能会忽略或忽视历史事件的发生概率、情境差异、样本规模差异，从而产生判断错觉。第二，易得性是指个体在进行决策判断时，会依据自身可能最熟悉或能想象到的经验和信息，主观地认为这些事件会经常发生（而事实上，可能这些事件发生的概率极小或不确定），从而以此易得的经验信息作为判断依据。第三，锚定与调整是指当需要个体对某个方案或某项事件进行定量判断时，个体往往会趋向于对未来的估计和过去已有的估计相关联，并通过一定的主观调整形成对方案或事件的判断，即决策者当前的决策往往会受过去决策的影响，从而形成思维定势。

如审计人员在前一年度对审计客体出具了标准无保留的审计意见，那么在本年度进行审计时，审计人员往往会以审计客体上年的情况为一个参考值，然后将本年度的情况与上年度作一个比较，再根据比较得到的差异对上年度的审计意见进行适当调整，从而形成本年度的审计意见。但由于人的思维惯性，人们从最初的参照值出发进行调整，调整常常是不充分的。行为审计中对锚定效应的研究相对较多。

行为审计中的“判断认识过程”，针对审计人员对信息进行判断和决策的过程进行研究，分析审计人员的判断过程是否按照理性的贝叶斯法则来进行决策，还是更多地信赖于上述经验法则。判断认知过程研究对审计判断过程研究的影响重大，研究审计人员处理所取得的信息内在过程，研究审计人员的决策行为，为审计学的研究开辟了新的发展方向。

8.3.6 决策前行为分析法

决策前行为分析法主要研究信息使用者在决策前的思索和推断过程，研究决策是如何在决策者大脑中形成的。“决策前行为”主要倡导观察分析法、口头报告法和心理测验法等研究方法。

8.3.6.1 观察分析法

观察分析法是研究主体基于一定的研究目的或研究方案，运用自身感官功能（如眼睛、耳朵、触觉等）和辅助工具（如专用仪器设备、视频录音设备、计算机等）直接接触、了解研究对象及其行为，从而获得资料的一种方法。观察分析主要方法包括核对清单法、量表法和记叙性描述法等，观察方式可划分为自然观察法、实验观察法和实地观察法等，如表 8－2 所示。

表 8 - 2　观察分析法主要方式

观察方式	观察方式释义
自然观察法	它指对事物的发生过程、组织行为或个体行为进行无干扰式的直接观察和记录。在该观察法下，观察人员不干预或控制观察事物或被观察对象的行为
实验观察法	它指通过人为地预设或改变某些条件，从而有目的地触发某些行为，以更好地记录和分析观察对象的行为表现。在该观察法下，观察人员可以有条件地调整或预设行为触发条件，具有一定的主动性

行为审计实施中，可以将观察分析法与穿行测试、符合性测试等审计方法有机融合，观察被审单位的组织行为、个体行为，从而收集和获取最直接的非语言行为资料，可以有效规避因二次加工可能导致的信息失真问题。但需要指出，观察分析法存在观察时间较长、观察样本较散，且观察结果多以文字形式表示而无法量化观察结果等不足。

8.3.6.2　口头报告法

口头报告法是通过分析研究对象对自身心理活动的口头陈述，收集相关数据及信息的一种方法。该方法的主要特点是：研究者要求研究对象使用语言方式表达自己在头脑中进行的思维活动及思考过程，将陈述性语言以文字形式进行记录，并按一定程序进行分析，据此揭示研究对象心理活动的过程和规律。该方法会以一定的信息处理理论和心理学分析工具作为基础，运用现代工具（如录音、视频录制工具等）获取口头陈述信息，并使用计算机手段对获取的数据及信息进行模拟。

口头报告法可以弥补“透镜模型”的不足，探讨决策者做决策前如何获取信息、获取哪些信息、使用信息的时间长度，以及如何评估、分析与运用信息等过程。该方法适合于行为审计实施中的个体行为分析，如舞弊行为审计、管理行为审计和经济责任审计中的高管行为分析。实施该方法时，审计主体要求被审计人根据预设或给定资料进行思考和决策，并将其全部的思考、分析和决策过程以口头方式陈述出来。口头报告法同样可以运用于审计人员决策过程方面的研究，也为分析审计人员解决问题能力的研究找到了一个突破口。

该方法的优势主要是较易获取审计证据，并能实现定性分析和定量分析的结合；但该方法要求审计主体应具备坚实的心理学知识和专业判断能力，且实施时主观性较强。

8.3.6.3　心理测验法

心理测验法是采用标准化的心理测验量表，借助测验仪器与设备来测量研究对象的心理反应、心理活动等。测试过程如下：测试主体会预设相关测试方案或测试情景条件，引发或刺激研究对象出现反应，并对这种反应结果进行观察和详细记录；然后运用量表工具、测验设备对反应过程及记录结果进行轨迹刻画，从而分析研究对象（个体或群体）的心理特征及行为特征。该方法的特点是对研究对象的心理现象或心理品质进行定量分析，具有较强的科学性。

随着互联网、计算机及人工智能技术的快速发展，新的计算机方法、测量原理在心理学领域得到广泛运用，在心理学实验、心理过程模拟、人机交互、数据挖掘与信息处理等方面发挥着重要作用，极大地提升了心理学科学的研究水平。

心理测验法可以运用于绩效行为审计、合规行为审计、舞弊行为审计等领域，如高管的领导能力测验和决策测验、个人品格测验等。

8.3.7 问题解决能力分析法

问题解决是指一系列有目的、有指向性的认知操作过程。解决问题的有效思维活动需要具备三个条件：第一是应有明确的目的性；第二是应具备一系列的心理操作程序；第三是认知参与。问题解决的过程一般包括以下步骤：意识到困难的存在；识别出问题；收集与问题相关的信息，并将信息进行整理分类；提出解决问题的假设或计划方案；实施行动来验证假设，决定接受假设或拒绝假设；对行动结果与假设之间的偏差进行分析，总结得失并形成结论。[①] 问题解决方法包括重新表述问题法、头脑风暴法、专家咨询法、角色互换法、问题类比法等。心理学领域认为，影响问题解决的主要因素包括问题的性质、专业与专长、心理定势、功能锁定等，其中，专业与专长因素的研究最为行为审计学者所关注。

通过该方法，可以实现针对审计主体或审计客体在问题解决过程中的行为以及心理特点的研究，从行为过程和行为结果等视角比较各类个体、群体在解决问题方面的能力差异，并就能力差异的原因（如知识差异、时间差异、年龄差异、性格差异等）展开深入分析，挖掘形成差异的关键影响因素。

本章习题

1. 行为审计实施的需求与动机有哪些？
2. 实施行为审计需要具备哪些条件和基础？
3. 行为审计证据都有哪些类型？你认为，各类审计证据的效力如何排序？
4. 如何实施行为审计证据获取流程？
5. 行为审计实施的主要方法都有哪些？分别适用于哪些情境？

---

① 杜威．我们怎样思维［M］．姜文闵译．北京：人民教育出版社，1991.

第9章　行为审计的主要风险与应对

学习目标

1. 理解审计组织和个人行为层面面临的风险。
2. 理解如何对审计组织行为层面风险进行应对。
3. 掌握行为审计客体的四种行为可能面对的风险。
4. 掌握如何对行为审计客体的四种行为进行风险评估。

本章导读

企业管理层过度自信导致并购中的商誉减值风险

A制药对B生化的并购始于2015年4月28日，于2015年12月18日100%股权过户完成，以发行股份的方式购买七名交易方持有的89.9786%股权，同时以现金支付C公司和D公司所持10.0214%股权，即共计收购B生化100%的股权。同样约定3年的业绩承诺补偿期，但A制药对B生化的并购整合不如预期，并非每年都实现承诺的净利润，仅因2016年的业绩突出拉动整体业绩水平。因的确达成承诺利润目标，故在2015~2017年，A制药对B生化的商誉都未计提减值。但A制药在2018年进行减值测试时，根据2017年、2018年B生化销售收入的不断下滑以及经济形势变动等持久性影响下，调了对B生化未来的盈利预期。据2018年度财报，B生化相关资产组调整后的账面价值为18.5亿元，而可回收金额为3.1亿元，故计提了15.4亿元的商誉减值损失。

B生化的巨额商誉减值损失，直接造成A制药自上市以来发生首次巨额亏损，金额近12.91亿元，出现股价崩盘、多位股东套现、投资者失去信心等状况，而这些都与A制药在并购B生化时管理层所表现的过度自信相关。首先，自A制药2010年上市以来，管理层对公司经营业绩仅在2018年做出预亏的判断，其他均为预增，表现出过分乐观的预判。其次，管理层人员是主动性增加持有了所属公司的股票或者期权。据统计，在并购B生化的2015年，14名人员的总计变动数量表现净增长

410 多万股，远高于减持数量。第三，A 制药自 2010 年上市以来，其高管相对薪酬比例总体呈现递增的趋势。

——许焱雄．计提子公司商誉减值超 14 亿，信邦制药收深交所关注函［N］．证券日报网，2019－02－01．

［阅读思考］

（1）什么是商誉和商誉减值风险？请查阅相关资料对其进行分析和比较。

（2）阅读信息中的案例企业出现怎样的风险？出现此风险的主要原因包括哪些？

（3）对于审计主体而言，如何更有效地识别和发现因审计客体中人为因素导致的风险？

本章以行为审计的主体和客体的风险评估与应对为主要内容。

从审计主体来讲，其面对的风险包括审计组织行为层面的风险和个人行为层面的风险。其中，审计组织行为层面的风险包括战略风险、组织风险、法律风险、行业竞争风险、审计失败风险等；个人行为层面的风险包括审计人员职业道德风险。对于行为审计主体，可以通过风险识别、风险来源与性质分类、风险管理这三个方面来进行应对。

从审计客体来讲，其行为涉及组织层面和个体层面，具体包括舞弊行为、合规行为、管理行为和绩效行为等方面。由于组织或个人的行为受到主观和客观因素的影响，所以在进行风险评估时，不仅要考虑可以量化的变量，还应该考虑一些主观的非量化变量，进行综合考虑。

9.1 行为审计主体面临的风险

9.1.1 审计组织行为层面的风险

审计业务作为事务所最重要的业务板块和收入来源，面临着多重风险冲击，如经济全球化、经济新常态的行业背景提升了审计业务的复杂程度，大数据、云计算、移动互联等企业新兴技术提升了信息处理难度，不断扩展的审计业务范围和业务渠道扩大了审计工作的工作量和覆盖面，不断增多的审计分支机构数量增大了审计组织管理和质量控制的难度，导致审计主体面临多样化、复杂化的审计风险。

我国主要的审计组织包括政府审计机构、社会审计机构和内部审计部门。其中，社会审计中的会计师事务所是重要的审计主体之一，也是实施行为审计的重要构成。本章以会计师事务所作为审计主体来分析审计组织层面的行为风险。

9.1.1.1　战略风险

近些年，我国的会计师事务所进行了大规模的扩张和合并，大型事务所普遍面临着巨大的行业压力和经营风险。在合并浪潮中，这些合并行为往往具有政策驱动性较强、合并节奏较快、涉及范围较广的特点。会计师事务所的合并战略本身，就面临着一定的行为风险。

第一，合并效果面临着不确定性。合并过程中暴露的突击合并、带病合并、大而不强等现实问题，使得有些事务所合并后并未实现有效整合，合并仅停留在“合并业务收入”的数据层面。如果仅进行形式上的合并，不但有违事务所“做大做强”的政策初衷，更会给事务所带来很大的风险隐患，不利于事务所的长远、健康、可持续发展。

第二，我国会计师事务所的跨地域合并较多，合并后一些小所成了核心事务所在各地的分所。跨地域合并虽然有利于建立客户网络，但也为事务所的内部管理、经验交流、执业质量统一带来困难。即使信息技术高度发达，地理距离依然会对信息传递、知识共享和风险管理等产生重要影响，带来事务所合并的固有整合难度。

第三，事务所合并后缺乏资源整合，使得合并所的文化、组织、人力、技术、风险管理水平等各种资源参差不齐，不能有效地将各种优势和特点充分有机结合，有可能会导致经营风险。事务所合并之后，质量控制体系缺失，合并后没有统一的控制标准，事务所对审计质量监管不严格，复核程序流于形式，容易造成审计成果低端重复，给整个事务所声誉带来负面影响，违背了合并初衷。

9.1.1.2　组织模式风险

行为审计主体面临着治理结构方面的组织风险。以会计师事务所的组织制度为例，当前我国的会计师事务所主要是合伙制的组织制度。合伙制事务所是以多个独立的注册会计师合伙设立，区别于以股权认购方式组建的有限责任制事务所。合伙制事务所的收益分配机制相对独立，在完成事务所既定的目标任务量后，剩余收益由合伙人及其团队成员独立分享，这种分配机制是合伙人及其团队不断提升效率的根本动力。

从风险约束机制看，相比有限责任制，合伙制事务所的合伙人和注册会计师需要承担更多的责任，甚至需要承担无限责任，而且合伙人之间要承担连带责任。在这种更高的风险约束下，合伙人的个人利益与会计师事务所的利益整体上相一致，从而推动了效率的提升。

合伙人机制主要包括合伙人委派、合伙人考评、合伙人薪酬、合伙人晋升和合伙人违规行为处理。合伙人委派风险主要表现为合伙人管理职责分工不明确、项目合伙人委派不合理、项目质量控制复核合伙人的考虑不周到、业务委派时不注重专业胜任能力和风险控制以及项目时间管理不合理等风险；合伙人考评风险主要表现为考评标准不规范、考评程序不到位和考评结果不透明等风险；合伙人薪酬风险表现为薪酬分配不合理；合伙人晋升风险表现为晋升标准不统一和晋升审批不到位。

9.1.1.3 法律风险

审计主体面临行政责任、民事责任和刑事责任等法律责任。以会计师事务所为例，会计师事务所面临着审计风险，由此可能引发各类法律风险，即已审会计报表存在审计主体未能察觉的重要错报或漏报而导致审计主体主动或被动承担法律责任遭受损失的可能性。

会计师事务所受到中国注册会计师协会（简称中注协）、中国证券监督管理委员会、财政部、审计署等部门的监管。近年来，中国注册会计师协会的约谈、财政部和中国注册会计师协会的执业质量检查、中国证券监督管理委员会的行政处罚是会计师事务所监管风险的主要来源。

2019 年 11 月证监会发布了《证券资格会计师事务所资本市场执业基本信息》（以下简称“基本信息”），统计了 2016 年 1 月 1 日至 2019 年 6 月 30 日，国内 40 家会计师事务所受到处理处罚的基本情况，如表 9－1 所示。

表 9－1　　2009～2018 年证监会行政处罚公告统计

序号	会计师事务所名称	处理处罚						
		行政处罚[①]		证券市场禁入（人次）[②]	暂不受理、中止审核与行政许可相关文件[③]	暂停承接证券业务[④]	行政监管措施	
		会计师事务所（家次）	从业人员（人次）				会计师事务所（家次）	从业人员（人次）
1	安永华明会计师事务所	0	0	0	0	0	0	0
2	北京天圆全会计师事务所	0	0	0	0	0	1	4
3	北京兴华会计师事务所	1	3	3	1	0	11	21
4	北京永拓会计师事务所	0	0	0	0	0	1	5
5	毕马威华振会计师事务所	0	0	0	0	0	2	7
6	大华会计师事务所	1	3	0	0	0	14	22
7	大信会计师事务所	1	2	2	1	0	11	32
8	德勤华永会计师事务所	0	0	0	0	0	0	0
9	公证天业会计师事务所	0	0	0	0	0	0	0
10	广东正中珠江会计师事务所	0	0	0	1	0	2	9
11	和信会计师事务所	0	0	0	0	0	2	2
12	华兴会计师事务所	0	0	0	0	0	0	2
13	立信会计师事务所	5	10	0	0	1	12	23

续表

序号	会计师事务所名称	处理处罚						
		行政处罚[①]		证券市场禁入（人次）[②]	暂不受理、中止审核与行政许可相关文件[③]	暂停承接证券业务[④]	行政监管措施	
		会计师事务所（家次）	从业人员（人次）				会计师事务所（家次）	从业人员（人次）
14	立信中联会计师事务所	0	0	0	0	0	0	0
15	利安达会计师事务所	3	6	0	0	1	7	6
16	普华永道中天会计师事务所	0	0	0	0	0	0	4
17	容诚会计师事务所	0	0	0	0	0	1	3
18	瑞华会计师事务所	5	11	2	0	1	12	28
19	上会会计师事务所	0	0	0	0	0	1	2
20	四川华信（集团）会计师事务所	0	0	0	0	0	1	3
21	苏亚金诚会计师事务所	0	0	0	0	0	1	2
22	天衡会计师事务所	0	0	0	0	0	2	4
23	天健会计师事务所	0	0	0	0	0	7	19
24	天职国际会计师事务所	0	0	0	0	0	5	14
25	希格玛会计师事务所	0	0	0	0	0	0	2
26	信永中和会计师事务所	1	2	0	0	0	1	14
27	亚太（集团）会计师事务所	0	0	0	0	0	11	14
28	致同会计师事务所	0	0	0	0	0	4	6
29	中汇会计师事务所	0	0	0	0	0	1	2
30	中勤万信会计师事务所	0	0	0	0	0	1	4
31	中审华会计师事务所	1	2	0	0	0	7	10
32	中审亚太会计师事务所	0	0	0	0	0	5	6
33	中审众环会计师事务所	0	0	0	0	0	7	16
34	中天运会计师事务所	1	2	0	1	0	5	4
35	中喜会计师事务所	0	0	0	0	0	12	20
36	中兴财光华会计师事务所	0	0	0	0	0	14	29
37	中兴华会计师事务所	1	3	0	0	0	6	8
38	中证天通会计师事务所	0	0	0	0	0	3	8

续表

序号	会计师事务所名称	处理处罚						
		行政处罚①		证券市场禁入（人次）②	暂不受理、中止审核与行政许可相关文件③	暂停承接证券业务④	行政监管措施	
		会计师事务所（家次）	从业人员（人次）				会计师事务所（家次）	从业人员（人次）
39	中准会计师事务所	0	0	0	0	0	2	6
40	众华会计师事务所	1	2	0	0	0	7	10
总体情况		21	46	7	4	3	179	371

注：①行政处罚是指会计师事务所及其从业人员违反《证券法》规定，未勤勉尽责，证监会给予警告、罚款、没收违法所得、暂停或者撤销证券服务业务资格等措施。②证券市场禁入是指从事证券业务的人员因违反法律、行政法规或者国务院证券监督管理机构的有关规定，情节严重的，被证监会给予一定期限内不得从事证券业务或不得担任上市公司董事、监事、高级管理人员的处罚。③暂不受理、中止审核与行政许可相关文件指根据《中国证券监督管理委员会行政许可实施程序规定》，会计师事务所及其从业人员因涉嫌违法违规被中国证监会及其派出机构立案调查，或者被司法机关侦查，尚未结案，且涉案行为与其为申请人提供服务的行为属于同类业务或对市场具有重大影响的。④对两年内受到两次以上行政处罚的会计师事务所暂停其承接证券业务并要求其限期整改。

资料来源：证券资格会计师事务所资本市场执业基本信息［EB/OL］. http：//www. csrc. gov. cn/pub/newsite/kjb/gzdt/202001/W020200113616540989345. pdf.

9. 1. 1. 4　行业竞争风险

在行业竞争激烈的状况下，我国会计师事务所整体执业水平相对较低，在一定程度上还缺乏市场竞争力。加之国际四大会计师事务所对国内大型企业的业务垄断，多数中小会计师事务所在竞争压力之下难以吸引与专业相关的优秀人才，囿于自身处境只能急于眼前的利益，盲目承接业务，扩大客源。其后果就是限制了自身各方面的自我完善，会计师事务所在低水平业务中重复循环，没有能力也缺乏机会承接高质量的审计服务和其他服务。久而久之就形成了一种恶性循环，而处于恶性循环中的会计师事务所极易被市场淘汰。

具体而言，会计师事务所行业竞争带来的风险包括价格风险和执业质量下降的风险。首先，审计市场的激烈竞争会引发会计师事务所为争夺客户资源而进行价格竞争。其次，会计师事务所的竞争压力主要来自与其最接近的竞争对手，即同等组织形式的会计师事务所，这种外部竞争压力会迫使会计师事务所不得不让渡一部分行业专长溢价，从而导致审计执业质量降低。

9. 1. 1. 5　审计失败风险

审计失败风险主要来源于审计主体和审计客体两个方面。

从审计客体角度来讲，被审单位管理层有可能存在财务舞弊的行为。财务舞弊是企业管理层、治理层、员工或第三方使用欺骗手段获取不正当或非法利益的故意行为。当股东对管理层任职期间的盈利有较高要求，而企业处在经济不景气时期或者所在行业竞争较大时，管理层很有可能为了满足股东的要求，同时也是为了保全自己的相关利益，进行财务舞弊。管理层使用多种方式粉饰财务报表，且其手段日趋变化升级，导致审计人员面临的审计风险不断增大。

从审计主体角度来说，经济业务越来越复杂，在财务造假和舞弊存在的客观实际下，审计人员执业风险越来越高。在审计过程中，审计主体主要依靠被审单位提供的会计报表和账簿、凭证等资料。随着社会经济的发展，现代组织的经济业务复杂程度和多元化程度不断提高，当审计主体面对被审单位提供的会计信息时，尤其是经过粉饰过的信息时，如果审计主体未尽职履行自己的义务，或者由于专业胜任能力不足，那么出具的审计报告就有可能存在偏差，从而导致财务报告使用者做出错误的决策，审计失败风险由此增大。

扩展阅读

会计师事务所面对的审计失败风险

根据证监会官网披露的对会计师事务所及其注册会计师做出的行政处罚公告，十年间共有 11 家会计师事务所受到不同次数的处罚，同时数十名注册会计师受到处罚（见表 9－2）。

表 9－2　　2009～2018 年证监会行政处罚公告统计

序号	时间	公告字号	会计师事务所	上市公司	审计期间
1	2018.12.20	【2018】119 号	立信	武汉国药	2012～2013 年
2	2018.12.06	【2018】115 号	中天运	香榭丽	2011～2013 年
3	2018.08.06	【2018】78 号	立信	金亚科技	2014 年
4	2018.07.31	【2018】70 号	大华	佳电股份	2013～2015 年
5	2017.12.06	【2017】101 号	信永中和	登云股份	2013～2014 年
6	2017.09.20	【2017】85 号	利安达	九好集团	2013～2015 年
7	2017.08.16	【2017】84 号	中兴华	博元投资	2012～2013 年
8	2017.05.23	【2017】55 号	立信	康华农业	2011～2014 年一季度
9	2017.03.13	【2017】22 号	瑞华	振隆特产	2012～2014 年
10	2017.01.06	【2017】1 号	瑞华	亚太实业	2013 年
11	2016.08.31	【2016】105 号	利安达	连城兰花	2012～2014 年 9 月
12	2016.08.31	【2016】104 号	深证鹏程	海联讯	2008～2011 年上半年
13	2016.07.27	【2016】92 号	兴华所	欣泰电气	2013～2014 年

续表

序号	时间	公告字号	会计师事务所	上市公司	审计期间
14	2016. 07. 20	【2016】89 号	立信	大智慧	2013 年
15	2016. 02. 05	【2016】20 号	利安达	赛迪传媒	2012 年
16	2015. 11. 05	【2015】67 号	利安达	华锐风电	2011 年
17	2014. 11. 15	【2014】96 号	深证鹏程	北生药业	2004 年
18	2014. 07. 01	【2014】70 号	河北华安	宝硕股份	2004 ~ 2005 年
19	2014. 05. 21	【2014】52 号	亚太	莲花味精	2007 ~ 2008 年
20	2014. 02. 12	【2014】21 号	利安达	天风节能	2013 年

根据证监会公布的数据，遭到处罚的会计师事务所在审计过程中采取的不当行为主要集中表现为：审计程序不当、未勤勉尽责、审计证据与工作底稿不当、未保持职业怀疑态度等。将审计程序不当进一步分类主要表现在：函证程序不当、未实施替代审计程序、未履行充分审计程序、缺乏必要的审计程序以及风险评估程序不当等。

随着经济业务越来越复杂，会计师事务所面临的审计失败风险增大，审计程序和方法不当也会增加会计师事务所受到行政处罚的风险。同时，被审单位的有限理性导致的行为偏差在现有的审计程序下，使得对行为的审计具有一定的局限性，也是影响审计风险增大的重要原因。

——郭文玲．会计师事务所审计失败原因及防范策略研究［D］．昆明：云南财经大学，2019.

9.1.2 审计人员行为层面的风险

审计人员行为层面的风险主要包括审计职业道德风险、审计独立性风险。具体如下：

9.1.2.1 审计职业道德风险

审计职业道德是指导审计人员在审计实践中保持独立思考、公正的地位和态度并对自己的行为进行约束的职业道德规范。在我国，对审计人员的职业道德做出了如下规定：审计人员在办理审计事项时，要保持客观公正和实事求是的态度，以廉洁奉公和保守秘密为原则依法审计。同时，要对审计职业形成忠于职守、坚持原则的态度，对任何滥用职权、徇私舞弊的行为都要严肃查处、坚决抵制。注册会计师应具备较强的业务能力，遵循独立、客观、公正、廉洁的基本原则，遵守工作程序与工作方法，做到对社会公众负责，对审计委托单位负责等。

从理论上讲，审计道德风险是社会道德风险的一种，指的是审计人员为了提高自身效用而消减他人利益，使原有的经济状态偏离帕累托有效水平。审计道德风险具体表现在以下几个方面。

首先，按照审计原则，审计人员在实施审计过程中，要对发现的问题予以记录，并通过审计报告反映出来。可是，一些审计人员为了追求非法利益，会对发现的问题予以隐瞒。

其次，部分审计人员会向审计客体有意释放信息，使审计客体处于不利的境地。这样一来，审计人员就有可能获得来自审计客体的非法利益。虽然审计客体最终维护了自身利益，审计人员通过审计造假获得了既定收益，但是由于在这一过程中，审计人员必须出具虚假的审计报告，不但破坏了市场秩序，也间接增加了社会成本、降低了审计质量，使越来越多的社会组织陷入不正当竞争的漩涡之中，审计人员的此种行为已经严重背离了审计职业道德规范。

最后，“委托—代理”关系普遍存在，但是与之相应的监督机制缺位，审计人员在缺乏有效监督的情况下，会“天然地”选择怠工，通过减少工作投入、简化程序、省略必要审计环节等减少审计时间、消减审计精力。这样一来，不但会降低审计质量，还会增加审计成本，与审计人员的职业道德规范直接背离。

9.1.2.2　审计独立性风险

独立性是审计人员职业道德准则之一，独立性是指注册会计师执行审计审阅业务以及其他鉴证业务时，应当从实质上和形式上保持独立性，不因利害关系影响其客观性。实质上的独立性是一种内心状态，使得注册会计师在发表审计意见时其专业判断不受影响，公正执业，保持客观和职业怀疑。形式上的独立性是一种外在表现，是指在第三方（例如社会公众）看来，注册会计师是独立于审计客体的，和审计客体没有任何关系。

美国独立准则委员会在 2000 年将审计独立性风险定义为，审计人员的独立性威胁达到防护措施无法消除的程度，已危及或按理性预期会危及审计人员做出无偏审计决策能力的风险。独立性风险是研究审计人员独立性问题的核心。审计独立性风险应从质和量的两方面进行剖析。从质的方面讲，独立性风险指的是审计人员的独立性受到损害或是在合理预期的情况下受到损害的可能性；从量的方面讲，它是指审计人员的独立性受到损害的可能性达到各种防范措施都不能减轻的程度，且在此程度下将会危及或在合理预期的情况下危及审计人员做出无偏审计判断的能力。

独立性风险将会随着审计人员独立性威胁的出现而增加，随着相关防御措施的运用而减轻或消除。审计人员将决定追加防御措施是否必要，是否可以减轻或消除由特定威胁所造成的独立性风险，如果答案是肯定的，审计人员还将决定何种防御措施可以将此风险降到可接受的水平。因此，审计组织的管理者应当评估由于行为、关系和其他因素引起风险的重要性和防范措施的有效性，以决定是否有必要增加防范措施来降低独立性风险。

9.1.3 行为审计主体风险应对

对事务所而言，不断深入地进行客户组合风险管理决策是非常重要的。风险的评估在客户组合管理中是至关重要的第一步。事务所应首先评估客户不同情况下所蕴含的审计风险和潜在的审计费率。在评估风险时，其中最为重要的是区分风险形成原因及其性质。如果期望的风险和回报在可接受的水平，那么事务所将继续保留该客户；如果期望的风险和回报不在可接受的范围内，那么事务所可以运用多种风险管理战略，包括与人员相关的战略、定价战略、差异化审计活动和监督政策等。具体来说，事务所可以运用辞聘、出具非标准审计意见、调整审计计划、配置专家人员和收取费用溢价等风险管理战略。

9.1.3.1 风险识别

风险识别是风险评估的首要环节，是对会计师事务所面临的以及潜在的不确定性因素进行判断、归类和鉴定性质的过程。各种不同性质的风险对事务所的生存与发展产生不同的影响。因此，必须采取有效的方法和途径识别事务所究竟存在哪些风险因素，哪些是主要风险，风险来源何处，并对风险的影响程度做出初步评估。风险识别的目的在于全面理解会计师事务所经营中所面临的各种风险的暴露情况，以利于确定下一步风险管理的重点所在。另外，识别风险是一个持续过程，这是因为客观条件的不断变化和事物的发展，随时会出现原有产生风险的条件和因素发生变化，出现新的潜在风险。

识别风险的方法主要有：

（1）流程图法。该方法是指审计专业人员通过研究会计师事务所业务范围及其操作流程，从而确定其操作是否需要承担某些风险。它强调根据不同的流程，对每一阶段和环节，逐个进行调查分析，找出风险存在的原因，从中发现潜在风险的威胁，分析风险发生后可能造成的损失和对全部操作过程造成的影响。

（2）风险专家调查法。即审计专业人员采用函调方式，分别向有关专家提出问题，而后将回答意见整理、归纳，并匿名反馈给有关专家，再次征求意见，然后再综合反馈，这样多次重复，最终得出事务所的风险状况。

（3）资料分析法。即审计专业人员使用财务报表、以往的损失报告和统计资料识别风险。这些资料往往能反映出事务所的财务状况和以前的风险损失情况，通过仔细分析，风险管理人员可以较为客观地掌握事务所承担风险的程度。

9.1.3.2 风险来源与性质分析

识别风险之后，需要对风险来源进行分析。绝大多数案例是关于不充分的披露，例如重大损失的信息漏记或漏报重大负债等；或者是关于会计处理的争论，例如资产的计价、收入的确认、资本化还是费用化业务以及合并交易等。审计程序、客户舞弊、审计人员欺诈、破产、客户重大损失以及兼并后的调查也是引起社会公众法律诉讼的主要动因。

在识别出风险并对其来源进行分析后，应该对这些关键性驱动因素进行初步评估，以得出风险性质。会计师事务所风险性质是指会计师事务所风险因素不同水平波动的概率，以及其所导致的风险损失的严重程度。在风险识别阶段，对风险性质的估计仅限于定性分析，主要目的在于识别出对会计师事务所影响较大的风险因素，作为风险管理的重点。

会计师事务所风险性质的估计不仅要考虑事务所内部的运行状况，还必须对事务所在市场中的经济、政治环境、行业状况与发展趋势进行系统分析，因为这些因素的变化都会对事务所风险的波动性产生影响。根据某一风险发生的可能性及其给会计师事务所经营造成影响的严重性，可以确定出该风险的性质。

9.1.3.3　风险管理

在风险管理战略决策中，可以考虑运用辞聘、出具非标准审计意见、调整审计计划、配置专家和收取费用溢价的战略降低财务重述所蕴含的审计风险。审计主体在识别其存在的风险差异后可以有选择地应用某种风险管理战略，或综合运用几种管理战略，以达到降低客户组合风险的目的①。

1. 辞聘

对于那些预期的风险和回报不在可接受范围内的客户，审计主体规避风险的最直接的方法就是将这部分客户剔除出自身的客户组合。在实务中，审计主体并不是拒绝所有高风险客户，而是仅仅剔除那些具有极端高风险的客户；对于一般的风险客户，审计主体则可能采取其他的风险管理战略，将客户风险降低到可接受的水平。通过配置专家或者收取较高的审计费用，审计主体可以在一定程度上降低客户的风险，使之达到可接受的水平，而不需要将这些客户剔除掉。

2. 出具非标准审计意见

审计主体可以将非标准意见作为应对高风险客户的自我保护措施。面对高风险客户时，审计主体能够通过直接出具非标准审计意见降低客户审计风险。尤其是当上市公司为了迎合管理当局对会计数据的要求而实施盈余操纵时，审计主体更倾向于对高控制风险客户出具非标准审计意见，以此将客户审计风险降低到可接受的水平。

3. 调整审计计划

客户风险因素影响各种审计计划任务，例如审计程序效果和审计测试的正当性。客户风险越大审计人员需要实施的审计测试越多。审计主体可以通过调整审计计划将客户风险降低到可接受的水平。在形成审计计划的过程中，相对于总体的客户风险评估，审计人员更加重视具体事件所蕴含的风险。

---

①　曹强．财务重述与会计师事务所风险管理战略［D］．厦门：厦门大学，2009.

4. 配置专家

行业专门化会影响审计人员的独立性和客观性，进而影响审计质量。审计主体会从审计行为视角考虑是否运用专家人员配置战略降低客户的审计风险，即这一战略的成本相对于每单位风险的减少是否值得。配置专家能够提高审计效率和质量，更容易发现财务报告中存在的重大错报和漏报。专家所具有的特定行业知识对于发现客户财务报表中存在的重大错报和漏报起着非常重要的作用，将这些人员配置到高风险客户审计队伍中能够显著地提高审计效率和审计质量，减少客户的审计风险。

5. 收取费用溢价

在接受客户的情况下，虽然出具非标准审计意见、调整审计计划和配置专家能够减少审计失败风险和诉讼暴露，但是审计主体仍面临着来自审计合约的剩余审计风险。对于这部分风险，以上四项风险管理战略是无效的，或者由于风险的减少无法弥补增加的成本而不能被使用。故审计主体可以通过收取费用溢价降低这部分审计风险，弥补其可能对自身造成的损失。对高风险、内部控制缺陷的公司收取审计费用溢价表明，审计主体因需要承担内部控制有缺陷的公司所体现出来的控制风险，而不得不额外增加审计费用。

9.2　行为审计客体面临的风险

9.2.1　涉财行为层面的风险

9.2.1.1　舞弊行为概述

1. 舞弊的含义和分类

舞弊是指审计客体的管理层、治理层、员工或第三方使用欺骗手段获取不当或非法利益的故意行为。据美国注册舞弊调查师联合会（Association of Certified Fraud Examiners, ACFE）的相关研究报告估计，美国每年因舞弊导致的损失达6 000亿美元，约占企业营业收入的6%，且尚不包括因公司财务报告舞弊导致的投资者损失，例如，2021 年安然（Enron）财务报告造假曝光后，股票价格狂跌，投资者损失约 900 亿美元[①]。

财务舞弊行为，指公司不遵循财务会计报告标准，有意识地利用各种手段，歪曲企业某一特定日期财务状况、经营成果和现金流量，对企业的经营活动情况做出不实陈述的财务会计报告，从而误导信息使用者的决策。其对应舞弊行为中的“编制虚假财务报告”，是舞弊行为中最主要的组成部分，也是在执行行为审计工作中，最需要关注的部分。

财务舞弊行为主要包括编制虚假财务报告和侵占资产。

---

① 中国注册会计师协会．审计［M］．北京：经济科学出版社，2010.

第一，编制虚假财务报告。编制虚假财务报告涉及为欺骗财务报表使用者而做出的故意错报，管理层可能通过以下方式编制虚假财务报告：对编制财务报表所依据的会计记录或支持性文件进行操纵、弄虚作假（包括伪造）或篡改；在财务报表中错误表达或故意漏记事项、交易或其他重要信息；故意地错误使用与金额、分类、列报或披露相关的会计原则。

第二，侵占资产，包括盗窃审计客体资产。通常的做法是员工盗窃导致错报金额相对较小且不重要的资产。侵占资产也可能涉及管理层，他们通常更能够通过难以发现的手段掩饰或隐瞒侵占资产的行为。侵占资产可以通过以下方式实现：①贪污收到的款项，例如，侵占收到的应收账款或将与已注销账户相关的收款转移至个人银行账户；②盗窃实物资产或无形资产，例如，盗窃存货以自用或出售、盗窃废料以再销售、向审计客体竞争者泄露技术资料，或与其串通以获取回报；③使审计客体对未收到的商品或未接受的劳务付款，例如，向虚构的供应商支付款项、供应商向采购人员提供回扣以作为其提高采购价格的回报、向虚构的员工支付工资；④将审计客体资产挪为私用，例如，将审计客体资产作为个人或关联方贷款的抵押品直接抵押。

2. 舞弊理论

（1）GONE 理论。GONE 由 4 个英语单词的开头字母组成，其中：G 为 greed，指贪婪；O 为 opportunity，指机会；N 为 need，指需要；E 为 exposure，指发现、暴露。上述 4 个因子实质上表明了舞弊产生的 4 个条件，即舞弊者有贪婪之心且又十分需要钱财、自尊时，只要有机会，并认为事后不会被发现，他就一定会进行舞弊。

（2）冰山理论。该理论认为人的性格就像海面上的冰山一样，露出来的仅仅只是一部分，即有意识的层面；而剩下的绝大部分是处于无意识的，而这绝大部分在某种程度上决定着人的发展和行为。

“水下部分”包括职业意识、职业道德、职业态度，是隐性的，即处在水面以下，如果不加以激发，它只能潜意识地起作用。

该理论假设，大部分人的潜意识里都存在通过舞弊进行投机钻营的想法，而是否表现出来只区别于外部世界是否提供合适的机会。如果外部世界不提供合适的机会则不会表现出来；一旦外部世界提供合适的机会，则人会在潜意识的驱动下进行舞弊。

（3）舞弊三角理论。该理论也是最常用的舞弊理论。该理论认为舞弊通常需要具有三个因素：动机或压力（motive）、借口（excuse）和机会（chance）。其中，动机或压力（M）是管理层或其他员工由于受到激励或压力而实施舞弊时，所体现出来的造成舞弊的因素；借口（E）是对舞弊行为合理化的解释与心态；机会（C）则是缺乏控制、控制失效或者管理层不具有控制的能力，这些情形都会给舞弊以可乘之机，且只有三者齐备才会导致管理层舞弊。

3. 舞弊中审计各方的责任

（1）审计客体治理层、管理层的责任。审计客体治理层和管理层对防止或发现舞弊负有主要责任。管理层负责在治理层的监督下，高度重视并实施对舞弊的防范和遏制。治理层负责监督管理层，考虑管理层凌驾于控制之上或对财务报告过程施加其他不当影响的可能性，如管理层为了影响分析师对审计客体业绩和盈利能力的看法而操纵利润等。

（2）审计主体的责任。审计主体对发现舞弊方面的责任可以从正反两个方面界定。一方面，在按照审计准则的规定执行审计工作时，审计主体有责任对财务报表整体是否不存在由于舞弊或错误导致的重大错报获取合理保证。另一方面，由于审计的固有限制，即使审计主体按照审计准则的规定恰当计划和执行了审计工作，也不可避免地存在财务报表中的某些重大错报未被发现的风险。审计主体不能对财务报表整体不存在重大错报获提供绝对保证。

因此，如果在完成审计工作后发现舞弊导致的财务报表重大错报，特别是串通舞弊或伪造文件记录导致的重大错报，并不必然表明审计主体没有遵守审计准则。审计主体是否按照审计准则的规定实施了审计工作，取决于其是否根据具体情况实施了审计程序，是否获取了充分、适当的审计证据，以及是否根据证据评价结果出具了恰当的审计报告。

9.2.1.2　财务舞弊风险的评估

从组织层面来整体评估审计客体财务舞弊存在的风险，主要包括理解审计客体环境并执行风险评估程序和评估舞弊风险发生的可能性。

1. 理解审计客体环境并执行风险评估程序

审计主体针对审计客体组织层面理解可能出现的舞弊行为时，需要采用风险导向审计的总体思路，即首先识别和评估舞弊风险，然后采取适当的措施有针对性地予以应对。在理解审计客体舞弊风险时，审计主体通常采用询问方式来评估舞弊风险。

（1）询向对象。询问程序有助于审计主体获取信息、评估舞弊风险。审计主体应当询问治理层、管理层、内部审计人员，以确定其是否知悉任何舞弊事实、舞弊嫌疑或舞弊指控。审计主体通过询问被审单位管理层可以获取有关员工舞弊导致的财务报表重大错报风险的有用信息。当这种询问难以获取有关管理层舞弊导致的财务报表重大错报风险的有用信息时，审计主体还应当询问被审单位内部的其他相关人员，包括：不直接参与财务报告过程的业务人员；拥有不同级别权限的人员；参与生成、处理或记录复杂或异常交易的人员及对其进行监督的人员；内部法律顾问；负责道德事务的主管人员或承担类似职责的人员；负责处理舞弊指控的人员。

（2）询向内容。审计主体应当根据不同的询问对象，运用职业判断，确定询问内容。在了解被审单位及其环境时，审计主体应当向管理层询问下列事项：第一，管理层对财务报表可能存在由于舞弊导致的重大错报风险的评估，包括评估的性质、范围和频率等；第二，管理层对舞弊风险的识别和应对过程，包括管理层识别出的或注意到的特定舞弊风险，或可能存在舞弊风险的各类交易、账户余额或披露；第三，管理层就其对舞弊风险的识别和应对过程向治理层的通报；第四，管理层就其经营理念和道德观念向员工的通报。

除非治理层全部成员参与被审单位的管理，否则审计主体应当理解治理层如何监督管理层对舞弊风险的识别和应对过程，以及为降低舞弊风险而建立的内部控制；应当询问治理层，以确定其是否知悉任何影响审计客体的舞弊事实、舞弊嫌疑或舞弊指控。治理层对这些询问的答复，还可在一定程度上作为管理层答复的佐证信息。审计主体可通过列席参加相关会议、阅读会议纪要或询问治理层等审计程序理解有关情况。

如果被审单位设有内部审计部门或审计委员会，审计主体应当询问相关审计人员，以确定其是否知悉任何影响审计客体的舞弊事实、舞弊嫌疑或舞弊指控，并获取这些人员对舞弊风险的看法。

2. 评估舞弊风险发生的可能性

审计主体应当运用职业判断，考虑审计客体的规模、复杂程度、所有权结构及行业等，以确定舞弊风险因素的相关性和重要程度及其对重大错报风险评估可能产生的影响。审计主体可以采取的具体措施包括：

（1）实施分析程序。审计主体实施分析程序有助于识别异常的交易或事项，以及对财务报表和审计产生影响的金额、比率和趋势。在实施分析程序以理解审计客体及其环境时，审计主体应当评价在实施分析程序时识别出的异常或偏离预期的关系（包括与收入账户有关的关系），是否表明存在由于舞弊导致的重大错报风险。

同时，审计主体应当考虑获取的其他信息是否表明存在由于舞弊导致的重大错报风险，其他信息可能来源于项目组内部的讨论、客户承接或续约过程以及向审计客体提供其他服务所获得的经验。

（2）组织项目组内部讨论。项目组在进行讨论时，可以让具有较多经验的项目组成员与其他成员分享关于财务报表易于发生由于舞弊导致的重大错报的方式和领域的见解，针对财务报表易于发生由于舞弊导致的重大错报的方式和领域考虑适当的应对措施，并确定分派哪些项目组成员实施特定的审计程序，最终确定如何在项目组成员中共享实施审计程序的结果，以及如何处理可能引起审计主体注意的舞弊指控。

项目组内部讨论的内容可能包括：

①项目成员认为整个公司财务报表易于发生由于舞弊导致的重大错报的方式和领域、管理层可能编制和隐瞒虚假财务报告的方式以及侵占资产的方式等。

②可能表明管理层操纵利润的迹象，以及管理层可能采取的导致虚假财务报告的利润操纵手段。

③已经知悉的对审计客体产生影响或可能产生动机或压力使管理层和其他人员实施舞弊的外部和内部因素。

④对接触现金或其他易被侵占资产的管理层或员工实施监督的情况。

⑤注意到的管理层或员工在行为或生活方式上出现的异常或无法解释的变化。

⑥强调在整个审计过程中对由于舞弊导致重大错报的可能性保持适当关注的重要性。

⑦如何在拟实施审计程序的性质、时间安排和范围中增加不可预见性。

⑧为应对由于舞弊导致财务报表发生重大错报的可能性而选择实施的审计程序，以及特定类型的审计程序是否比其他审计程序更为有效。

⑨审计主体注意到的针对被审单位的舞弊指控。

⑩管理层凌驾于控制之上的风险。

9.2.2 合规行为层面的风险

9.2.2.1 合规风险概述

1. 合规风险定义

对企业来说，风险通常是指影响其总体或部门目标的不确定性。企业的生产经营行为应该遵循合规义务，一旦违反合规义务，就存在不确定性，便产生了合规风险。国际标准化组织（ISO）在2014年12月15日发布的国际标准ISO 19600《合规管理体系指南》（以下简称《指南》）的3.12中明确指出，合规风险是不确定性对合规目标的影响。在合规管理体系中，合规目标是由组织制定的，与合规政策相一致，旨在实现特定的结果。合规风险主要涉及违规事件发生的可能性以及不合规的后果，其中，不合规是指未履行合规义务或者违反组织合规义务①。

从某种程度上来讲，合规义务与合规风险之间存在一一对应关系。目前，大多数企业开展生产经营活动的过程中不仅要考虑一般性的市场风险，如销量下降、产品质量或财务问题等，还要考虑合规风险，特别是如今越来越多的合规风险已经演变为不合规事件。比如，企业承诺合同的谈判与签订应严格遵守公正、公平的要求，而企业某个员工可能违反公正、公平的合同谈判与签订承诺，采取欺诈手段签订合同，这就是一种发生不合规行为的不确定性，即可能发生不公正、不公平的合同谈判与签订行为。

合规风险的存在是一个相对概念，它是比照“合规义务”履行的不确定性而产生的风险。假如企业没有承担“合规义务”，就无所谓“合规风险”；反之，承担的“合规义务”越多，未履行或者违反合规义务而导致的“合规风险”也就越大。同时，如果承担的“合规义务”标准越高，履行的不确定性就越大，未能达到合规义务要求而导致的“合规风险”发生的概率也越高。

合规义务是企业追求的商业行为价值水平的综合反映。不同的企业，因为其生产经营管理水平、规模、复杂性、结构、运营的方式和竞争地位不同，所坚守的商业行为价值标准不同，从而主动承担的“合规义务”也各不相同。除了强制性的合规要求以外，合规承诺有高有低，对应的合规风险点也有多有少。

---

① 樊光中，刘红霞，王志乐．合规Ⅵ：合规风险识别评估与案例［M］．北京：中国经济出版社，2017.

2. 合规风险分类

（1）根据合规义务的内容不同，可以将合规风险分为三类：行为不符合伦理道德规范要求的风险、行为不符合企业自行承诺的风险、行为不符合国家法律法规社区规定的风险（见表9－3）。

表9－3 按合规义务划分合规风险类型

合规风险类型	具体说明
行为不符合伦理道德规范要求风险	包括商业贿赂风险、操纵市场价格风险、不道德欺诈风险、不廉洁腐败风险、舞弊风险、对产品不负责任风险、违背企业核心价值观风险、血汗工厂蔑视人权风险等
行为不符合企业自行承诺风险	包括与相关方信息沟通风险、相关方要求识别响应风险、产品技术风险、产品质量风险、售后服务风险、产品功能风险、产品技术专利风险、产品知识产权风险、商业秘密风险、资产保值增值风险等
行为不符合国家法律法规社区规定风险	包括违反商业法规风险、生产安全风险、职业健康安全风险、环境风险、社会责任风险、风俗信仰文化冲突风险、社区冲突风险、社会治安风险、政治风险等

（2）根据合规风险可能发生的地点，可以将合规风险分为两类：发生在岗位上的合规风险和发生在流程上的合规风险（见表9－4）。

表9－4 按发生地点划分合规风险类型

合规风险类型	具体说明
可能发生在岗位上的合规风险	岗位人员在履行岗位授予的职责过程中对合规行为产生影响的不确定性
可能发生在流程上的合规风险	在流程运行过程中，流程某环节中的人员行为对合规目标产生影响的不确定性

事实上，合规风险一旦发生，既存在于某个岗位上，又同时存在于某个流程的某个环节。但这样分类的好处在于，从岗位定义的合规风险，适合于科层制管理体系比较健全、强调岗位管理和岗位履行职责的企业开展基于岗位合规风险识别评估、建立合规管理体系；从流程定义的合规风险，适合于流程型管理体系比较完善的企业开展基于流程合规风险识别评估、建立合规管理体系。

（3）从是否采取管理措施和有效管理合规风险出发，合规风险可以划分为固有合规风险和剩余合规风险。固有合规风险是在没有对应的合规风险管理措施，处于无管控状态下的全部合规风险。固有合规风险是绝对风险，存在合规义务的地方，就存在不遵循和违反合规义务的不确定性，就存在合规风险，在没有任何合规管理措施时，合规风险处于最大值的状态即固有合规风险状态。固有合规风险源自对所有合规义务的不遵循和违反。比如，在企业生产经营决策流程和决策岗位上，假如针对企业生产经营决策的全部合规义务有50项，在企业对生产经营决策过程和决策岗位履行职责方面没有采取任何合规风险管控的前提下，企业生产经营决策流程和决策岗位上的合规风险也有50项，这就是全部决策固有合规风险。

剩余合规风险是在企业当前已有的合规风险管理措施管控下，仍然没有被有效管控的部分合规风险。剩余合规风险是在固有合规风险基础上做了减法的合规风险。存在合规义务的地方，就存在固有合规风险，但是不一定存在剩余合规风险。判断有没有剩余合规风险，必须考查企业为了管理和控制固有合规风险，现已采取了哪些合规风险管理措施，并要证实这些合规风险管理措施是否落实到位和有效，减去已经得到有效管控的合规风险，剩余下来的合规风险即剩余合规风险。

因此，如果企业现行合规风险管理措施全面并且全部有效，就不存在剩余合规风险；如果管理措施均无效，或均未落实，那么剩余合规风险就等于固有合规风险。剩余合规风险最小值可以为零，最大值等于固有合规风险。假如针对企业生产经营决策的全部合规义务有50项，企业对生产经营决策流程和决策岗位履行职责方面采取了多个决策管理制度进行决策合规风险管控，得到有效管控的合规风险有30项，则企业生产经营决策流程和决策岗位的合规风险为50项减去30项，剩余的20项即是决策剩余合规风险。

3. 合规风险分布特征

由于合规风险与合规义务是一一对应关系，而合规风险是未履行或违反合规义务的不确定性导致的，所以合规义务分布在何处，这种不确定性就在何处，合规风险就源于何处。因此，合规义务的分布特征同时也是合规风险的分布特征。

权力是对利益分配的支配力，权力是利益分配的焦点，合规义务主要是用来规范权力的正确行使，即规范利益的合理分配。没有权力（利益分配）的地方，也就没有必要制定合规义务对行为进行约束和规范，因为行使权力的过程实质上是分配利益的过程，利益分配过程中就可能存在利益纷争与不公平公正分配利益的情形。为约束与规范利益分配，维护公正公平，监管机构就会出台有关的强制性合规要求，所以有权力（利益分配）的地方，就存在合规义务。由此可见，合规义务的分布是由权力的分布来决定的。

根据对不合规案例事实的统计分析，审核权、市场客服与销售权、人事权、采购权、放行权、计量权、财务资金权和拥有关键信息权八项权力密切影响行为的合规性，决定着合规风险的分布规律。八项权力的具体内涵如下：

第一项权力——审核权。审核权是组织里最重要的一项权力，分布于组织内部各个管理科层的多个“领导”岗位。决定一件事情做还是不做、现在做还是推迟到以后做、同意还是不同意等方面的权力叫作审核权，它是组织最高管理层在组织内部各个管理科层逐级授予的权力，各岗位的“领导”在授权范围内代表组织行使签字的权力，也可以叫签字权。例如，对企业的市场客服与销售、人事、采购、放行、计量、财务资金收支等具体业务工作是否值得开展的预判，或者形成的工作方案、阶段工作成果、最终工作成果需要得到组织的认可，都需要由在授权范围的各级“领导”审核确认。审核权的关键在于掌握组织是否在做正确的事情。

第二项权力——市场客服与销售权。市场客服与销售权是具有销售需求的营利组织的一项重要业务权力。该项权力包括直接行使和直接影响改变市场客服与销售权两个方面。例如，向客户介绍产品、服务功能、销售政策、价格优惠条件、销售合同签订、售后服务、维修、保养、新旧置换等客户服务和与销售性质相关的业务活动，以及围绕客户在采购、决策、放行、计量、财务资金和与这些活动密切相关的客户内部关键商务信息所实施的公关和影响活动，或者作为其分管范围，如销售分管领导、公司上级集团的部门、公司领导等，他们能够直接影响和改变这些权力的行使方向。

第三项权力——人事权。人事权是企业人力资源管理的专门权力，负责组织正常运行所需要的人力资源开发、管理和运用。人力作为企业组织正常生产经营所需要的生产要素，需要专门的管理和协调工作。组织机构里所有与人有关联关系的工作内容都与人之间的利益分配有关系，人事权的本质是决定组织内部人员生存空间、环境、质量的变量。人是组织里最活跃的生产经营要素，也是感情动物。时刻受到人的感情活动的影响是人事权力的最大特征。

第四项权力——采购权。采购权在组织机构里普遍存在，是组织从组织以外获得生存持续补给的工作中存在的权力。采购是企业组织正常生产从社会、大自然中获得各类生产要素的基本经济活动。企业组织作为供应者需要为特定客户提供产品，那么供应者需要在市场上获得生产特定客户所需产品的原始生产要素；这种生产要素在市场上进行交易，因而也存在供应和需求力量对比关系。该项权力通常包括确定供应商、分包商、租赁商合格名册、确定采购方式、采购策划、确定采购文件、确定投标人、确定价格和中标者、签订合同、合同变更等有关的业务活动，或作为其分管范围，如采购分管领导，能够直接影响和改变权力的行使。

第五项权力——放行权。放行权是采购后续的重要业务权力。采购来的产品能否满足企业生产经营需要，需要经过质量、技术、安全等方面的把关。按照国家和行业的标准或者组织拟订的特定标准，检验评价采购来的产品，只有合格的产品才能够被放行。

第六项权力——计量权。计量权是紧随放行权后的一项业务权力。计量权是对所采购的、经过检验放行的产品，形成组织对供应方的应付款项的过程。计量权是企业现金变为原材料产品后形成数量成本的关键权力。

第七项权力——财务资金权。财务资金权是企业里掌握资金流动最重要的权利。凡是与企业财务资金活动有关的记账、直接收支分配等业务内容均涉及财务资金权，如收款、付款、费用开支、费用报销、财务管理、津贴福利管理等经手钱财的业务。

第八项权力——拥有关键信息权。拥有关键信息权是在前面七项权力行使过程中衍生出来的一项特殊的权力。在前面七项权力行使过程中，权力行使者自然会掌握有利信息和不利信息，使得组织之间和组织内部出现信息不对称，这也是拥有关键信息权的基本出发点。利益相关方想获得不对称的重要信息，提高自己的竞争力，因而会产生利益与关键信息的不正当交换关系。如公司内部商业秘密、工作策略、工作战略、重要人事安排、重要工作部署、采购分包其他投标人、标底、预算等信息。

以上八项权力是企业组织在生产经营过程中行使的权力，它们广泛分布于企业各岗位和流程里，并且越高的岗位和越核心的业务流程，拥有的权力越大、越多，不合规的可能性就越高，合规风险也就越多。因此，在这些权力行使的过程中，最容易导致不合规风险发生，也最容易产生违反法律法规、违反企业制度、违反企业尊崇的道德价值准则的行为。这些权力在岗位和流程的分布特征，也是合规风险的分布特征，这就是基于岗位和流程的“八项权力识别模型”来识别合规风险的理论基础。如果审计主体能够识别出以上八项权力在生产经营过程业务中的岗位和流程中的分布情况，并逐一标识出来，即可有效识别出审计客体最主要的合规风险点。

9. 2. 2. 2　合规风险的评估

合规风险识别、分析和评估的目的是识别企业潜在的合规风险（内部和外部）行为，以便从最经济合理的投入合规管理资源的角度出发，采取积极的管理措施管理合规风险，以达成公司或部门的合规目标。基于合规风险识别、分析和评估的结果，企业组织应采取必要的、经济的措施管控合规风险，或在内部有效地开展预防性合规工作，使企业组织能在业务所在地合规地开展业务、诚信经营，从而实现企业组织的合规目标。

1. 合规风险识别分析评估过程中的相关要求

根据《合规管理体系指南》，企业组织在合规风险识别分析评估过程中的相关要求主要分为以下五个方面。

（1）企业组织应识别自身的合规风险。企业组织应将其合规义务与活动、产品、服务及运营方面联系起来，确认可能发生不合规的情况，从而识别合规风险。

（2）企业组织应查明不合规的原因并明确其后果。企业组织在分析合规风险时，应考虑不合规的起因及其后果的严重性，以及不合规和相关后果发生的可能性。比如，后果可能包括对个人和环境的伤害、经济损失、声誉损失以及行政责任。

（3）确定合规风险等级。在风险评估中，需要比较分析流程中发现的合规风险等级与组织能够并愿意接受的合规风险等级。基于这一比较，结合《指南》6.1 的要求，组织可以确定任务的优先级，并在此基础上确定实施控制措施的必要性以及控制措施的程度水平。

（4）企业组织应定期对合规风险进行再评估。若出现新的或更改的活动、产品、服务，组织的结构或战略发生变更，发生重要的外部变化，如金融经济环境、市场情况、负债和客户关系变化，合规义务变化或出现不合规行为，企业组织应对合规风险进行再次评估。

（5）合规风险评估细节的程度和水平。合规风险评估细节的程度和水平取决于组织的风险状况、环境、规模和目标，特定的具体方面可能会有所差异（如环境、财务和社会），同时组织需要对发现的所有合规风险/场景进行监控和更正。合规风险的高、中、低级评估只是意味着组织可以将主要精力和资源放在优先级更高的风险上，最终需要涵盖所有的合规风险。

2. 合规风险识别与评估

（1）合规风险识别评估主体。由分支机构合规部门牵头，对应业务部门配合实施，共同建立合规风险管理小组，向公司总部合规部门报告。合规管理人员联合业务部门主管，依据本单位建立和维护的合规义务清单、公司业务制度、岗位职责说明书，以座谈、个别访谈、集体讨论、专家咨询和内部纪检监察、审计、内控测试报告、与其他合规相关的问题信息统计、计算分析等方式进行合规风险形势评审。

合规风险管理小组应该由法律和非法律业务专业人员组成。合规风险包括法律以外的其他合规风险，业务专业人员的加入，能够提高对非法律合规风险的识别与管理。同时，小组成员也要由总部到一线各层级的代表共同组成，以利于对从总部到一线各层级合规风险的识别与管理。

（2）风险识别评估流程。第一，分支机构合规部门应确定需要加强合规风险管理的关键业务或岗位范围，进行企业合规风险形势评审，关注合规风险的分布和敞口变化，形成《公司合规风险形势评审表》。该表中主要包括企业对自身的理解，如对企业内、外部环境的初步分析，是合规风险识别、分析和评估的出发点。在时间频率上，每年年底企业对本单位过去一年各业务合规情况进行评审。当公司内外管理环境发生重大变化时，也应该及时进行合规风险形势评审。另外，该表还应包括：企业生产经营是否出现新的或更改的活动、产品或服务；新型业务出现；组织的结构或战略是否发生变更；是否发生重要的企业外部变化，如金融经济环境、市场情况、负债和客户关系等；企业是否有合规义务的变化；企业内部是否发生不合规行为，如违反公司制度、违反合规要求、违反合规承诺、企业内控测试存在不合格项、公司专项审计存在的问题等；公司合规目标是否实现等。

评审完成后，报合规负责人审核并报上一级合规管理部门审批后即进入第二步骤。在本环节，上一级合规管理部门可以采取定性与定量结合的方法，对下一级合规管理情况进行综合评估。其中，特别要关注下一级单位过去一年内出现的违反廉洁规定的事件、亏损单位审计情况、亏损调查原因反馈涉及的业务范围。同时，上一级合规管理部门应构建合规风险管理系统，将合规政策制度、合规风险事件等纳入系统，并及时关注企业内部网站和建立搜索引擎，通过跟踪关键字关注合规风险与合规要求变化。

第二，明确企业合规目标，制订开展某业务合规风险识别风险评估的工作方案，形成《关于开展 × × 业务合规风险识别评估的通知》。企业只有依据明确的合规目标，才能确定与企业实际情况、生存发展需求相对应的确切合规风险环境，并据此制订方案。工作方案包括合规风险识别评估范围、工作机构与分工、合规风险识别评估方法、需要完成的工作事项与时间要求四个方面的内容。依据合规风险形势评审结果，公司合规管理员起草合规风险识别评估方案，报合规部负责人审核，并报区域合规官审批后即可实施。

第三，识别合规风险源——权力，形成“权责清单”。根据公司某个业务流程制度规定和部门业务分工、岗位职责和授权，全面清理和确定对管理和服务对象承担的各类工作职责，识别对应的权力，形成“权责清单”。权责清理方法以岗位为单元，或者以关键业务流程为单元，其中，前者依据岗位职责说明书规定的工作职责，形成每个岗位的“权责清单”；后者依据业务流程制度规定的工作步骤、责任部门、责任岗位和工作任务，形成每个关键业务流程的“权责清单”。

第四，定义合规风险。根据识别的“权责清单”具体权力内容梳理权力对应的合规义务，之后根据合规义务内容识别企业合规风险，彻底的合规风险识别将提高合规风险透明度，同时也是企业愿意改善合规经营方式的有力证明。工作方法上，针对梳理出的合规义务清单，以小组讨论、头脑风暴、案例启发、业务座谈等方式，查找相应的合规义务可能触发的合规风险类型，定义具体的合规风险。

第五，不合规后果分析。根据可能触发的风险类型，推理不合规风险发生可能产生的后果，进行不合规原因和来源的查找，并根据以往业务执行情况判断该业务发生频率，以确定合规风险可能发生的次数（合规风险发生机会）。

第六，评估已识别的风险，确定合规风险等级。从风险发生可能性（机会）和潜在的消极后果/对企业的影响程度两个维度评估企业风险，确定合规风险等级，从而形成风险排序。合规风险等级评估可以采取目标影响评估法。目标影响评估法具体指：预估风险发生后果，分析对业务目标和合规目标的影响，按照高、中、低三个级别来评估风险敞口。对业务目标和合规目标的影响可划分为直接影响、间接影响、不影响三种，对应地，将合规风险等级划分为高、中、低三级。在不合规后果与分析的基础上，评估不合规后果对业务目标的影响程度，即按照直接影响——高级、间接影响——中级、不影响——低级三个程度确定合规风险等级，并确定组织愿接受的合规风险等级和待处理的合规风险。此外，还应结合合规风险对应的业务发生频率，如果业务发生频率高，即使该合规风险发生只是间接影响业务目标或合规目标，也可能将其定义为高合规风险等级。合规目标影响与风险等级对应关系如表 9 - 5 所示。

表 9 - 5　　合规目标影响与风险等级对应关系

项数	对业务目标影响	对合规目标影响	业务发生频率	对应合规风险等级
1	直接影响	直接影响	高	高
2	间接影响	间接影响	中	中
3	不影响	不影响	低	低

第七，风险排序，确定风险应对计划。通过对已识别的企业合规风险进行排序，确定待处理的合规风险点，企业进而能够确定其年度合规风险应对计划的重点工作领域，工作

组也可以据此拟订下一步合规风险应对计划。

第八，风险应对措施制定。根据合规风险点所在的不同业务流程步骤、岗位和合规风险等级，依据公司制度规定的工作目标、工作步骤、工作责任主体、工作任务、工作记录、工作标准和工作方法，结合合规要求、合规承诺，有针对性地制定合规风险管理措施。对不同等级合规风险的应对措施区别制定，重点加强对高等级合规风险点的防控措施的制定。

第九，风险应对措施植入流程制度。根据制定的风险应对措施，修改完善对应的公司流程制度并发布执行。

9.2.3 管理行为层面的风险

9.2.3.1 影响管理行为风险概述

管理行为的风险主要是指管理层行为所导致的不确定性结果引起的风险。任何行为的产生都有其内部原因和外部原因，管理行为也不例外。通常情况下，导致管理行为问题的原因主要有三个，即主体因素、客体因素和媒介因素。管理行为的主体因素主要来源于管理决策者，客体因素主要来源于内外部环境，媒介因素主要是主体和客体之间的联系，如信息的传递、沟通等。

影响管理行为的主体因素，来自行为人自身具备的特性。对于管理行为来讲，行为人通常为管理决策的制定者，即管理者。

影响管理行为的客体因素，来源于行为的对象、原则和限制。行为对象的不同会促使不同行为的产生。对于企业中那些需要用自己的资源或者利益进行交换才能获得的效益，就必须付出一定的代价。例如，物质上的工资薪酬与津贴、住房、用车等；精神上的尊重和信任、学习和成长等。只有那些人们可以真正感受到价值，并且需要付出代价才能获得的收益，才是人们真正关心的。所以，在管理行为中，需要关注的恰恰是那些付出行动且具有价值的真实需求。

管理行为中行为的实施需要遵循一定的原则，同时也受到主客观条件的限制。人们总是希望在交易中获得效益的最大化，但是这些原则和限制使得这个愿望不一定能够实现。比如说，想要获得行为的有效性，需要遵守企业的规章制度、国家的法律法规等规定，同时还要受到人的精力、时间、知识、经验等自身条件的限制，这些规则和限制，也会促使人们产生不同的行为。

从主观因素到客观因素，需要借助中间媒介的作用。中间媒介主要通过主体所拥有的信息及运用信息的能力，来影响客体因素发挥作用。

每个人所拥有的信息量均为不同的，有时甚至差别很大，拥有信息的深度和运用信息能力的差别就容易导致机会主义行为的产生，机会代表着外部形成的机会成本，也就是人们在利用机会时要付出成本，并且，每个人付出的成本不同。比如，中年大妈和年轻学生去菜市场买菜，由于她们对市场行情掌握的情况不一样，在买同样价格的菜品时，她们讨价还价的底线和能力都不一样，以致最后付出的成本也不一样。同理，现代企业中不同管理层由于积累的经验和掌握的信息不同，他们所做出的决策也是不一样的，但其根本目的均是使组织行为和个体行为符合其利益和偏好。

9.2.3.2 管理行为风险评估

1. 评估影响管理主体行为的外部因素

以审计的视角，影响个体行为发生的外部影响因素主要有：时代背景、文化传统、组织特点、家庭环境等。

（1）时代背景。审计所审计的人是工作人，但工作人也是社会人，所以，不应只分析人本身，还要分析他所处的环境，往往是环境影响了人的所作所为。社会时代不同，审计判断的标准也不一样。

我国目前正处于经济转型期，经济发展速度快，社会日新月异，社会贫富差距拉大，社会不公现象增多，人们浮躁不安分。在这种背景下，人们就会理解在审计过程中发现的被审计人的行为表现。比如一个出纳员为了结婚有面子，不惜贪污挪用单位公款去装修新房。理解被审计人所处的时代背景，就可以分析被审计人是否有类似的行为表现，排除疑点，确定重点。

（2）文化传统。文化传统对行为人有重大影响。拉尔夫·林顿（Ralph Linton），美国文化人格学派的主要代表之一，他在著作《人格的文化背景：文化、社会与个体关系之研究》中指出，文化必须被视为各社会建立人格类型及社会特质的各种身份人格系列的支配因素。一种文化是习得行为与行为之结果的综合结构，这种习得行为的组成要素被一个特定社会的成员所拥有和传递。美国经济学家诺思（North）在《制度、制度变迁与经济绩效》一书中指出，在人类社会诸种文化传统中所逐渐形成的一些非正式约束，包括人们的行事准则、行为规范以及惯例等，无论是在长期还是在短期，都会在社会演化中对行为人的选择集合产生重要影响。可见，文化对社会成员的影响是深远的。

举例来说，审计机关经常审计的“三公经费”问题比较突出，在某些单位“三公经费”超预算标准严重。这个问题与我国的文化传统有关，中国人一直好人情往来。热情接待上级领导自不待说，热情接待外地学习交流的同仁也成为某些单位“一把手”的正常理念；上级领导可能会对预算超标不以为然，甚至可能还会作为自己好客品质或权力展现来炫耀。故理解被审计人秉承的文化传统理念，就需要据此来确立审计的重点和方向。

（3）组织特点。审计主体所面对的审计客体千差万别，被审计人的行为也会有所差别。从社会审计角度来讲，国有企业和民营企业之间就有很大的差别。国有企业担负着振兴国民经济的重任，国有企业的管理者通常由国家任命，需要履行经济责任。民营企业的主要战略目标是企业发展、获得利润增长，民营企业中的管理活动更具有市场活力。但是随着国有企业改革，混合所有制逐渐增加了国有企业的市场活力，使得新时期国有企业具有新的特点。所以，在分析管理行为时，一定要考虑行为人所处组织的所有权特点。

（4）家庭环境。家庭环境是影响行为人的重要外部环境。分析和了解行为人的家庭背景和亲属情况，对分析行为人的行为动因有很大的帮助，也是审计计划阶段需要做的必要工作。

2. 评估影响管理主体行为的内部因素

影响人行为发生的内部条件因素主要有：个性心理特征、接受的教育，“三观”（世界观、价值观、人生观）、任职经历等。

（1）个性心理特征。个性是个体带有倾向性的、本质的、比较稳定的心理特征的总和，其中包括气质、性格、能力以及受到的正向刺激等。

第一，气质是人的个性心理特征之一，它指某个人典型地表现于心理过程的强度、速度和稳定性，以及心理活动的指向性等方面的特点。

人的气质可以划分为不同类型。古希腊医生希波克拉特（Hippocrates）根据日常观察和人体内四种液体个人多寡不同的假设把气质分为 4 种类型，即：性情急躁、动作迅猛的胆汁质；性情活跃、动作灵敏的多血质；性情沉静、动作迟缓的黏液质；性情脆弱、动作迟缓的抑郁质。巴甫洛夫（Pavlov）通过对高等动物的研究，根据高级神经活动的强度、平衡度和灵活性三个基本特征，将高级神经活动划分为四种基本类型：兴奋型、活泼型、安静型和弱型。神经系统的基本特征是气质的生理基础，气质是高级神经活动类型的外在表现。四种神经活动类型分别与胆汁质、多血质、黏液质、抑郁质相对应。

现代心理学家，通过观察人们的心理活动在行为方面所表现出来的心理特点，将气质又做了以下分类：按理智、情绪及意志的强度，将气质分为理智型、情绪型、意志型；按心理活动的指向性，分为内向型和外向型；按个体的独立性和顺从性，分为独立型和顺从型；按人的情绪特征，分为 A 型、B 型、C 型、D 型、E 型，每一类反映了不同的情绪特征。从管理学的角度来讲，气质类型无好坏之分；气质不决定人的成就和社会价值的大小；气质可以影响人的活动效率。管理者可以根据人的气质特点，选择适当的管理方法。

但从审计的视角看，虽然人的行为不决定于气质，而决定于在社会环境和教育影响下形成的动机和态度，但是气质在人的实践活动中具有一定的意义。虽然气质与态度相比只居于从属的地位，但它是构成人们各种个性品质的一个基础，因此它是一个必须加以分析和考虑的重要因素。比如，在和被审计人谈话了解有关情况时，审计人员可以考虑被审计人的气质特征区别对待。如果面对的是胆汁质气质的被审计人，审计人员可以大胆提出想问的问题，被审计人可能会无意泄露出审计人员所需要的秘密线索；相反，如果面对的是多血质气质的被审计人，审计人员就应该谨慎提问，以免打草惊蛇和让对方知道审计人的意图。

第二，性格是指一个人表现在态度和行为方面的较稳定的心理特征，是个性中的重要心理特征，是区别个性的主要心理标志。性格反映人的行为取向，它可以从外在行为上表现出来。性格是基于人的生理素质的基础上，在社会实践活动中逐渐形成、发展和变化的，并具有一定的复杂性、独特性、整体性和持续性。一般而言，性格的表现包括两方面的内容：行为的现实；行为的动机和方式。

第三，具备知识的能力。能力是指能够顺利地进行某种活动所必须具有的智力和技能。智力主要指知识、理论、经验；技能主要指操作技能。影响人的能力形成的因素有素质、教育、实践、勤奋、兴趣等。从人力资源管理的角度看，管理的基本原则是“职有其人，人尽其才，才尽其用”。要实现这一原则须做到：职位分析；了解人的能力特点；人职匹配。

从审计的视角看，审计是对人履行经济责任的评价，特别是在经济责任审计中，要对“一把手”履行经济责任的能力进行评价，就必须对其能力的特点和影响因素进行系统分析，而不是单纯看审计客体的账簿来评价能力状况。在了解审计客体所具有的知识能力的过程中，审计人员需要注意以下两点：

首先，知识的不完备性。每个人都只能部分地理解自己行动所处的环境条件及其规律和规则，在此基础上，试图推导出未来的结果。完全理性在一定程度上会受到知识不完备性的限制。力争达到理性但又受限于自身知识水平的人，会利用一系列工作程序，来克服知识的局限性。工作程序中涉及团队中的多数人，团队为了一个共同目的结合在一起，由于每个团队成员随着知识有限性和注意力的转移而逐渐发生变化，使得工作程序也存在非理性的特性，最终会影响管理行为。

其次，一个人的记忆和习惯在理性行为中也非常重要。由于记忆，人们把收集到的信息和结论存储到大脑中，或是选择某种介质来储存，例如文档、信息库等。习惯与记忆一样重要。习惯一旦养成，就会在一定的刺激下引发惯性行为，而不需要再深思熟虑。在这种情况下，惯性行为会对管理行为产生影响。

第四，正向刺激的作用。要做到理性抉择，抉择前一定要经过一番深思熟虑，这是因为需要对备选行为、环境条件、行为结果以及预期的价值观进行理解。从心理学上来说，这种犹豫标志着行为处于相对复杂的层次。那种一旦出现刺激，便几乎毫不犹豫地做出响应的行为，可以称为简单的行为模式。外部刺激和内部刺激的作用，就是将注意力引向一定情境中的某些选定的要素，同时排除可能改变抉择方向的对立要素。在人的中枢神经系统中有很多渠道，可以让内部刺激在这里转化为实际行动，同时保证不干扰大部分中枢神经系统的正常运作。刺激不仅决定管理者可能制定什么决策，也对管理者的决策有相当大的影响，这主要是因为，引发决策的刺激也会将注意力导向决策情境中的特定要素而忽略其他要素。

（2）接受的教育。人们在成长过程中接受的教育不仅包括家庭、学校文化教育，还包括专业技术教育、职业道德教育、实践经验的学习等。从某种意义上来说，教育决定国家和民族的未来，是一个国家和民族最重要的事业。教育对人的一生影响极为重大。人是社会性和个性的矛盾统一体，人的发展过程是社会化和个性化对立统一的过程。教育具有促进个体个性化的功能：一是促进人的主体意识和主体能力的发展，培养个体的主体性；二是促进人的个体特征的发展，形成个体的独特性；三是促进人的个体价值的实现，开发个体的创造性。一个人的思维方式、生活习惯和行为表现与其接受的教育密切相关。在审计中，要分析被审计人接受了什么教育，进而分析其思维方式、行为表现和专业水平，为行为分析做好准备。

（3）世界观、人生观和价值观。世界观是人们对世界总的根本的看法。作为一个人来说，世界观又总是和他的理想、信念有机联系起来的，世界观总是处于最高层次，对理想和信念起支配作用和导向作用；同时世界观也是个性倾向性的最高层次，它是人的行为的最高调节器，制约着人的整个心理状态，直接影响人的个性品质。世界观决定一个人的价值观和人生观。人生观是对人生的价值、目的、道路等观点的总和，是对人生的根本看法。价值观是人们用来评价行为、事物以及从各种可能的目标中选择自己合意目标的准则。不同的世界观、人生观就会有不同的价值观。不同的人生观和价值观就会有不同的行为方式，也就会导致不同的经济活动结果。

在人类历史上曾出现过以下几种有代表性的人生观：享乐主义人生观、厌世主义人生观、禁欲主义人生观、幸福主义人生观、乐观主义人生观、共产主义人生观。行为科学家格雷夫斯（Graves，1959）对人的价值观进行归类，他曾对企业组织内的各类人物作了大量调查，概括出价值观的七个类型，分别是反应型、忠诚型、自我中心型、坚持己见型、玩弄权术型、社交中心型、存在主义型。每一类价值观的人群就会有不同的心理状态和行为表现。

审计人员面对的被审计人的“三观”差异很大，类型也很复杂，审计人员应详细分析每类被审计人的特质，并将被审计人与其所履行的受托责任联系起来。具体如下：

审计面对的关键人物，如果有“人为财死，鸟为食亡”“有钱能使鬼推磨”“没有钱是万万不行的”“金钱至上”“一切向钱看”的人生观，就要对其是否有违法违规行为进行关注；如果有“不要活得太累”“过把瘾就死”的观念，就要关注其履行职责的绩效水平；如果有“有权不用，过期作废”的观念，就要关注其是否有滥用职权或以权谋私的行为。

扩展阅读

AD案件中的“鬼影迷踪”

美国的AD案中，审计人员虽然对报表进行了详细审计，但由于没有对该案的主角进行调查，因此得出了错误的结论。若经过调查就会发现，实际上他是一个心术不正的骗子和非常危险且不择手段的人物，从而就会轻易发现他骗取1.2亿美元的事实。

AD是一个在零售行业享有盛名的家用电器零售商。他少年得志，年仅21岁时就以声称“任何东西都可以买卖”而声名鹊起，更有不少人将其视为“上钩调包”诱售法的鼻祖。进入20世纪80年代，他又加入了电视直销的行列。他和他的家族成员都忙于策划并实施诈骗。他想尽各种方法来诈取钱财，并且将以不正当手段获得的赃款全部转移到海外，存到秘密的银行账户上去。短短几年光阴，他共骗取了1.2亿美元。而对如此巨额的舞弊，审计人员在审计中竟未发现，最后还是一位对AD不满的亲戚向美国证券交易委员会揭发，才揭开了这令人震惊的舞弊丑闻。

AD用了哪些手段进行舞弊呢？首先，开具虚假发票，记录虚假销售，同时虚增资产和利润，而虚假销售的对象则选择平时深受AD关照的三大主要供应商。其次，AD和他的同谋者向上述供应商“借”商品，以虚增年底的存货数量；并将一家商店的存货转运到另一家商店，以便达到重复计数的目的。但最为卑鄙的是，他们乘审计人员离开之时，篡改审计人员的电脑工作底稿中存货盘点表的数据，从而达到虚增存货价值的目的。再其次，AD一贯秉持“期末不结账”原则，以便将下一会计期间的销售收入提前到上一会计期间确认。相反地，对于负债和费用，他却让公司的财务经理将未付的账单藏在办公桌内，尽量拖延其入账的时间，甚至干脆就不记账。这样，连AD自己也不知道是否欠债以及欠多少债，更别提审计人员了。最后，曾任注册会计师的财务经理还对会计报表的披露动了手脚。在第一年会计报表的附注中，公司披露的收入确认基础为现金制；待到第二年，财务经理悄悄地将收入确认基础中的“现金”两字换成“应计”两字，不知不觉中就虚增了大量利润。最可笑的是，如此简单的伎俩，审计人员在与以前年度会计报表复核时竟然没有发现，在本案中竟成了相当有效的舞弊手段。

东窗事发后，由于审计人员没能发现AD大规模舞弊而遭致长时间的诉讼。受害者控告审计人员玩忽职守，控告主要案犯舞弊欺诈，有些官司甚至持续了十年之久。最终，违法者被民事判决判处赔偿数百万美元；AD本人还被判处有期徒刑8年，与他共谋的其他亲戚也都被判了刑。

——李雪颖，陆颖丰，李若山．查找舞弊是注册会计师的天职——从“艾迪·安达”案说起[J]．财务与会计，2002（3）：52-54.

（4）任职经历。在人力资源管理中，经常会采用履历评价分析技术，用来识别人才、配置人才、开发人才，起到“鉴往知来”的作用。毋庸置疑，一个人的任职经历直接影响了他的行为方式。通常所说的职业病、“三句话不离本行”，就说明职业对人的影响会表现在日常生活中。比如，从事审计的人一般比较细心，喜欢找问题；从事组织工作的同志，一般比较谨慎；长期从事公检法、纪检的人员，一般法律意识会比较强。要对一个人履行经济责任的情况进行分析评价，就要了解其任职的经历。在经济责任审计中，有必要翻阅被审计人的档案资料，虽然属于干部人事档案，但也可借助该档案对被审计人尽快了解熟悉，从而确定审计的重点。

3. 评估管理行为的客体对象所导致的风险

（1）管理行为的客体对象首先体现在组织管理行为。通过了解审计客体的内部控制环境，可以对组织管理行为的各个方面进行风险评估。内部控制环境包括治理职能和管理职能，以及治理层和管理层对内部控制及其重要性的态度、认识和措施。

诚信和道德价值观念是企业组织文化最基础的体现，是管理行为所要达到的最基本的目标。如果没有正确的诚信和道德价值观念，一切管理行为就是失败的。另外，诚信和道德价值观念也是控制环境的重要组成部分，影响到重要业务流程的内部控制设计和运行。

审计客体是否设立道德行为规范，以及这些规范如何在审计客体内部得到沟通和落实，决定了是否能产生诚信和道德的行为。对诚信和道德价值观念的沟通与落实，既包括管理层如何处理不诚实、非法或者不道德行为，也包括在审计客体内部，通过行为规范以及高层管理人员的身体力行，对诚信和道德价值观念的营造和保持。

胜任能力是指具备完成某一职位的工作所应有的知识和能力。管理层对胜任能力的重视包括对于特定工作所需的胜任能力水平的设定，以及对达到该水平所必需的知识和能力的要求。具备胜任能力，是管理行为得以正确实施的前提保障。

审计主体在就审计客体对胜任能力的重视情况进行了解和评估时，考虑的主要因素可能包括：第一，各种管理行为的实施者是否具备与审计客体业务性质和复杂程度相称的足够的胜任能力和培训，在发生错误时，是否有能力加以解决；第二，审计客体是否配备足够的管理行为实施者以适应业务发展和有关方面的需要。

审计客体的控制环境在很大程度上受到治理层的影响。审计客体的治理层对控制环境产生影响的因素主要包括：治理层对于管理层的独立性；成员的经验和品德；治理层参与审计客体经营的程度和收到的信息及其对经营活动的检查；治理层采取措施的适当性，包括提出问题的难度和对问题的跟进程度；以及治理层与内部审计人员和审计主体的互动等①。

管理层的理念和经营风格，是指管理层负责企业的运作以及经营策略和程序的制定、执行与监督，是长时间管理行为所形成的结果。在有效的控制环境中，管理层的理念和经营风格可以创造一个积极的氛围，促进各项管理行为有效地实施，业务流程和内部控制得以有效运行，有助于不良管理行为导致的错报发生可能性降低。

审计主体在了解和评估审计客体管理层的理念和经营风格时，考虑的主要因素可能包括：

①管理层是否对内部控制，包括信息技术的控制，给予了适当的关注。

②管理层是否由一个或几个人所控制，董事会、审计委员会或类似机构对其是否实施了有效监督。

③管理层在承担和监控经营风险方面是风险偏好者还是风险规避者。

---

① 中国注册会计师协会．审计［M］．北京：中国财政经济出版社，2019.

④管理层在管理行为的实施时是倾向于激进还是保守。

⑤管理层对于管理行为实施者是否给予了适当关注。

⑥对于重大的管理行为决策产生的财务报告以及内部控制报告的结果，管理层是否征询审计主体的意见，或者经常与审计主体存在不同意见。

（2）管理行为的客体对象还体现在组织结构及职权与责任的分配。审计客体的组织结构为计划、运作、控制及监督经营活动提供了一个整体框架。通过集权和分权决策，可在不同部门间进行适当的职责划分，建立适当层次的报告体系。组织结构将影响权利、责任和工作任务在组织成员中的分配。审计客体的组织结构在一定程度上取决于审计客体的规模和经营活动的性质。

审计主体在对审计客体组织结构和职权与责任的分配进行了解和评估时，考虑的主要因素可能包括：第一，在审计客体内部是否有明确的职责划分，是否将业务授权、业务记录、资产保管和维护以及业务执行的责任尽可能地分离；第二，数据处理和管理的职责划分是否合理；第三，是否已针对授权交易建立适当的政策和程序。

与管理行为有关的控制活动是指有助于确保管理行为得以实施的政策和程序。包括与授权、业绩评价、信息处理、实物控制和职责分离等相关的活动。

①授权。与授权有关的控制活动，包括一般授权和特别授权。授权的目的在于保证交易在管理层授权范围内进行。一般授权是指管理层指定的要求组织内部遵守的普遍适用于某类交易或活动的政策。特别授权是指管理层针对特定类别的交易或活动逐一设置的授权，如重大资本支出和股票发行等。特别授权也可能用于超过一般授权限制的常规交易。

②业绩评价。审计主体应当了解与业绩评价有关的控制活动。这些活动主要包括审计客体分析评价实际业绩与预算（或预测、前期业绩）的差异；综合分析财务数据与经营数据的内在关系；将内部数据与外部信息来源相比较，评价职能部门、分支机构或项目活动的业绩（如银行客户信贷经理复核各分行、地区和各种贷款类型的审批和收回）；以及对发现的异常差异或关系采取必要的调查与纠正措施等。

通过调查非预期的结果与非正常的趋势，管理层可以识别可能影响经营目标实现的情形。管理层对业绩信息的使用（如将这些信息用于经营决策、用于对财务报告系统报告的非预期结果进行追踪），决定了业绩指标的分析是只用于经营目的还是同时用于财务报告目的。

③信息处理。与信息处理有关的控制活动包括信息技术的一般控制和应用控制。信息技术一般控制是指与多个应用系统有关的政策和程序，有助于保证信息系统持续恰当地运行（包括信息的完整性和数据的安全性），支持应用控制作用的有效发挥。一般控制通常包括：数据中心和网络运行控制；系统软件的购置、修改及维护控制；接触或访问权限控制；应用系统的购置、开发及维护控制等。信息技术应用控制是指主要在业务流程层面运行的人工或自动化程序，与用于生成、记录、处理、报告交易或其他管理行为实施产生的数据的程序相关，通常包括：检查数据计算的准确性；审核会计账户和试算平衡表；设置

对输入数据和数字序号的自动检查；以及对例外报告进行人工干预等。

④实物控制。审计主体应当了解实物控制，主要包括：了解对资产和记录采取适当的安全保护措施；对访问计算机程序和数据文件设置授权；以及定期盘点并将盘点记录与会计记录相核对等。

⑤职责分离。审计主体应当了解职责分离，主要是指了解审计客体如何将交易授权、交易记录以及资产保管等职责分配给不同员工，以防范同一员工在履行多项职责时可能发生的舞弊或错误。当信息技术运用于信息系统时，职责分离可以通过设置安全控制来实现。

（3）管理行为的客体对象还包括组织人员。管理行为是否可以得以有效实施，关键在于行为的各级执行人。人力资源管理工作涉及招聘、培训、考核、咨询、晋升和薪酬等方面。审计客体是否有能力雇用并保留一定数量既有能力又有责任心的员工，在很大程度上取决于其人事政策与实务。

审计主体在对审计客体人力资源政策与实务进行了解和评估时，考虑的主要因素可能包括：

①审计客体在招聘、培训、考核、咨询、晋升、薪酬、补救措施等方面是否都有适当的政策和实务。

②是否有书面的员工岗位职责手册，或者在没有书面文件的情况下，对于工作职责和期望是否做了适当的沟通和交流。

③人力资源政策与实务是否清晰，并且定期发布和更新。

④是否设定适当的程序，对分散在各地区和海外的经营人员建立和沟通人力资源政策与程序。

综上所述，在评估控制环境各个要素时，审计主体应当考虑控制环境的各个要素是否得到有效执行。在确定构成控制环境的要素是否得到执行时，审计主体应当考虑将询问与其他风险评估程序相结合以获取审计证据。通过询问管理层和员工，审计主体可以了解管理层如何就业务流程和道德价值观念与员工进行沟通；通过观察和检查，审计主体可以了解管理层是否建立了正式的行为守则，在日常工作中行为守则是否得到遵守，以及管理层如何处理违反行为守则的情形。

9.2.4　绩效行为层面的风险

绩效行为包括绩效评价行为和绩效管理行为。

绩效评价行为是指运用一定的评价方法、量化指标及评价标准，基于预算安排，对各级管理者及员工完成职能所规定的绩效目标的实现程度和预算执行情况进行综合性评价的行为过程。绩效评价行为主要包括财务绩效评价行为、运营绩效评价行为和市场绩效评价行为等。

绩效管理行为是指各级管理者和员工为持续提升个人、部门和组织的绩效目标，对绩效有关的各项事项进行管理的过程。绩效管理行为主要包括绩效目标和计划的制定行为、绩效目标的提升行为（员工学习成长）、绩效的结果应用行为等。广义的绩效管理行为也包括绩效评价行为，狭义的绩效管理行为强调从绩效目标的制定到结果应用，并逐渐提高绩效目标的持续循环过程。

9.2.4.1 绩效行为风险概述

1. 绩效评价行为风险

（1）绩效评价事前、事中、事后可能存在的风险。在绩效评价事前准备阶段主要存在着以下风险：第一，绩效评价目的不明确、不合理，待评项目选择随意；第二，评价小组人员构成不合理，知识和能力不全面，无法有效配合；第三，评价指标体系设置随意，分值设定不合理、得分标准量化不足等问题，直接影响着绩效评价的结果。

在绩效评价现场核查中存在的风险主要在于：第一，现场核查时间不足，核查流程简化和弱化；第二，指标打分尺度松紧不一，存在人情分数；第三，核查资料收集不充分，分值支持力度不足；第四，被评价方不配合，评价小组难以深入获取得分凭据。

绩效评价结果事后应用的程度和效果直接决定着绩效评价作用的展现，非常重要，其风险主要来源于：第一，管理层对于绩效评价结果的公开性，决定着员工对于管理行为的监督和绩效管理行为的参与广度和深度；第二，管理层在未来资金安排时对于绩效评价结果的参考程度。

（2）按照绩效评价使用信息的来源不同可能存在的风险。若绩效评价使用的信息来源于与被评价部门或项目具有直接利益关系的部门，那么其与资金的管理、分配、使用及监督具有直接的联系，因此该类信息可靠性程度较低，总体风险水平较高，可能存在刻意隐瞒负面信息或私自更改会计报表，较大程度上降低了信息的客观性、准确性，不利于绩效评价结果的有效性。若绩效评价使用的信息来源于因间接利益关系而占有信息的机构，如会计审计机构、评估机构、证券公司、商业银行等。基于这些机构与项目、资金既不存在直接关系，又不直接参与资金、项目的管理、使用、监督等相关活动，仅与被评价方呈现间接利益关系，因此该类信息的可靠性程度较高，效益评价的完整性、客观性、重要性及时效性得到充分体现，为此该类信息的总体风险也处于较低水平。

2. 绩效管理行为风险

绩效管理通过提升员工工作能力和素质，提高个人绩效，改善部门绩效，实现企业绩效目标。绩效管理将人看作是企业重要的稀缺资源，为体现“以人为本”的思想，倡导个人目标、部门目标和企业目标的一致性，强调个人和组织的共同成长。绩效管理行为无效产生的风险表现在：

首先，员工的个人目标无法和企业战略目标相匹配，员工工作积极性和创造性不能被激发出来，那么绩效管理中绩效考核、反馈、修正都无法达到预期的效果，企业的整体绩效会降低。

其次，无效的绩效管理会使得员工无法通过绩效管理理解自己在工作中的优势和不足，从而忽视职业生涯规划，迷失自己的努力方向，使得员工在工作中无法对自己的工作进行认同，导致企业会面临员工工作胜任能力低、离职率高的风险。

最后，无效的绩效管理中绩效目标和计划不符合企业实际。如果绩效目标过高，造成企业发展具有盲目性和冲动性，导致生产出的产品数量大于市场需求量，使得存货积压，不仅企业的资源浪费，还有可能面临资金链断裂的财务风险。如果绩效目标过低，企业发展过于保守，则有可能造成企业在竞争中失败的经营风险。

9.2.4.2　绩效行为风险评估

具体而言，审计主体应该关注的审计客体绩效行为的相关要素包括：关键业绩指标、关键比率、趋势和经营统计数据；同期业绩的比较分析；预算、预测、差异分析，分部信息与分部、部门或其他不同层次的业绩报告；员工业绩考核与激励性报酬政策；审计客体与竞争对手的业绩比较。此外，在绩效评价中也可参考外部专业分析师的报告和信用评级机构的相关报告。

理解绩效目标的衡量时，具体来说，对定量的目标，可以多从数量、成本等角度进行衡量；对于指标中定性的部分，可从质量、时间的角度衡量，例如职能部门的绩效指标，可衡量服务的及时性与人员的投诉率。在用数字衡量绩效指标的过程中，做到能够量化的全部量化、不能够量化的全部转化、不可转化的全部细化、不可细化的尽全力流程化。对于不能量化的指标，可以与定性的方式相结合进行考核，如部门职责和岗位职责的履行情况、完成指标任务以外工作的情况、对指示和制度的执行能力、团队合作维护大局的情况、学习能力、谈判能力、执行力、承压能力、知识技能、客户导向和领导力等方面，就可以采用定性考核方法。

9.2.5　审计行为中的风险分析

在对审计实施过程中可能存在的风险进行评估时，审计人员通常会做出以下假设条件：第一，审计人员能够无阻碍地获得相应的证据，不存在委托代理失败的社会困境。即审计客体的行为在被查处和被怀疑时，会受到惩罚或者进一步调查的授权，不存在通过其他途径逃逸或推卸责任。第二，审计人员和审计客体均能通过实践获得现有条件下的最佳策略。第三，审计人员在派驻到不同单位时，均为非关联方，不存在和审计客体合谋的问题，行为审计的独立性不会受到破坏。第四，审计客体一旦处于审查阶段，重点的审计客体和部门从事的相关活动会受到监控，以防止可疑行为被转移或掩盖。第五，审计人员和被审人员不会受到干扰。

扩展阅读

AB投资集团的管理行为风险评估

AB投资集团是2009年2月经批准，由原M市三家投资公司整建制划转组建成立的国有独资企业，注册资本30亿元。按照市政府有关规定，AB投资集团主要从事道路、市政管网、供排水、垃圾回收利用等市政公用设施及旧城改造等建设领域的投资。同时，作为M市主要融资平台公司之一，负责政府安排的公共基础设施的融资、建设开发和经营管理等活动。

1. AB投资集团下属A公司的舞弊行为风险

A公司是在AB投资集团成立不久被收购的一家公司，该公司原为一家民营企业，因为该公司拥有增值潜力巨大的3 000亩土地使用权，却苦于没有资金支持难以开发，恰好被该集团收购。A公司的内部管理制度松散，人员自由散漫，守法守规意识薄弱。

审计发现，A公司被收购后，AB集团并未立即委派财务总监，而是由原来的财务部部长代行职责，2个月后才派驻财务总监。审计人员发现，A公司的财务部部长和出纳员穿着时髦高档，与收入明显不符，于是对该公司的有关账簿进行了重点审计。审计发现，就在集团未派驻财务总监的两个月内，该公司“在建工程”账中列支了1 000多万元的工程费用。在询问做账的会计和支付资金的出纳员时，他们神色慌张，更引起了审计人员的注意。经过详细分析该公司的业务，检查发票的真伪，跟踪资金的走向，最终发现了事实的真相。原来在A公司被该集团收购后，该公司总经理并不愿意在约束力比较强的国有企业工作，他与其他高级管理人员商量后，决定通过支付工程款的名义套取公司资金。在被该集团收购后的一个月，购买虚假发票（以汽油费、住宿费、广告费、差旅费名义）支付543万元。审计组到银行查询发现，543万元全部转移到A公司的关联企业C公司的账户。A公司的高管同时也是C公司的实际负责人，在资金转到C公司账户后，A公司高管就和该公司会计、出纳将此部分资金予以瓜分。

2. AB投资集团的资产出租及合同管理等合规行为风险

AB集团总部对所属企业的资产出租出售情况并不掌握。审计发现：该集团有三处房产以低于市场价对外出租，并未执行招标程序；有两处房产对外出售，销售所得的资金1 500万元计入下属公司账上，未纳入集团资金统一调度使用；有三处对外出租的房产未按合同约定收足租金，尚欠2 600万元。此外，部分合同管理不严密。经调查，由于该集团合同管理部门负责人同时兼职律师等工作，虽专业水平很高但责任心不强。审计抽查AB投资集团对外应签的合同事项41项，其中存在问题的有18项，占44%，其中有2份未注明合同签订时间；有1份未注明对外出租房产的面积；有1份未约定出租资产每次应缴租金金额；有14项对外出租的资产应签未签合同。以上合同管理上存在的漏洞，有可能引发争议，损害企业利益。

分析AB投资集团组建后公司高管的重大举措：一是将M市承办城市运动会后留下的7万多平方米体育场馆及周边设施出租给三家公司；二是先后投资8亿元成立了多家公司。该集团资产部具体负责体育场馆及周边设施的出租工作，在未调查清楚的情况下，该资产部部长就与承租方达成意向，约定2009年5月交付房产，并许诺可以将该土地的文体用地性质变更为商业用地方便承租方使用。在该集团党委会研究此事时，集团班子成员一味听信资产部部长所言，同意签署合同。在合同执行过程中，才发现根本不能按合同约定时间交付房产，也不可能变更土地性质，致使承租方花费了巨额装修款却不能如期开业造成巨额损失，承租方将该集团告上法庭，致使本应收取的房租不能收回。

3. AB投资集团的绩效行为风险评估

该集团投资8亿元成立的20家新公司，没有进行充分的可研分析，只是在董事长"拍脑袋"的指挥下匆匆成立，由于市场定位、盈利预测与预期有很大偏差，致使14家处于亏损状态，累计亏损1.21亿元，其中3家已经资不抵债。经审计调查，由于该集团董事长政绩意识强但绩效意识差，导致该集团未建立严格的内部绩效考核制度，致使某些亏损企业连年亏损却没有人承担责任。以上管理上存在的漏洞都直接或间接地影响了企业运营绩效。

——姜毅．人本审计理论体系研究［D］．青岛：中国海洋大学，2013.

9.3　行为审计风险的应对

9.3.1　审计关系的界定

一般而言，审计主体和审计客体之间会存在互相试探情况，并且会在不同阶段通过观察对方的行为特点，以判断何时采取有利于自身的最优策略的最佳时机。因此，应分别分析两者在获取最优策略时的行为过程，以发现腐败在不同阶段因工作方法或者策略形成的不同特征。

作为有限理性的经济人和社会赋予职责的鉴证者，审计主体在实施审计工作并进行决策时，会受到长期工作经验的干扰，还要兼顾社会职责要求遵循的价值原则和价值判断。在通常状态下，审计主体实施审计工作带来的社会和经济收益设为EA；在审计中，需要进一步通过收集材料或实施调查和取证来证实审计证据的合法性，举证确认后，即可获得比通常状态下的收益更高的部分，该部分设为VA，由此花费的成本设为CA。因未加大投入造成了审计失败，或未能及时发现审计风险而造成的潜在损失设为 L。

审计主体在行使决策时，存在两种策略，即不增加投入，产生的收益为 EA，可能承担的损失是 L。增加投入产生的收入为 VA，成本为 CA。假设查出腐败的概率为 p，则审计人员在查处腐败且腐败事后证明确实发生的预期的期望收益为：

$$EA' = p(EA + VA - CA) + (1 - p)(EA - L) \tag{9-1}$$

由式（9－1）整理可得：

$$EA' = EA + p(VA - CA) - (1 - p)L \tag{9-2}$$

从式（9－2）中可看出，若不存在腐败问题，审计主体的社会、经济收益恒等于在一般情况下的正常收益，社会资源没有浪费。期望收益和正常收益差值越大，说明实施行为审计的重要性越大。同时，若 $EA' < EA$，说明实施现有的程序不足以弥补社会资源的浪费，审计程序和建设需要更多的投入，使得 $EA' = EA$。减少损失的必要工作就是恰当地实施行为审计工作。

审计主体和审计客体在市场条件下，以利己主义为出发点，总是会通过考虑经济利益来调整策略。长期的均衡难以在市场环境下得到稳定而长久的维护。顺利实施行为审计的程序，是完成防治腐败的第一道程序，审计主体的作用至关重要。我国审计主体既涉及社会审计组织及审计人员（即 CPA 审计师），也包括国家审计机关及相关审计人员。

需要指出的是，审计主体的独立性在一定程度上受制于审计委托主体（审计委托主体和审计客体往往是重合的），故审计范围也会因委托范围而有所限制，即使在审计过程中发现了一些和腐败有关的蛛丝马迹，但限于委托者的审计范围要求，可能使得审计主体无法进行深究，从而错失在腐败行为萌芽期即被惩处的机会，待腐败行为完全暴露时已经对企业或社会造成了严重的伤害。

对于国家审计人员来讲，审计过程的独立性在一定程度上会受制于上级政府，审计工作流程和审计方法要接受政府相应部门的审核和批准，因此，其审计自由度在某些特定条件下影响较大，在专项审计中即使通过一些证据发现了腐败行为的隐匿迹象，也可能因证据不足而无法进一步实施审计程序。审计人员独立性的限制和审计证据边际成本实施的价值评价往往存在着信息阻滞的问题。一方面，审计人员因谨慎性的职业要求，难以对那些仅仅是怀疑的事项发起相关部门的共同行动；另一方面，鉴于职业声誉的考虑，一旦实施了相应的成本，最终未能获得腐败的有力证据，也将对自身的职业生涯产生重大影响，行为审计的实施难以有效得以开展。

因此，赋予审计人员更大的自由性，在工作流程中实行怀疑事项的汇报和分析流程是限制审计客体调整策略实施腐败行为的关键。审计人员应通过更加详尽地对当事人的偏好、行为趋势和测试活动有效地甄别腐败行为的发生。但是，审计人员自身的独立性、社会的边际成本和职业的声誉维护，限制了他们更加深入地、长久地发现和追踪腐败行为，在一段时间内形成的有效的审计方法，会因成本的昂贵和独立性以及声誉的损失而不能坚持。

上述博弈模型显示出稳定状态的维护在缺乏部门干预的条件下很难实现，鉴于上述分析，可以采取提升审计独立性和提前预防不当审计行为的措施，从而最大程度规避腐败行为风险的发生。

9.3.2 审计独立性的加强

进一步提升审计人员的独立性水平，减少外界干预。审计人员的独立性主要体现在依据现有规范按照被审业务和审计客体选择合理的审计程序和审计方法的权利，在审计判断中客观进行鉴证和完成审计结论的权利，以及在审计失误中承担有限责任的权利。提升审计人员独立性水平，应做好以下工作：在审计部署中发挥审计人员自主安排审计程序、制定审计方法的权利，除了按照委托方的目标审核相关业务以外，发现和业务有关的其他证据和可疑现象能够通过报批上级组织继续审核的权利，相关的成本应视审计结果进行全额或者部分的补偿。

此外，审计人员若按照正常程序、合理方法未能避免审计失误，应根据其承担的部分负有限责任。审计人员在从事相应的鉴证和审核业务时，不应受到有关上级部门和上级主管的任何干扰，否则上级部门和主管必须承担相应的风险责任和失败后果。

9.3.3 不当审计行为的预防

一是，审计主体应建立起针对腐败专项的行为审计工作标准和实施细则。和其他审计业务相比，腐败专项审计工作，涉及的材料除了审计客体的相关票据、书面证据的合法性、合规性审核以外，更多的腐败证据来源于管理层及员工等个人偏好、行为和性格、心理特质等。因此，审计工作准则的主观化判断标准需要进一步加强。

审计部门应集中有关部门、相关领域的专家，对腐败专项中审计人员工作的具体程序和采用的方法予以准则上的指导，并以此制定和完善行为审计工作实施时在各种情况下可选择的参考性行为准则和细则，便于审计人员有序和科学实施行为审计。专家指导下进行完善的行为审计参照准则和细则，可以有效地使审计人员规避因个人主观判断和非制度惯性而产生的审计判断偏差。

二是，审计主体应积极推进财务整改，禁止单位建立小金库和内部账。除了关注行为特质以外，审计客体和下属单位的财务不规范和财务违规行为也是滋生腐败的重要原因。因此，审计机关应督促不同性质的单位加强对本部门财务体系、财务内容的全面盘查，整治不规范的财务流程和方法，并予以积极督促。

三是，审计主体应及时清查那些隐藏在单位内部的小金库和那些藏有内部账的单位组织和个人，一旦发现予以重罚，将腐败问题消灭在萌芽阶段。在财务方面进行严厉清查和限制是防止腐败行为发生的经济措施，也是制止腐败不断发酵的根本之源。遏制和消除腐败是一项长期而艰巨的任务。

上述研究表明，制止腐败发生、蔓延和恶化，应防微杜渐从平时工作者的动机、心理因素和行为特征入手，并要求审计人员密切关注审计客体在所处环境中的异常行为及违规等异常现象，通过对审计客体的一些蛛丝马迹的观测和调查，及时发现问题和依据具体情况提出完善管理、内控、风险管理方面的建议措施，是形成审计“免疫系统”的关键所在。

本章习题

1. 行为审计主体面临的风险包括哪些？
2. 行为审计主体可以采取什么措施进行风险应对？
3. 行为审计客体都包括哪些行为？
4. 财务舞弊行为层面面对的风险包括哪些？应如何进行风险评估？
5. 合规行为层面面对的风险包括哪些？应如何进行风险评估？
6. 管理行为层面面对的风险包括哪些？应如何进行风险评估？
7. 绩效行为层面面对的风险包括哪些？应如何进行风险评估？
8. 如何针对不当审计行为采取预防措施？

第10章　管理行为审计

学习目标

1. 理解管理行为审计的内涵、目标与基本假设。
2. 理解管理行为审计的审计方法。
3. 掌握管理行为审计的实施流程。

本章导读

高管个人特征会对公司战略决策造成影响吗?

很多研究表明，企业高级管理者的诸多背景特征，如高管的性别、年龄、学历、学术背景、法律背景、财务背景、党员背景、从军经历、贫困经历等等，都与公司的战略选择、财务杠杆、创新投入、绩效等表现出显著的相关性。

举例来说，针对高管性别，有研究表明，当总裁或者财务总监是女性时，公司的并购活动会减少，较少选择发行债务，所以杠杆率较低。针对高管的学术背景，譬如阿里巴巴、复星实业、绿城集团和新东方等公司的高层领导均有过教师经历，这些高管可能表现出性格较为沉稳，做事更稳重，在企业战略选择方面更加注重规避风险。而那些拥有法律背景的管理者可能会做出较低的利润预测，对诉讼风险更加敏感。有过贫困经历的高管可能拥有更强的同情心，更加热心公益，慈善捐赠也显著更多。拥有海外经历的高管，法制意识更强，风险敏感度与管控能力更高，因此能够降低公司的债务资本成本。拥有从军经历的高管，更加注重会计准则等制度的遵守，公司的审计风险低，因此审计费用也比较低。也有其他研究认为，拥有从军经历的高管倾向于过度自信、过度冒险，因此公司的金融化程度显著更高。

综上所述，高层管理者的管理行为受到个人特征的影响，从而进一步影响了公司战略和决策。而针对管理行为的审计，不能忽略由于管理层个人特征可能带来的潜在风险和影响，这更加体现了由“物本审计”向“人本审计”的转化。

［**阅读思考**］

（1）企业文化的决定性影响因素是否取决于企业创始人的个性特征？企业文化对企业管理行为有何影响？

（2）企业创始人或高级管理者的从业经验、个性特质或性格特点对企业发展的影响是显性的还是隐性的？

（3）对于审计人员而言，关注和了解企业高层管理者的个人性格、行为习惯是否有必要？如何从管理者的行为特点来分析可能潜在的审计风险或问题？

公司的各层级管理者在管理中会产生各种管理行为。管理行为的动机、过程和结果，对审计师发表审计意见会造成重要的影响。管理行为人的动机通常会受到环境、性格、经历等的影响，而动机又会贯穿于行为的整个过程中，从而影响组织的运营结果。审计师通过对管理行为的审计，以实现管理行为效益最大化的目标。

10.1 管理行为审计内涵与目标

10.1.1 管理行为审计内涵

管理行为主要关注企业管理层决策导致的除业务以外的行为，包括组织结构设计、组织流程管理、组织人员管理、组织文化等。

对管理行为的审计，可以结合分析经济活动的情况，综合分析管理行为动机、过程和结果，对被审计人的管理行为的有效性发表意见。管理行为的有效性是指管理者通过实施管理行为可以达到预定的战略目标。

10.1.2 管理行为审计的目标

管理行为审计的最终目标，是要从不当管理决策导致的不适当行为中发现行为背后的动因。在管理行为审计中，首先应搜集无效的管理行为，接着分析该无效管理行为产生的原因，最终达到管理行为效益性的目标。对管理行为的审计，审计思路调整为“由内而外”和“由外而内”相结合；审计方法引入了对行为动机、行为、人格、能力、气质的测评方法，从而丰富了审计的技术和方法。

10.2　管理行为审计的前提假设

10.2.1　受托经济责任关系假设

受托经济责任关系假设是管理行为审计产生的基本前提。按照审计关系人理论，审计行为的发生必须有审计人、被审计人、审计委托方或接受人这三方关系人，审计行为体现了“人—人”的关系。受托责任是不断拓展的：第一层次的受托责任总结为行为真实可靠，要求受托方真实可靠地履行行为报告的责任，禁止造假欺骗行为的发生；第二层次的受托责任是要求行为合法合规，要求遵守有关法律法规及规章制度，禁止舞弊等违法违规行为的发生；第三层次的受托责任是高绩效地运用各种资源，要求实现经济活动的经济节约、高效运行、实现预期目标，禁止浪费、低效无果行为的发生。受托经济责任关系假设要求审计人员始终围绕受托经济责任的内容开展审计，这是审计存在的前提条件。

10.2.2　经济活动行为假设

戴维·弗林特（David Flint，1988）曾提出，可以对行为、业绩、成果和信息质量等确定责任标准并进行计量，然后对照标准做出判断。这表明行为与经济活动之间是存在因果关系的。正因为一切经济活动及其结果源于人及其行为，所以管理行为审计成为可能和必然。

经济活动行为假设说明了三层含义。第一，审计所面对的账簿记载事项、经济活动不是偶然发生的，是个体及其行为主导造成的；第二，个体行为的发生不是偶然发生的，其背后有个体的动机、需要，在个体所处的内、外部条件等因素共同作用下产生了行为；第三，审计所面对的经济活动结果是与行为动机、行为过程相关的，内在地具有因果关系，应追根溯源对个体及其行为进行审计。

扩展阅读

《审计哲学与原理导论》的七项审计假设

英国审计学家戴维·弗林特于 1988 年出版的《审计哲学和原理导论》一书中提出了七项审计假设：

（1）审计以受托经济责任关系或公共经济的存在作为首要前提；

（2）因经济责任关系的内涵过于模糊和复杂，以至于没有审计就无法解释如何解除该责任；

(3) 审计的本质特征，在于其地位的独立性和不受约束地实施调查和提交公正报告；

(4) 审计对象的内容，包括诸如行为、绩效、成果、业务记录、财务状况或与之相关的事实或说明，均可通过证据予以证实；

(5) 可以针对行为、绩效、成果和信息质量等确立责任标准及其实际状况进行计量，并与既定标准进行比较；计量与比较的过程需要专项技能以及主观判断相结合；

(6) 应明确财务报表及相关资料的含义、重要性和目的，通过审计可对其可信性做出清晰的表达和传递；

(7) 审计可以产生经济效益或社会效益。

弗林特的七条审计假设，是基于社会观点和现代审计的发展提出。其最重要的贡献是：改变了传统的仅从财务审计视角设定审计假设的做法，为构建更为广义的审计假设理论提供了重要的参考；重要的是，弗林特还提出审计对象应扩展到组织行为或个体行为。

10.2.3 个体及其行为问题易发性假设

个体及其行为问题易发性假设是管理行为审计存在的直接原因。正因为有缺陷或不足的存在，才有审计的必要。个体及其行为问题易发性假设说明了三层含义。第一，每个个体都不是十全十美的，个体及其行为或多或少均存在问题或不足；第二，个体及其行为存在问题是必然的，这也是人类不断发展的动力所在；第三，个体应该正视所存在的问题和不足，应“一日三省吾身”，不断完善和改进自己的行为。

10.2.4 个体及其行为可确认假设

个体及其行为可确认假设是管理行为审计准则理论、程序理论、报告理论的基础。正因为个体及其行为可以进行监督、鉴证、评价，才使得审计标准的制定、审计证据的收集与评价以及审计程序的实施具有实际意义。个体及其行为可确认假设有三层含义。第一，个体及其行为可以评价。个体心中总有把尺子去衡量别人做得如何。在行为科学等理论的支持下，虽然对一项行为的评价，在个体与个体之间会有差别，但对于基本道德尺度、国家法律法规、良好绩效实务等方面的看法还是基本一致的。第二，审计最终要对个体发表意见，实现受托责任的最终要求。第三，应对个体及其行为做出鉴证结果说明，并将这一结果报告给委托方。

10.2.5 审计可以促进个体及其行为改善假设

审计可以促进个体及其行为改善假设是审计的价值所在。审计可以促进个体及其行为改善假设包含三层含义。第一，审计能够发现被审计人行为的缺陷和不足；第二，审计能够提出改进被审计人行为的改善建议；第三，审计可以通过问责等手段促进被审计人改善行为。

综上所述，以上五项假设相互联系，共同构成了整个审计理论与实务的基本前提与条件。“受托经济责任关系假设”是审计产生的基本前提；“经济活动行为假设”是人本审计的基础，它确立了审计对个体及其行为进行审计的条件；“个体及其行为问题易发性假设”解释了审计存在的直接原因；“个体及其行为可确认假设”提供了实施各种审计手段的基本依据；“审计可以促进个体及其行为改善假设”确立了审计存在的必要性和价值所在。

10.2.6 管理行为审计假设的实践意义

管理行为审计假设不仅对审计目标、审计概念起到指导作用，而且对审计实践活动具有重大影响，引导和约束着具体的审计实践活动。

“受托经济责任关系假设”是审计得以存在的前提条件，这条假设解释了为什么审计不能固化在对账表、经济活动的审查，而是需要对个体及其行为进行评价，这正是受托经济责任拓展的需要。审计源于受托责任，也因受托责任发展而发展，不变的是受托经济责任关系，变化的是受托的经济责任内容。

“经济活动行为假设”解释了审计为什么要对个体及其行为进行审计。在审计实践活动中，审计人员习惯了通过看账本来分析经济活动，难以适应对个体及其行为进行审计，这就要求审计人员改变审计理念，调整审计思路，革新审计技术和方法，转变到对被审计人及其行为进行审计这一中心上来。

“个体及其行为问题易发性假设”说明了审计存在的必要条件。审计之所以能存在是源于受托经济责任关系，但如果被审计人及其行为没有任何问题，审计也就没有存在的必要。这条假设也说明了审计的目标所在，即要揭露被审计人及其行为存在的问题。

“个体及其行为可确认假设”界定分清了被审计人和审计人的各自职责和责任。被审计人对其行为负责，提供可确认的行为结果是被审计人的责任；审计人员接受委托对被审计人进行审计，对其提供的资料进行行为可靠性、合法性、有效性审计，如果审计人发现根据被审计人提供的资料无法确认其行为结果，就可以发表保留意见的审计报告。此假设也告诉审计人员在审计实践中应适应对个体及其行为进行审计的需要，开发出新的审计技术和方法，对个体及其行为进行客观、公正、有效的评价。

“审计可以促进个体及其行为改善假设”充分说明了审计活动的价值。此假设解释了审计目标不仅要揭露行为存在的问题，还要促进被审计人及其行为的改善，这就要求审计人员对被审计人的行为进行充分的了解和分析，提出改进行为的建议，发挥审计的建设性作用。

10.3 管理行为审计方法设计

与传统的审计一样，管理行为审计也要应用到财务（合规）审计中的审阅法、分析性复核法、核对法、函证法、监盘等方法；也会运用到绩效审计中常用的访谈、调查、经济活动分析、技术经济分析、决策分析和数学分析等方法。同时，由于要对个体及其行为进行评价，审计方法已经丰富发展到询问、检查、观察、访谈、舞弊行为检查、心理测评、情景模拟、360度测评、绩效三棱镜、关键绩效指标等方法。

10.3.1 通用方法

对行为动机、行为、人格、能力、气质进行测评的方法有很多，它们共同构成了管理行为审计下的一些通用的方法。具体来说，对行为动机的测评方法主要有：观察法、自陈法、投射法；对行为的测评可以运用关键事件法、行为定向锚定等级评价法、行为观察评价法等进行评价；对能力测量的方法主要有智力测验、能力倾向测验、特殊能力测验和创造力测验等；对人格的测量方法主要有自陈量表法、投射测验法、评定量表法和情境测验法等；对气质的测定方法主要有观察法、条件反射法、心理实验法和心理量表法等。以上方法可应用到行为审计实践中。

10.3.1.1 访谈法

审计人员要面对形形色色的人，通过访谈会发现很多审计需要了解的情况。在访谈前，根据审计目标和被审计人的基本特点，需要提前做好准备。比如，开展的财务收支审计和绩效审计询问的问题就会不一样；访谈的是高管还是普通员工也要采取不同的策略。通过让被审计人主动说或向被审计人提问等恰当的访谈方式，审计人员就会对被审计人的气质、性格、处事方式、行为动机、工作能力甚至人生观、价值观有一个总体的了解，为通过被审计人及其行为确定审计重点打好基础。

10.3.1.2 观察法

正所谓“听其言、观其行”，观察是对被审计人行为进行直接审查的一种方式。在观察过程中，审计人员可以与被审计人进行直接的接触，也可以在被审计人毫无觉察的情况下进行。观察行动可以是提前安排好的，也可以是突击进行的。如果确定有问题的，被审计人在审计面前，一般都会做一些防范，使得自己的行为表现尽量符合要求，但经仔细观察后被审计人员也会露出马脚。比如，一个出纳员在接受现金监盘时，手一直在抖，回答问题也神色紧张，答非所问，有可能就存在现金管理上的问题。

10.3.1.3　调查法

调查法是传统审计经常用的方法，调查既可以对被审计人进行调查，也可以对被审计人的相关人员进行调查。调查方式可以采取走访相关人员对被审计人进行面对面调查，也可以借助网络或技术手段对被审计人的行为表现进行审查。走访调查是到相关开户银行、有经济往来的银行、长期合作的单位、上级部门、下属单位，调查了解有关被审计人的情况；在网上进行调查是指利用电脑、互联网资源以及其他电脑数据库来收集被审计人的信息。另外，还可以采取问卷调查方式，在该方式下，可灵活采取入户、邮寄、网络、电话等询问形式，但要做好设计、测试、发放、收回、分析、利用等几个关键环节，以便获得对被审计人客观的反映和评价。

10.3.1.4　测评法

借鉴以上对人格、能力的测评的方法，对被审计人的有关能力可以直接进行测评，也可以借鉴组织部门的民主测评法来取得被审计人的评价。民主测评法是指由审计人员组成的谈话测评组，分不同人员层次来了解相关人员对被审计人的评价。测评对象可以是被审计人所在单位的领导、普通员工，也可以是被审计人的直接领导和下属或被审计人的业务联系单位，等等。在测评前应先设计好测评内容和测评方式。根据审计情况，测评可以采取定性评价或定量评价的方式，可以公开也可以秘密进行。

10.3.2　测量行为有效性的审计方法

测评是行为审计中的重要方法，它以现代心理学和行为科学为基础，对人的价值观、性格特征以及发展潜力等心理特征进行客观的测量与科学评价。对行为有效性的测评，包括心理测评、履历分析、情景模拟、360 度测评、行为事件访谈法（BEI）①，以及绩效三棱镜②、关键绩效指标、价值链分析技术、波士顿分析技术、SWOT 分析技术、平衡计分

---

① 行为事件访谈法（behavioral event interview，BEI）是由麦克里兰结合关键事件法和主题统觉测验而提出来的。BEI 是一种开放式的行为回顾式探索技术，主要针对个体在实际工作情境中做了什么、怎么做的、说了什么、怎么想的和感觉如何而进行信息搜集与分析，从而挖掘和提炼不同人员或人才的胜任特征。

② 绩效三棱镜评价体系是由英国克兰菲尔德学院教授尼利（Neely）等人和安达信咨询公司联合提出的一种针对利益相关者价值导向的绩效评价体系，它是基于传统平衡计分卡的基础上改良而成的。该评价体系以企业利益相关者的需求为出发点，探寻企业创造价值的动因。

卡和标杆管理分析技术等方法。

心理测评是指依据一定的心理学理论，使用一定的操作程序，对测评对象的能力、人格及心理健康等心理特性和行为确定出一种可量化的价值，并根据职位需求及企业组织特性对其素质状况、发展潜力、个性特点等心理特征做出科学地评价。

履历分析是审查一个人的任职经历，了解其成长经历和工作业绩情况，从而对其工作背景有所了解，作为“取才”的参考依据。

情景模拟（simulation）是指根据对象可能担任的职务，编制一套与该职务实际情况相似的测试项目，将被测试者安排在模拟的工作情境中处理可能出现的各种问题，用多种方法来测评其心理素质、潜在能力的一系列方法。情景模拟测评工具种类主要有结构化面试（也称标准化面试）、公文筐测试（也称公文测验）、无领导小组讨论。

360 度测评也称为全方位反馈评价或多源反馈评价，指由与被评价者有密切关系的人，包括被评价者的上级、同事、下属和客户等，分别匿名对被评价者进行评价，同时，被评价者自己也对自己进行评价的一种测评方式。以上方法不仅可以确定行为风险，也可以对行为有效性进行分析评价。

在构建胜任力模型过程中，可以运用行为事件访谈方法（behavior events interview，BEI），它是能力素质模型建立最重要的一种方法。它最早是心理学家用以进行心理测评的方法，现在已经发展成为一种开放的行为回顾式探索技术，是揭示能力特征的主要工具。这是一种结合弗拉纳根（Flanagan，1954）的关键事例法（critical incident technique，CIT）与莫瑞（Murray，1973）提出的主题统觉测验（thematic apperception test，TAT）的访谈方式①。访谈的主要内容是请被访者回忆过去一段时间在工作上感到最具有成就感（或挫折感）的关键事件，主要介绍当时的情境，回忆哪些人参与、被访者采取了哪些行为、被访者的个人感受如何、最终的结果如何。通过行为事件访谈搜集被访者的行为结果、行为过程和行为心理活动的详细信息。该种方法专业性强，可以比较出优秀员工与一般员工的差别。该方法可以在经济责任审计中加以运用，重点对被审计人的履行职责能力进行评价。

10.4 管理行为审计实施流程

10.4.1 确定被审计的关键人物

审计视角下的行为发生人，有可能是一个人，也有可能是一群人、一类人或被审单位全体员工。根据行为发生人的重要程度，行为发生人既包括一般性行为对象，也包括关键

① McClelland D C. Testing for Competence Rather Than for Intelligence [J]. American Psychologist，1973，28（1）：1－14.

行为对象。在一般的审计项目中，审计关键人就是指该组织的决策者、执行者、监督者等关键人物或对被审计事项有重大影响的其他人。以企业为例，该企业的最高领导、高管以及掌握人、财、物、供、产、销等关键岗位的人物，都应是被审计的关键人物。

需要说明的是，员工的职位高低并不是决定是否是被审计的关键人的标准，企业的出纳、仓库保管员、门卫保安都有可能列入被审计的关键人名单，因为他们都有可能对经济活动产生影响，进而影响会计报表、账簿的外在表现。在中国的经济责任审计中，被审计的关键人一般指该组织的最高领导，即审计通知书所明确的被审计的人。由于高管掌控该组织的重要经济事项，并且承担经济责任和领导责任，所以高管被列为关键人物审计之列。

关于企业家行为，目前研究重点是决策行为。传统经济学把企业家视为具有完全理性的经济人，提出“以最小耗费获得最大价值”的决策原则。行为经济学则采纳了西蒙（Simon）的“有限理性”的思想，认为企业家活动的现实行为环境特点是不确定性和不完全竞争性，不可能获得最大价值、最小耗费的信息，只能在有限信息基础上寻求价值与耗费的最大差距，即寻求满意决策。

投资行为属于风险性行为，无论企业或个人心理上都倾向于回避风险、追求稳定，只有在选择的货币期望值大到足以弥补风险代价，或结局直接危害或损害企业或个人利益这两种情况下，冒险行为才可能发生。这方面的研究涉及投资动机与行为偏好。不同投资动机推动下的投资行为，其具体表现方式是不一样的，行为偏好在投资中主要表现为对风险的态度，每个投资者都有自己的行为偏好，而且投资者之间的行为偏好往往均为不相同的或者有差异的。由此，投资者的风险偏好可划分为风险爱好、风险厌恶和风险中性，且这三种投资者的具体投资行为操作是不一样的。因此，在行为经济学家看来，投资既是利润的函数，又是经济心理的函数。

10.4.2　评估管理行为的风险

在确定审计关键人之后，应该评估关键人的管理行为的风险因素。评估风险因素可以从产生管理行为的动机入手。在分析行为背后的动机之前，应系统分析导致行为发生的因素，这也是产生行为动机的基础条件。行为科学指出，以是否促发行为为依据，可将影响行为的各种实际因素分为直接因素和间接因素；按因素的来源，影响行为的各种实际因素可分为内部因素和外部因素。在本教材第 9 章已对管理行为风险评估做了介绍。

10.4.3　管理行为与经济活动、账簿的关系分析

在分析行为与经济活动和账簿的关系之前，先分析行为与结果的关系。通常而言，“种瓜得瓜、种豆得豆”“一分耕耘一分收获”“天道酬勤”，说的就是行为与结果的关系。

按照辩证唯物主义原理，在普遍联系的客观世界中，原因和结果是先后相继、彼此制约的一对范畴。原因是指引起一定现象的现象，结果是指由于原因的作用而引起的现象。原因在先，结果在后是因果联系的特点之一，但原因和结果必须同时具有必然的联系，即二者的关系属于引起和被引起的关系。

客观事物之间联系的多样性决定了因果联系复杂性，会出现一因一果、一因多果、多因一果、多因多果的可能性。正所谓，行为决定结果，在影响行为的内部和外部因素的共同作用下，被审计人有了行为动机，在正面积极的行为动机下，发生了真实诚信、合法合规、绩效实现等行为；在反面消极的行为动机下，发生了造假欺骗等不真实可靠的行为、违法违规等舞弊行为，以及不经济、低效率、无效果等行为。

在上述行为的作用下，行为的结果就体现在一个组织的经济活动中；一个组织的经济活动正是一系列人行为的结果。同理可知，会计报表和账簿也应是经济活动结果的反映，只是在人为因素和技术条件的限制下，并不是所有的会计报表和账簿都能真实、及时、动态地反映经济活动的情况。

10.4.4 管理行为审计的实施

10.4.4.1 实施行为控制测试

在实施行为控制测试时，应以行为为主线，把行为进行分类测试。根据审计项目的不同，可以按照不同的行为类型进行划分。一种是按照相近或有关联的行为循环进行划分，比如销售与收款行为循环、购货与付款行为循环、生产与费用行为循环、筹资与投资行为循环；一种是按行为性质进行划分，可分为决策行为、执行行为和监督行为三大类，并根据实际情况进行细分。划分行为类型后，就可分别测试行为的控制是否有效。在测试行为控制的有效性时，审计人员可从以下几方面获取关于行为控制是否有效运行的审计证据：行为动机、行为过程和行为结果的一致性；销售行为与收款行为等行为循环的关联性；决策行为与执行行为、监督行为的关联性；行为由谁执行、如何执行的，执行的结果是什么。

10.4.4.2 实施行为实质性测试

实施行为实质性测试主要是指对行为动机、行为过程和行为结果进行记录分析。实质性测试主要是对被审计人行为不符合可靠、合法、有效标准的事项进行细节测试以及实施实质性分析程序，进而对相应的经济活动、会计账簿、账户余额、列报的细节进行测试以及实质性分析程序。审计人员对行为风险评估需要运用职业判断，可能无法充分识别所有的行为风险，并且由于内部控制存在固有局限性，无论评估结果如何，审计人员都应当针对所有重大行为风险事项实施实质性测试。

10.4.4.3 行为风险再评估及修改审计计划

在审计实施取得行为结果的证据后，应根据后续审计获取的新信息，对这些证据进行评估，结合审计计划阶段确定的关键人物的行为风险，确定被审计人的行为问题及责任归属。若有新的重大行为证据，应及时调整审计计划，再次确定新的行为风险，实施新的行为控制测试和实质性测试。

10.4.5 审计报告与问责

在审计实施后，应根据被审计人的行为结果，对照既定的行为是否可靠、合法、有效的标准，结合对财务报表是否真实公允、经济活动是否合法、合规、绩效等物的标准，发表对被审计人行为是否可靠、合法、有效的审计意见。审计报告的审计对象是人，审计意见最终要落实到人，要揭露被审计人行为存在的问题，提出改进行为的建议，并向被审计人进行问责。

总而言之，在管理行为审计中，审计思路主要从关键人及其行为入手；通过评估关键人的行为风险，有效地确定审计重点。审计方法不仅有传统的查账方法，还可运用访谈、观察、问卷调查、性格分析、行为动机分析等多种方法；审计结果也需要面对关键人或直接关联人直接提出。管理行为审计可以给出被审计人履行职责情况的评价结果，大大提升了审计的功能。

本章习题

1. 管理行为审计的审计目标是什么？
2. 管理行为审计的基本假设有哪些？
3. 管理行为审计实施的审计方法有哪些？与传统审计方法有哪些区别和联系？
4. 管理行为审计的实施过程包括哪些？

第11章 绩效行为审计

学习目标

1. 理解绩效审计的定义和绩效审计与传统财务报表审计的区别。
2. 掌握绩效行为审计定义。
3. 熟悉绩效行为审计过程。
4. 掌握绩效行为审计指标制定与行为动因分析。

本章导读

海南亚太实业公司之信息披露违规事件

海南亚太实业发展股份有限公司原系由中国寰岛（集团）公司、中国银行海口信托咨询公司和交通银行海南分行等单位共同发起，以定向募集方式设立的股份有限公司。

2016年1月26日，证监会公布了对海南亚太实业发展股份有限公司（以下简称亚太实业）信息披露违法案的处理结果。亚太实业连续5年存在信息披露违法行为：

其一，亚太实业参股的企业济南固锝电子器件有限公司（以下简称济南固锝）对质量索赔款会计处理不当，导致亚太实业2012年虚减净利润约257万元、2013年虚增净利润约257万元。

其二，亚太实业2013年未依据已确定的定价依据计提所持济南固锝长期股权投资减值准备，虚增净利润约237万元。

其三，亚太实业控股子公司兰州同创嘉业房地产开发有限公司2010～2014年均存在违规确认收入的情形，导致亚太实业2010年、2011年、2012年、2014年分别虚增营业收入约971万元、4 122万元、1 055万元、2 043万元，2013年虚减营业收入约974万元。依据《证券法》第一百九十三条第一款规定，证监会决定对亚太实业给予警告，并处以顶格罚款60万元；对龚某等23名责任人员给予警告，并对其中17人分别处以3万元至30万元不等的罚款。

究其原因，海南亚太虚增利润就是为了完成管理层制定的财务绩效，由此可见，对于绩效行为的审计，也将是行为审计工作逐步需要关注的内容。

——中国证监会行政处罚决定书（2016）12 号，http：//www.csrc.gov.cn/pub/zjhpublic/G00306212/201604/t20160405_ 295346.htm.

［阅读思考］

（1）财务绩效作为企业发展重要的指挥棒，对企业经营者的经营行为会产生哪些影响？

（2）舞弊行为的发生，是否与财务绩效的设定有关联关系？企业应如何从经营视角和财务视角来共同规避舞弊行为？

（3）实施审计时，会计师事务所应如何针对绩效行为从哪些维度展开行为审计？

本章主要介绍绩效行为审计内涵及绩效行为审计类型。绩效行为审计注重在绩效结果的审计过程中，对负责绩效结果的管理层与治理层的经营行为和管理行为进行“画像”，并识别和发现管理层和治理层在形成绩效时的不当行为和瑕疵行为。绩效行为审计的类别可以依据审计范围和平衡计分卡等进行划分。

绩效行为审计实施过程可划分为开展审前调查、签订审计业务约定书、确定指标体系和评价标准、现场获取审计证据、客观、合理地进行绩效分析和评价、出具审计报告等过程，对每一部分进行审计时，均需要遵循“设定指标—制定标准—行为画像及审计”的过程。

11.1　绩效行为审计定义

11.1.1　绩效审计内涵与类别

绩效审计是指审计主体对审计客体的经营管理活动的经济性、效率性和效果性进行审查和评价，重点关注审计客体资金、资产等资源的运营、使用、分配，以及项目管理等①。

依据绩效审计的范围不同，可将其划分为全面绩效审计、局部绩效审计和专项绩效审计，具体如表 11 -1 所示。

表 11 -1　绩效审计类别

类别	内涵及审计范围、特点
全面绩效审计	·内涵：以审计对象经济效益的实现全过程和全部影响因素为审查范围的绩效审计 ·审计范围与特点：范围广泛，内容全面，有利于从整体上促进审计客体提高经济效益。消耗的审计资源较多，通常需要投入大量人力、花费较长时间。全面绩效审计适用于长期亏损、面临破产的企业

① 张庆龙．内部审计学［M］．北京：中国人民大学出版社，2018.

续表

类别	内涵及审计范围、特点
局部绩效审计	·内涵：以审计对象的部分经济活动或经济效益的部分影响因素为审计范围的绩效审计 ·审计范围与特点：审计范围相对较小，消耗的审计资源也相对少。可以重点解决某类或某些环节上的问题，适用于审计客体日常的生产经营活动和业务活动的绩效评价（产品的单位生产成本效益分析、流动资金周转和利用效率审查等）
特定项目绩效审计	·内涵：以某一特定项目，即一次性的经济活动为审计对象的绩效审计 ·审计范围与特点：审计范围聚焦，消耗的审计资源相对较少，对审计人员的专业性要求高，适用于对外投资项目、新产品开发项目、固定资产建设项目等

依照平衡计分卡，可将绩效审计划分为财务绩效审计、运营绩效审计、市场绩效审计和员工绩效审计四类①。而所谓绩效审计的“有效性”，主要包括以下四个方面特性：

（1）经济性，是指以最低的投入达到目标，简单地说就是投入是否节约。

（2）效率性，是指产出与投入之间的关系，包括以最小的投入取得一定的产出或者是以一定的投入取得最大的产出，简单地说就是支出是否讲究效率。

（3）效果性，是指目标的实现程度，即多大程度上达到了政策目标、经营目标和预期结果。

（4）合规性，是指对相关政策、规章和制度的遵循情况。与传统的财务审计相比，绩效审计在审计的基本原理和程序方面均基本相同，但审计目标、审计方向、所依据的评价标准、审计方法等有所不同。

总而言之，绩效审计关注的是在资源有限的大前提下，相关资源的使用效率和效果，以及资源的使用是否合规，从这个意义上讲，它和传统的财务报表审计相比，有一定的区别。

11.1.2 绩效审计与财务报表审计的区别

绩效审计与传统的财务报表审计的差异主要集中在以下几点：

第一是审计目标差异。财务报表审计的一般目的是对被审单位（审计客体）的会计报表实施审计，并且提出审计意见，审核会计报表是否满足合法性、公允性的一贯性要求。而绩效审计的目标是为企业或政府决策提供科学依据，提高资源利用效率。

第二是审计职能差异。财务报表审计主要关注企业披露的财务报表是否合法公允，而绩效审计则偏重于提高审计单位的经营质量，和对经营活动进行监督改进。包括及时对管理部门提出经营建议、发现经营不足和弊端、制定有效解决措施与充分挖掘该部门的潜能。从这个角度来说，绩效审计有助于提升财务报表的合法性和公允性的审核，帮助审计主体实现财务报表审计目标。

① 中国注册会计师协会．财务成本管理［M］．北京：中国财政经济出版社，2020.

第三是审计对象差异。财务审计的对象主要是针对审计客体的财务报告及相关联的收支活动，审计工作的实施主要依靠审计部门，因此在审计范围方面存在一定的局限性。相比之下，绩效审计对象则更为广泛，包括绩效管理的各个流程及内容：首先，涉及事前决策、事中决策、事后决策等，针对收支活动进行评价和审核；其次，涉及计划资料、统计资料，例如签订的协议或合同以及制定的章程等。

第四是审计方法差异。绩效审计和财务审计的程序类似，均包括前期准备、审计实施、形成报告等环节。财务审计工作已经形成了相对稳定的审计模式和方法。以证据收集为例，财务审计工作流程包括信息收集、信息整理和信息分析环节，主要采用的方法有观察法、询问法、检查法、穿行测试法等。而绩效审计由于审计对象及内容广泛，因此采取的审计方法更为综合化和多样化，并且要根据审计客体的实际情况来选择合理的审计方法。

第五是审计关注差异。财务报表审计重点关注被审对象所出具的财务报告的正确性、准确性和真实性，偏重对财务结果的公允性分析；而绩效审计则注重对被审对象的经营绩效和管理绩效的动态过程进行分析，侧重绩效的动态过程和未来预测。

11.1.3　绩效行为审计内涵

鉴于企业的绩效实现主要取决于审计客体的管理层和治理层，绩效行为审计即是基于审计客体的绩效实现过程和呈现结果，对负责绩效的管理层和治理层的行为进行系统性"画像"和动因分析，一是审计管理层的行为是否合规合法，二是对管理层行为产生的后果进行审计。绩效行为审计的目的是为了识别和发现管理层、治理层在绩效形成过程中的瑕疵行为和不当行为，以协助审计客体改进其经营行为和管理行为，进而提高资源利用效率和促进审计客体的长期稳定发展。

11.2　绩效行为审计实施流程

绩效行为审计实施的一般过程，主要包括审计立项（制订审计计划）、审计准备（制订审计方案）、审计实施（现场收集、分析证据）、审计报告和结果运用五个阶段①，以下按照过程对绩效行为审计进行介绍。

11.2.1　制订审计计划

无论是传统的财务报表审计，还是绩效行为审计，在制订全年审计项目计划时，都应

① 王化成，刘俊勇．企业业绩评价模式研究．兼论中国企业业绩评价模式选择［J］．管理世界，2004（4）：88－97，122.

先进行审计计划制订，制订总体审计策略和具体审计计划，评估审计客体的重大错报风险并签订审计业务约定书。在进行绩效审计时，应当统揽全局，制定计划，对整个审计过程进行资源调配和安排。一般来说，选择绩效行为审计项目需考虑以下因素。

11.2.1.1 预计的审计效果

预计的审计效果就是预期审计需要达到的目的，包括总体审计目标和具体审计目标。总体审计目标为是否通过绩效行为审计促进审计客体或项目提高经济效益，对审计客体进行更有效的计划、控制和管理；而具体审计目标则是为了达到总体目标，明确这次审计需要审计的对象和审计程序，即明确审计管理层中的哪些部门和管理人员，对这些人员进行“画像”时需要注意什么，需要执行怎样的审计程序等。

11.2.1.2 审计客体情况

审计客体情况包括审计客体的经营情况和可能面临的管理风险。

（1）经营情况，包括审计客体所处的行业、经济周期以及其自身的经营状况和财务状况。主要关注审计客体的经营规模、资产规模、资金收支运营情况等，重点关注审计的资金规模（如资产数额、总收入、总支出或总投资额等）。需要指出，在实施绩效行为审计时，资金规模越大的项目，其被选择作为绩效行为审计对象的可能性会越大。

（2）管理风险，主要指审计客体管理层的诚信程度和是否会发生舞弊。众所周知，审计客体的诚信程度越低，财务报表的重大错报风险就越高，在管理方面存在的风险就越大，越容易出现未实现预计的收益、大量的资金不足或亏空、管理工作分散、经营管理混乱等状况。这种企业经审计后能带来很大的改进，因此对这种企业实行绩效行为审计的必要性很高。并且在执行绩效行为审计时，需要同时执行舞弊审计，对管理层的舞弊行为进行“画像”，以保证审计成果的真实性和有效性。

11.2.1.3 审计成本

执行绩效行为审计时必须考虑审计成本。一般而言，审计实施过程中，如果审计数据不易或很难获取时，或获取后需要耗费大量人力进行加工处理，会导致审计成本增大，使审计项目缺乏经济性和有效性。但需要指出，审计成本因素不能成为审计主体不执行充分适当审计程序的借口。

11.2.1.4 审计人员的独立性和执业能力

与传统审计一样，当审计客体的独立性和执业能力不能满足要求时，也会直接影响绩效行为审计的结果，因此绩效行为审计也应当参考财务报表审计中有关独立性和执业能力的要求，对审计主体的独立性和执业能力进行审核。

11.2.2　开展审前调查

要开展绩效审计，首先要开展审前调查。所谓审前调查，是在签订业务约定书之前，首先对被审计单位的经营情况进行核查，确定所需审计的范围和重点以及拟采用的审计程序，并评估风险点，实现审计资源的初步调配。审前调查内容包括审计客体基本情况、内部控制是否健全、岗位设置是否合理、财务状况是否良好，以前年度的审计意见和审计决定落实情况等。

11.2.3　签订审计业务约定书

审计业务约定书，是指审计主体与审计客体之间签订的用以记录和确认审计业务的委托与受托关系、审计工作目标和范围、审计期间双方的权利与责任，以及审计报告的内容、形式、披露程度等事项的书面约定。

绩效行为审计也应当签订审计业务约定书，具体的规定和格式可参考传统审计中关于审计业务约定书的规定。

11.2.4　确定指标体系和评价标准

绩效审计指标体系是衡量、考核、评价审计对象绩效高低、优劣的尺度标准，是提出审计意见、做出审计结论的依据，该标准不同于财务报表审计中的“合法”和“公允”，应当有一套属于自己的指标体系。因此，审计人员应在审前调查研究的基础上，以效率、效能和效果评估为重心研究制定审计评价标准和指标体系，着眼于突出管理有效性、投入产出运行效率、服务效果等方面展开。

一般来说，指标体系的确定应该和具体绩效审计的内容相关。举例而言，如果是财务绩效行为审计，就应该重点关注如净资产收益率、资产负债率、总资产周转率或增长率等能反映财务业绩的指标，制定的标准也应该和这些指标相关；如果是经营绩效行为审计，就应当重点关注市场份额、销售增长率、客户满意度等能反映经营业绩的指标；如果是员工成长绩效审计，则应当关注与员工满意度相关的薪资、离职率、投诉率指标等。总而言之，指标体系和评价标准的确定应当与具体的审计项目相结合，而非凭空臆造。

11.2.5　获取审计证据

在签订了审计业务约定书后，审计主体为合理确定审计检查范围，保证抽查的样本量足以支持审计结论，应严格按照抽样原则执行现场审计，采取查阅资料、专人访谈、作业跟踪、调查问卷、定量测评与定性分析等多种审计方式，取得充分、可靠的证据资料。现场审计应首先重点审查内部控制制度的有效性、业务流程设置和人员配置的合理性、投入与产出的效率性和效果性等；再根据具体的绩效审计项目关注具体目标。一般来说，现场收集的审计证据要尽量详尽、准确，保证抽查的样本量足以支持审计结论。

11.2.6 评价审计证据和进行行为“画像”

取得证据之后，应进行恰当的绩效分析和评价，这是绩效审计的关键环节。《中央企业综合绩效评价管理暂行办法》规定：企业综合绩效评价标准分为财务绩效定量评价标准和管理绩效定性评价标准。企业财务绩效定量评价有关财务指标实际值应当以经审计的企业财务会计报告为依据，并按照规定对会计政策差异、企业并购重组等客观因素进行合理剔除，以保证评价结果的可比性；管理绩效定性评价工作应当在财务绩效定量评价工作的基础上，聘请监管部门、行业协会、研究机构、社会中介等方面的资深专家组织实施。

参照相关规定，绩效行为审计的实施可按以下程序执行：

（1）运用统计学和计量经济学理论，依据样本判断整体，从样本推断整体的合规性。

（2）规范报告格式，以表格简明扼要地突出审计重点。

（3）定量定性相结合，寻找低效原因，并侧重风险控制。

（4）结合具体项目，对绩效行为进行“画像”及动因分析。例如：如果是财务绩效行为审计，则需要根据净资产收益率等财务指标，评价所获取的证据是否能支持审计客体的财务绩效；如果是员工绩效行为审计，则需按照离职率或员工工资标准等来进行评估。

11.2.7 出具绩效行为审计报告

绩效行为审计也应当出具审计报告，审计人员依据绩效分析评价程序中所获取的信息，通过审计情况的汇总、归纳、提炼，形成审计意见的评判基础，对查实的绩效行为问题进行定性、定量综合分析，向管理层提示客观存在的问题和风险，形成具有较高价值的审计成果。同时，要加强对绩效行为审计成果资源的挖掘力度，由绩效行为的效果去分析绩效行为的真实原因，由绩效行为的成因去分析绩效政策的科学性和合理性，由绩效政策的制定来分析组织的总体战略制定和发展导向，做到着眼宏观，服务大局，切实从组织视角出发。

11.2.8 加强审计问题事后的追踪

审计报告形成后，审计人员要对报告中所涉及的审计结果和审计意见进行跟踪，在坚持风险导向和成本效益原则的基础上加强后续审计的力度和深度，针对发现的管理薄弱环节及合规低效问题，监督审计客体是否已经采取了有效防范和控制措施。对未纠正的事项分析原因，提出具有建设性的整改意见和管理意见，协助审计客体制定整改措施，保证审计结果得到充分利用。

11.3　绩效行为审计指标制定与行为动因分析

绩效行为审计的审计计划制订、审前调查与开展审计业务约定书和传统审计类似，故而重点阐述绩效行为审计的指标制定与考评；在实施绩效行为审计时，需要遵循“制定指标和评价标准—审计并评价绩效—针对绩效进行‘画像’和动因分析”三个流程。基于“平衡计分卡”法，可将绩效行为审计划分为财务绩效行为审计、运营绩效行为审计、市场绩效行为审计和员工成长绩效行为审计四个类型。

11.3.1　财务绩效行为审计

11.3.1.1　审计指标选取

财务绩效行为审计主要关注审计客体的财务绩效及导致财务绩效的行为。而要进行财务绩效行为审计，先要确定财务绩效行为指标，一般来说，可以从财务报表审计中所注重的偿债能力、盈利能力、成长能力和营运能力四方面着手。各部分选取指标如表 11 - 2 所示。

表 11 - 2　　财务绩效行为审计所选指标

审计对象维度	审计指标	审计指标释义
偿债能力	流动比率	流动资产 ÷ 流动负债
	速动比率	(流动资产 - 存货) ÷ 流动负债
	现金流量比率	经营活动中产生的净现金流 ÷ 流动负债
	资产负债率	总负债 ÷ 总资产
	利息保障倍数	生产经营所获得的息税前利润 ÷ 利息费用
盈利能力	净资产收益率	净利润 ÷ 净资产
	每股收益	净利润 ÷ 发行在外的普通股股数
	每股净资产	净资产 ÷ 发行在外的普通股股数
成长能力	总资产增长率	年末总资产的增长额 ÷ 年初总资产
	销售收入增长率	年末销售收入的增长额 ÷ 年初销售收入
	净利润增长率	年末净利润的增长额 ÷ 年初净利润
营运能力	应收账款周转率	赊销净收入 ÷ 平均应收账款余额
	应收账款回收期	360 ÷ 应收账款周转率
	存货周转率	销售成本 ÷ 平均应收账款余额

11.3.1.2 审计标准制定

制定标准的方法可分为横向和纵向两种，其中横向标准是与同行业中其他单位或者标杆企业对比。例如制造业的资产负债率平均水平是50%，如果审计客体只达到了30%，则说明审计客体资本结构中负债融资所占比重过低，需要对管理层的负债融资方面的行为进行审计。纵向标准法则是和审计客体以前年度业绩和上一年度的业绩标准进行对比。例如审计客体以前年度的净利润平均水平保持在10%，所审年度突然下降至6%，则需要寻找利润下降的原因，如果是由于管理层的不当决策引起，则需要对管理层的行为进行审计。

11.3.1.3 行为审计“画像”分析

财务绩效行为审计主要关注审计客体的财务绩效以及产生该绩效的管理层行为，并对这些行为进行审计。审计主体应采取对应的行为审计方式以及适合的审计程序，以达到良好的绩效行为审计效果。财务绩效行为审计指标体系及审计程序如表11－3所示。

表11－3　财务绩效行为审计“画像”分析

绩效指标	指标变动	绩效行为	动因	可以采用的审计程序
偿债能力	流动比率较高	短期资产持有过多，存在投资渠道不完善的问题，需要审计管理层的投资决策是否有效率	管理层喜好持有短期资产，整体经营风格偏保守	主要对管理层的投资决策进行审计，也可实施存货监盘和应收账款函证
	流动比率较低	短期资产持有过低，流动负债过多，短期内偿债可能存在危险，需要审计管理层的短期负债融资行为	管理层整体风格偏激进，喜好借款及用短期负债进行融资	可以对审计客体的短期借款的真实性和完整性等科目进行审计
	资产负债率较高	表明企业当年大幅度借债，可能存在构建大型固定资产或购买大量长期债券的行为，需要查出企业负债大量增加的原因和内容，并针对该原因和内容进行审计	管理层当年做出扩建企业或进行大规模融资的决定，可能是为了满足企业扩张、现金流短缺或某一方面的需求	审计固定资产、长期债券等长期资产负债科目的真实性，并对企业的长期融资行为进行审计
	资产负债率较低	表明企业资本结构中权益融资占比重较大，需要对管理层的负债融资渠道进行审计	管理层整体风格偏保守，不倾向于利用负债融资，或融资渠道存在问题	对企业的负债融资渠道进行审计

续表

绩效指标	指标变动	绩效行为	动因	可以采用的审计程序
盈利能力	净资产收益率或每股收益较低	表明企业盈利能力出现大幅恶化，排除外部市场的客观因素外，可能存在管理层蓄意低估收入，操纵利润的行为	管理层有可能蓄意拉低利润进行避税	重点关注收入的完整性和截止认定，对管理层是否存在收入层面的舞弊进行审计
	净资产收益率或每股收益较高	管理层可能虚增收入来操纵利润	管理层可能为了满足业绩目标而蓄意虚增利润	重点关注收入的发生和截止认定，对管理层是否虚增收入进行审计
成长能力	增长率较高	管理层可能存在为了完成业绩指标而虚增收入的行为	管理层可能为了满足业绩目标而蓄意虚增利润或进行企业扩建，以进行舞弊获得奖金	重点关注收入的发生和截止认定，对管理层是否虚增收入进行审计
	增长率较低	管理层可能存在为了去掉财务报表的极值而选择低估收入或将收入计入不同区间	可能出现企业分立，管理层为了自身目的高估负债或低估资产	重点关注收入的完整性和截止认定，对管理层是否存在收入层面的舞弊进行审计
营运能力	应收账款周转率较高	公司的信用政策可能较严格，偏向于现销业务	管理层可能为了加快应收账款的收回、满足现金流的需求而加强信用管控	采取询问、观察等方式，核实管理层对于公司赊销和信用政策的态度
	应收账款周转率较低	公司的信用政策可能较宽松，偏向于赊销业务；也可能存在应收账款账龄过长，收不回来的情形	管理层可能为了促进收入而进行赊销	采取询问、观察等方式，核实管理层对于公司赊销和信用政策的态度；并加强对账龄较长的应收账款的函证
	存货周转率较高	如果市场整体低迷而被审计客户存货销量较好，则有可能存在被审计客户篡改存货销售记录、虚增收入等行为	管理层可能为了促进收入而进行赊销	检查存货的发货单和销售记录，核对供应商和客户资料的真实性，防止管理层对存货进行舞弊
	存货周转率较低	可能存在存货滞销，要对管理层的销售政策进行审计	可能存在不当的销售政策	采用观察、检查等方式，审计管理层的销售政策

注：表中的“较高”和“较低”是指高于或低于行业平均水平，或者突然有了大幅度的上升或下降。

11.3.2 运营绩效行为审计

运营绩效行为审计主要关注审计客体的内部控制设计实施是否流畅合理，以及组织机构的治理层和管理层为此做出的行为是否合理。

11.3.2.1 审计内容和指标制定

运营绩效行为审计主要关注审计客体的内部控制，而审计客体内部控制可以分为组织层面的内部控制和业务流程、应用系统或交易层面的内部控制，相关内容如下：

1. 组织层面的内部控制

（1）与控制环境相关的控制。例如，对诚信道德、胜任能力、管理层和治理层的理念风格、参与程度、用人政策、经营组织架构的管控等。

（2）针对管理层和治理层凌驾于内部控制之上的风险而设计的内部控制。例如，对非常规交易、关联交易、不恰当业务操作的动机和压力的控制等。

（3）审计客体的风险评估过程。主要是对审计环境的风险评估、管理风险以及结果等的控制。

（4）对内部信息传递和期末财务报告流程的控制。例如，对会计政策选择和运用的程序、调整分录和合并分录的编制和批准、编制财务报表的控制等。

（5）对控制有效性的内部监督和评价。

（6）集中化的处理和控制、监控经营成果的控制，以及重大经营控制和风险管理实务的政策。

2. 业务流程、应用系统或交易层面的内部控制

（1）授权与审批，包括审批人员的权限职责是否明确、授权审批的职责方式是否规范、审批流程是否健全等。

（2）信息技术应用控制，指业务流程运行时自动化程序是否健全、是否存在相应的人工审核、自动化程序是否与业务行为和涉财行为相关、数据计算是否准确、账表审核是否严谨。

（3）实物控制，包括保护资产的实物安全、对接触计算机程序和数据文档设置授权、定期盘点并将盘点记录与控制记录相核对等。

（4）复核和调节，主要指是否设置有业务复核、复核人员与执行人员的权责划分是否清晰等。

11.3.2.2 审计标准制定

运营绩效审计的总体标准为：从总体上来判断，审计客体与生产、管理相关的运营是否顺畅有序和合理适当，主要包括内部控制设计的有效性和内部控制运行的有效性，具体包括：

（1）内部控制设计的有效性。如果某项控制由拥有有效执行控制所需的授权和专业胜任能力的人员按规定的程序和要求执行，能够实现控制目标，从而有效地防止或发现并纠正可能导致财务报表发生重大错报的错误或舞弊，则表明该项控制的设计是有效的。

（2）内部控制运行的有效性。如果某项控制正在按照设计运行、执行人员拥有有效执行控制所需的授权和专业胜任能力，能够实现控制目标，则表明该项控制的运行是有效的。

如果审计客体利用第三方的帮助完成部分财务报告的编制工作，则审计主体需要在评价负责财务报告及相关控制的人员的专业胜任能力时，将第三方的专业胜任能力一并纳入考虑范围。

审计主体获取的有关控制运行有效性的审计证据包括：审计客体的内部控制在审计关注的相关时点是如何运行的；内部控制是否得到一贯执行；内部控制由谁或以何种方式执行等。

11.3.2.3　运营绩效行为审计“画像”分析

一般来说，组织层面相关的内部控制会影响到组织整体，而业务流程、应用系统或交易层面一般会影响到某一业务流程、应用系统或交易，具体可见表 11 - 4。

表 11 - 4　　运营绩效行为审计的结果与行为对应

维度	可能出现的结果	行为成因分析	对应审计措施
组织层面内部控制	内部控制缺失或控制环境不良	管理层整体对内部控制不重视、没有足够的胜任能力或参与程度不高；没有及时落实和沟通诚信和道德；治理层监督不力等	及时与治理层沟通，必要时可解除业务约定
	组织架构不合理，缺乏必要的机构，例如审计或战略委员会，重大交易或非常规交易处理多依赖于管理层主观判断，缺乏或没有系统科学的决策程序	管理层或治理层凌驾于内部控制之上	评估管理层的诚信行为，必要时可解除业务约定
	信息不能得到有效传递、沟通不及时，缺乏合理的流程控制	管理层或治理层不重视沟通渠道和流程的建设，或缺乏具有胜任能力的人员	提醒管理层或治理层重视沟通渠道和流程的建设
	对内部控制有效性、重大管理风险和风险管理实务缺乏监督或监督不力	管理层或治理层缺乏胜任能力，或没有加强监督的意识	提醒管理层和治理层加强胜任能力或相关意识

续表

<table>
<tr><th>维度</th><th>可能出现的结果</th><th>行为成因分析</th><th>对应审计措施</th></tr>
<tr><td rowspan="4">业务流程、应用系统或交易层面的内部控制</td><td>交易授权审批不利、不相容职务没有分离</td><td rowspan="3">管理层缺乏该方面的意识或足够的胜任能力，授权不当，或下属人员没有充分执行</td><td rowspan="3">提醒管理层加强相关意识，进行合理授权并加强对下属工作人员执行的监督</td></tr>
<tr><td>信息技术应用不充分、缺乏合理控制</td></tr>
<tr><td>缺乏复核和调节</td></tr>
<tr><td>实物管控不严格，侵占资产行为较多</td><td>管理层监督不力，员工道德水平不高</td><td>加强员工的道德水平教育，同时加强管理层监督</td></tr>
</table>

总之，运营绩效审计主要关注组织层面的内部控制，关注内部控制的设计和运行是否顺畅有序，以及管理层的胜任能力和对内部控制的管控意识如何。

11.3.3 市场绩效行为审计

市场绩效审计主要关注组织机构的市场行为，可以分为市场、客户和社会责任三部分，关注组织机构的市场占有率及其增长率、客户满意度和社会责任的履行情况。

11.3.3.1 审计内容和指标制定

市场绩效主要可以分为市场、客户和社会责任三个大块，具体可以参照表 11－5。

表 11－5　市场绩效行为审计指标

审计对象	审计指标	审计指标释义
市场	市场占有率	即市场份额，用企业总收入占市场总收入的比重衡量
	市场份额变动率	其定义为：（当年市场份额－上一年度市场份额）÷上一年度市场份额
客户	客户满意度	客户对企业的评价是正面居多还是负面居多
	战略客户数量	对审计客体有重大影响，并可以进行长期战略合作的客户数量
	客户保持率	历年来的客户流失情况和保有情况
社会责任	社会责任承担情况	企业每年是否会主动承担社会责任
	社会责任履行情况	社会责任的履行情况和同行业比处于怎样的水平

11.3.3.2 审计标准制定

审计标准的制定采用横向标准和纵向标准，具体包括：

（1）横向标准是和同行业平均水平以及同行业中的标准企业进行对比。例如，某企业产品的市场占有率和顾客满意度低于行业平均水平，则该企业需要重点对该产品和顾客满意度进行关注。

（2）纵向标准法则是和企业以前年度业绩和上一年度的业绩标准进行对比。例如，在市场总体低迷的情况下某企业的市场占有率突然有了大幅度提高，则有可能是管理层舞弊的缘故。

11.3.3.3　市场绩效行为审计画像分析

在市场绩效行为审计实施中，审计主体需要对审计客体市场绩效行为中可能出现的问题进行分析，并对应采取适当的审计程序来进行行为动因比较，以协助审计客体及时发现问题和采取对应的整改方案，以避免进一步的损失。市场绩效行为审计重点关注审计客体所处的市场、客户和社会责任等方面，具体如表 11－6 所示。

表 11－6　市场绩效行为审计的结果与行为对应

维度	可能出现的结果	行为成因分析	对应审计措施
市场	市场占有率突然大幅度上涨，或高于行业平均水平	管理层采用了正确的销售策略，或者管理层通过舞弊虚增销售收入	对销售收入的存在认定和供应商的真实性进行审计，同时也要适当关注管理层的销售策略
客户	产品的品牌形象没有树立起来，客户对企业产品的认知度较低	管理层销售策略有误，包括主打劳动密集型产品或技术含量不高的可替代产品	重点关注管理层对产品、对品牌的研发投入
	客户满意度较低，企业经常接到客户投诉	管理层不注意和客户的关系维护，没有有意识地寻找能和企业长期合作的客户	重点关注管理层的客户信息，并对管理层的客户获取提出建议
	能够长期合作的战略客户较少，客户流失较多		
社会责任	企业不履行社会责任，或社会责任履行较少	企业总体履行社会责任的意识不足	建议管理层加强履行社会责任的意识，对员工进行培训，并加强相应的激励机制

11.3.4　员工成长绩效行为审计

员工成长绩效行为审计也可称为“员工绩效行为审计”，该审计重点关注内容包括：一是员工所获取的报酬是否与其付出相匹配，二是员工晋升或奖励机制设计和运行是否合理，三是组织机构在员工技能、业务或提升方面的培训付出等是否合理等。审计实施中，可从招聘与离职、奖惩考核和培训成长等来制定审计指标。

11.3.4.1 审计内容及指标制定

审计主体可以从招聘离职、奖惩考核和培训成长三个方面制定评价指标，具体如表11－7所示。

表11－7 员工绩效行为审计指标

指标维度	审计指标	审计指标释义
招聘与离职	求职者人数	平均每年有多少人来应聘本企业
	高等学历员工比例	入职员工中硕士及以上员工所占比例
	具有专业执业技术资格的员工所占比例	具有专业技术资格，例如CPA、ACCA等员工所占比例
	员工流动比率	员工每年的离职人数和离职率
奖惩考核	员工满意度	员工对本企业是否满意及满意程度
	员工平均业绩（KPI）	员工每月的KPI实现情况
	个人目标实现度	员工的个人发展情况及目标实现度
	绩效评估及时完成度	绩效评估完成是否及时
培训成长	培训次数	被审单位每年组织员工培训的次数
	培训时长	每位员工每年接受培训的课时数
	培训效果	员工在任期间，是否做出突出业绩、有领先能力和开发成果
	事故/失误情况	员工在任期间是否存在明显的事故/失误

11.3.4.2 标准制定

制定标准时仍可以采用横向比较法和纵向比较法，但需要注意关注“及时”“有效”这些内容。例如，如果仅与本企业其他员工对比，某员工的绩效完成度可能是合理的，但是和行业内比较优秀的企业相比则显得较低，那该员工的绩效完成度则可以定义为“不合格”，具体的标准需要管理层根据企业的具体情况，按照定性和定量的标准予以制定。

11.3.4.3 行为审计“画像”分析

在员工成长绩效行为审计实施中，审计主体需要关注以下方面：一是，审计客体在员工培训方面的资源投入、时间投入及培训效果；二是，通过观察审计客体的离职率及招聘人数来分析审计客体在人力资源管理中可能存在的问题；三是，通过比对工资薪酬、员工工资状态等，来分析薪酬制度、绩效考核制度制定的是否合理。具体如表11－8所示。

表 11-8　　员工成长绩效行为审计的结果行为对应

指标维度	可能出现的结果	行为成因分析	对应审计措施
招聘离职	求职者人数较少、每年任职的员工中高学历或具有专业执业技术资格的员工所占比例较低、员工流动性较大	管理层或治理层对企业发展的战略定位不明晰或运作不得力，以至于企业发展前景不好，没有足够的吸引力吸引和挽留高素质人才	应提醒管理层和治理层高度关注这一点，并及时采取相应措施
奖惩考核	企业的奖惩制度不当，有功不奖，有过不罚	管理层没有制定完善的奖惩制度，或实施奖惩机制时缺乏监督	应与管理层沟通，提醒管理层注意到这一点，或与治理层沟通，加强对企业奖惩制度实施的监督
	员工平均业绩较同类企业低，个人目标实现程度低，绩效评估不合格	管理层对员工工作监督不够，没有合理的奖惩机制，或没有及时对员工的工作绩效进行考评	应建议管理层建立合理的奖惩机制和绩效考评机制，理解员工的需要，及时对员工绩效进行考评
培训成长	企业没有定期给员工进行培训，或员工接受培训时间过短	管理层对员工培训和技能发展不够重视，在与员工培训相关的研发方面投入不多	应提醒管理层加强对员工培训及研发方面的投入与支持
	员工入职后新技术或开发成果不多，经常出现报告事故等	企业对员工的吸引力不够，或没有建立合理的奖惩措施	应当建立合理的奖惩措施，或提醒管理层进一步关注企业的发展

总而言之，员工成长绩效行为审计主要关注员工的培训和学习成长，以及员工每月的业绩完成情况和创新情况。

在介绍了绩效行为审计的四大块审计内容之后，还需要根据审计的结果出具审计报告，关于审计报告的出具，本教材会在后续章节进行详细介绍。

本章习题

1. 财务绩效行为审计中，主要有哪些定性评估指标和定量评价指标？如何针对财务绩效行为展开审计画像分析？

2. 运营绩效行为可能存在哪些主要问题？这些问题所对应的行为动因和对应的审计程序都有哪些？

3. 市场绩效行为审计应从哪些视角展开分析？针对行为动因，应如何采取对应的审计程序？

4. 员工绩效行为审计实施中主要有哪些评价指标？如何通过审计客体的绩效行为来发现审计客体中存在的员工绩效管理问题？

第12章　舞弊行为审计

学习目标

1. 理解舞弊概念和舞弊理论。
2. 掌握舞弊行为与舞弊行为审计的内涵。
3. 掌握组织层面财务舞弊行为及动因。
4. 掌握个体层面财务舞弊行为及动因。
5. 熟悉针对财务舞弊行为可以采取的审计程序。
6. 掌握财务舞弊行为种类。
7. 掌握财务舞弊行为“画像”及动因分析。

本章导读

L咖啡——一家神奇的公司

L咖啡是一家神奇的公司，2017年10月才开了第一家门店，开了一年多创始人就放话：“2019年L咖啡将在全国新开设2 500家门店，门店总数将达4 500多家，并2019年底超过星巴克成为中国最大的连锁咖啡品牌。”L咖啡是国内新兴咖啡品牌，成立伊始就请来了大牌明星做代言人，全国广告投放、网点扩张迅猛推进，“买二赠一、买五赠五”促销方案与“2.8折”“5折”等大尺度优惠券满天飞。

截至2019年底，L咖啡直营门店数达到4 507家，超过了星巴克。L咖啡成立不到2年就IPO，成为全球最快IPO的公司。

但2020年1月底，某机构在推特发布了一份做空L咖啡的特殊报告，报告由一位匿名者提供。调查人员动员了92名全职员工和1 418名兼职员工，在981个门店日进行监控，证据之翔实和调研方法之科学让人惊叹；调查人员还对单个门店进行全天监控，记录外卖和到店销售情况。长达11 260小时的门店流量监控视频显示，2019年第三季度和2019年第四季度，每家门店每天的销量分别至少夸大了 69% 和 88%。调查还发现，同一家门店在同一天的在线订单数量夸大范围从 34～232 份不等，相当于平均每天 106 份订单或 72% 的平均线下订单量。

可奇怪的是，据 L 咖啡财报显示，2019 年第三季度每件商品的净售价为 11.2 元人民币。在 2019 年 11 月 13 日的财报电话会议上，L 咖啡的首席财务官兼首席运营官为 2019 年第四季度制定了相对更高些的价格。然而，匿名机构的 25 843 张收据显示的净售价只有 9.97 元人民币，也就是说，与季报相比，通货膨胀率为 12.3%（99% 的置信水平和 1% 的统计误差，意味着 99% 确定价格在 9.87～10.07 元人民币之间，存在 1% 的误差）。另据第三方媒体跟踪显示，L 咖啡将 2019 年第三季度的广告支出夸大了逾 150%，尤其是在某传媒上的支出。

自 L 咖啡财务造假事件发酵以来，与其相关的各方面均被卷入，其中一些保险公司由于参与其赴美上市前投保的董责险联合承保而受到关注。2020 年 4 月某日，中国银保监会副主席对 L 咖啡财务造假事件做出回应：对财务造假行为始终保持“零容忍”，L 咖啡财务造假事件性质恶劣、教训深刻，银保监会将坚决支持、积极配合主管部门依法严厉惩处。最终，L 咖啡在纳斯达克股票交易所停牌，并进行退市备案。

——根据以下资料整理：王静怡．网络经济时代上市公司财务舞弊原因及对策探究：以瑞幸咖啡为例［J］．商场现代化，2020（15）：167－170；蒋舒婷．浅析瑞幸咖啡财务舞弊事件［J］．现代经济信息，2020（13）：77－78；黄佳琦，宋夏云．瑞幸咖啡财务舞弊案例分析［J］．财务管理研究，2020（5）：50－55.

［阅读思考］

（1）通过案例信息，分析什么是舞弊？舞弊会有怎样的危害？

（2）阅读信息中的案例企业，主要运用了哪些舞弊或造假手段？你认为，案例企业造假的行为动机主要是什么？

（3）基于案例信息中所披露的调查方法，你认为还有哪些手段或方法能够更好地发现案例企业的舞弊行为？

舞弊行为审计是审计主体运用检查、查询等审计程序，针对审计客体的治理层、管理层、内部员工个体等可能存在的舞弊行为进行取证和核查，以识别和发现是否存在为牟取自身利益或为使本单位组织获得不正当经济利益等不当行为的一种监督活动。舞弊行为审计主要针对财务报表编制造假、现金流量粉饰、经营业务粉饰和财务状况粉饰等舞弊行为展开，需要运用舞弊行为审计程序对其进行系统性“画像”。

12.1 舞弊行为及动因分析

财务舞弊行为，指公司不遵循财务会计报告标准，有意识地利用各种手段，歪曲企业某一特定日期财务状况、经营成果和现金流量，对企业的经营活动情况做出不实陈述的财务会计报告，从而误导信息使用者的决策。动因包括动机或压力、机会和借口。不管是公司还是个人，出现舞弊行为时必然会伴随通常意义上所称的“舞弊三角”，舞弊三角具体指动机或压力、舞弊机会与借口，如图 12－1 所示。

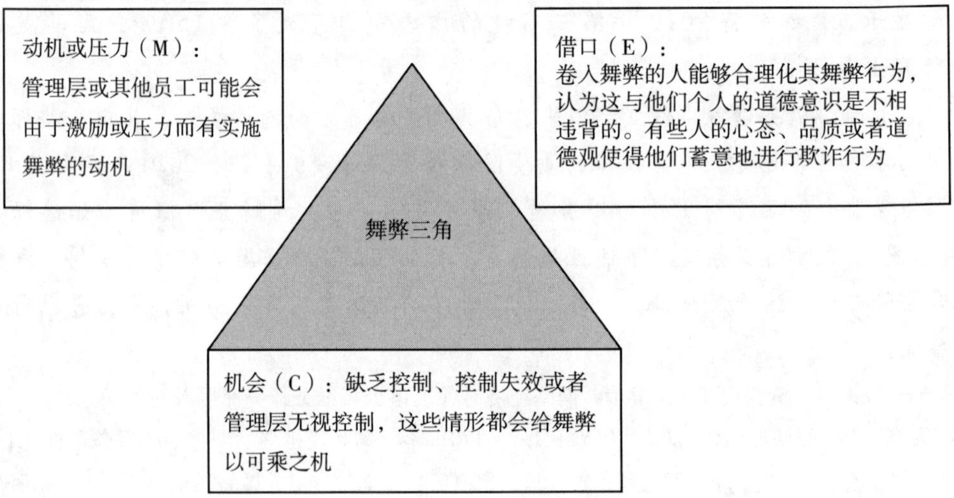

图 12－1 舞弊三角理论

（1）实施舞弊的动机或压力（motive）。它是舞弊发生的首要条件。舞弊者必须主观上存在为了自身利益想要舞弊的冲动，例如，当高级管理人员的报酬与财务业绩或公司股票的市场表现挂钩时，高级管理人员就会产生操纵利润或股价来达到目标从而领取奖金的动机。

（2）实施舞弊的机会（chance）。它是舞弊发生的外在条件。公司的内部和外部环境存在漏洞，从而给舞弊者提供客观上能够成功的机会，舞弊才可能成功。舞弊的机会一般源于内部控制在设计和运行上的缺陷，如公司对资产管理松懈，公司管理层能够凌驾于内部控制之上，且可以随意操纵会计记录等。

（3）为舞弊行为寻找借口的能力（excuse）。借口是指存在某种态度、性格或价值观念，使得管理层或雇员能够做出不诚实的行为，或者管理层或雇员所处的环境促使其能够将舞弊行为予以合理化。借口是舞弊发生的重要条件之一，是舞弊者的一种心理安慰，只有舞弊者能够对舞弊行为予以合理化，才可能心安理得地做出舞弊行为。例如，侵占资产的员工可能认为单位对自身的待遇不公，编制虚假财务报告者可能认为造假不是出于个人私利而是出于公司集体利益。

根据“舞弊三角”理论，可从组织层面和个体层面对财务舞弊行为进行系统性分析。

12.1.1　组织层面的舞弊动因及行为

组织层面的舞弊行为主要起源于组织所处的行业环境、组织的业务性质、组织的治理结构和内部控制等，主要偏向于动机或压力、机会两方面。表 12－1 列举了一些组织层面的舞弊动因及行为信号。

表 12－1　　组织层面的舞弊动因及行为信号

舞弊因素	动因表现类型	舞弊行为可能表现
动机或压力	财务稳定性或盈利能力受到经济环境、行业状况或审计客体经营情况的威胁	竞争激烈或市场饱和，且伴随着利润率的下降
		难以应对技术变革、产品过时、利率调整等因素的急剧变化
		客户需求大幅下降，所在行业或总体经济环境中经营失败的情况增多
		经营亏损使审计客体可能破产、丧失抵押品赎回权或遭恶意收购
		在财务报表盈利或利润增长的情况下，经营活动产生的现金流量经常出现负数，或经营活动不能产生现金流入
		高速增长或具有异常的盈利能力，特别是在与同行业其他企业相比时
		利用会计准则、经营政策及监管制度的变更或调整，实现经营套利或操纵利润
机会	对管理层的监督失效	管理层由一人或少数人控制，且组织内部缺乏牵制性控制
		治理层对财务报告过程和内部控制实施的监督无效
	内部控制要素存在缺陷	对控制的监督不充分，包括自动化控制以及针对中期财务报告（如要求对外报告）的控制
		由于会计人员、内部审计人员或信息技术人员不能胜任而频繁更换
		会计系统和信息系统无效

资料来源：饶斌．基于 GONE 理论视角的上市公司财务报告舞弊研究［J］．江西财经大学学报，2011（4）：36－42.

组织层面的舞弊动因会影响到整个财务报表，主要偏向于客观层面，会从客观上为管理层和治理层的个人舞弊提供压力和机会，而舞弊的行为则主要是由管理层和治理层个人做出。

12.1.2 个体层面的舞弊动因及行为

当组织层面的舞弊动因或条件作用于个体时，会使个体层面产生舞弊的动机。个体层面的舞弊动因及行为主要来源于管理层和治理层，主要涉及动机或压力、借口两个方面，从产生原因上说，可分为：业绩考核动机、信贷资金获取动机、股票发行和上市资格维护动机、税收策划动机、政治利益动机、责任推卸动机等。

具体来说，可从表 12-2 所示的几个方面进行举例。

表 12-2 个体层面的舞弊动因及行为

舞弊因素	动因表现类型	舞弊行为可能表现
动机或压力	管理层为满足第三方要求或预期而承受过度的压力	投资分析师、机构投资者、重要债权人或其他外部人士对盈利能力或增长趋势存在预期（特别是过分激进的或不切实际的预期），包括管理层在过于乐观的新闻报道和年报信息中做出的预期
		需要进行额外的举债或权益融资以保持竞争力，包括为重大研发项目或资本性支出融资
		满足交易所的上市要求、偿债要求或其他债务合同要求的能力较弱
		报告较差财务成果将对正在进行的重大交易（如企业合并或签订重大交易合同）产生可察觉的或实际的不利影响
	管理层或治理层的个人财务状况受到审计客体财务业绩的影响	在审计客体中拥有重大经济利益
		其报酬中有相当一部分（如奖金、股票期权）取决于审计客体能否实现激进的目标（如在股份、经营成果、财务状况或现金流量方面）
		个体为审计客体的债务提供了担保
	管理层或经营者受到更高级管理层或治理层对财务或经营指标过高要求的压力	治理层为管理层设定了过高的销售业绩或盈利能力等激进指标

续表

舞弊因素	动因表现类型	舞弊行为可能表现
借口	管理层态度不端或缺乏诚信	管理层未能有效地传递、执行、支持或贯彻审计客体的价值观或道德标准，或传递了不适当的价值观或道德标准
		非财务管理人员过度参与或过于关注会计政策的选择或重大会计估计的确定
		审计客体、高级管理人员或治理层存在违反证券法或其他法律法规的历史记录，或由于舞弊或违反法律法规而被指控
		管理层过于关注保持或提高审计客体的股票价格或利润趋势
		管理层向分析师、债权人或其他第三方承诺实现激进的或不切实际的预期
		管理层未能及时纠正发现的值得关注的内部控制缺陷
		为了避税的目的，管理层表现出有意通过使用不适当的方法使报告利润最小化
		高级管理人员缺乏责任感和领导力
		管理层未对个体事务与公司业务进行区分
		股东人数有限的审计客体股东之间存在争议
		管理层总试图基于重要性原则解释处于临界水平的或不适当的会计处理
	管理层与现任或前任审计主体之间的关系紧张	在会计、审计或报告事项上经常与现任或前任审计主体产生争议
		对审计主体提出不合理的要求，如对完成审计工作或出具审计报告提出不合理的时间限制
		对审计主体接触某些人员、信息或与治理层进行有效沟通施加不适当的限制
		管理层对审计主体表现出盛气凌人的态度，特别是试图影响审计主体的工作范围，或者影响对执行审计业务的人员或被咨询人员的选择和保持

分析了动因之后，本教材将在后续章节讨论如何对财务舞弊风险进行评估及实施审计程序。

12.2 针对舞弊行为的审计程序

舞弊审计指审计人员坚守职业的谨慎原则，在经过充分的预测和分析之后，确定舞弊行为已经、正在或者将要发生而进行的以揭露舞弊为目标的审计。主要通过执行风险评估、分析性程序以及与经营机构/运营机构管理人员及各层次职员的座谈讨论、询问等审计程序来发现舞弊可能存在的迹象，并查清舞弊是否造成财务报表的重大错报。

在识别和评估财务舞弊行为导致的重大错报风险后，审计主体需要采取适当的应对措施，以将审计风险降至可接受的低水平。舞弊导致的重大错报风险属于特别风险，审计主体应当按照审计准则的规定予以应对。针对舞弊行为的审计程序包括组织层面舞弊风险的评估与识别、针对舞弊导致的认定层次重大错报风险评估、财务舞弊行为的审计与“画像”、评价审计证据、与管理层和治理层沟通、出具审计报告等。

12.2.1 总体应对措施

在制定总体应对措施时，审计主体应当注意以下内容①：

（1）分派项目组成员并进行督导，在分配时，应当对项目组成员的专业胜任能力和独立性进行考察。

（2）评价被审单位对会计政策的运用，一旦会计政策涉及主观性较高的会计估计，要额外慎重，并关注管理层是否通过操纵会计政策进行舞弊。

（3）根据外部审计报告及以前年度的审计事项，评价审计客体管理层舞弊的可能性，并推断可能出现的管理层舞弊的行为。

（4）选择适当审计程序，并在必要时增加不可预见性。

（5）对财务报表进行审计，重点关注由舞弊导致的错报。

（6）根据审计的结果进一步推断管理层的行为，并对管理层的行为进行“画像”、动因分析和审计。

12.2.2 具体审计程序

12.2.2.1 应对舞弊导致的认定层次重大错报风险

审计人员应当在总体应对措施的基础上，设计出科学的进一步审计程序并实施，审计

① 商思争．试论现代风险导向审计的内在逻辑和前提条件［J］．财会学习期刊，2011（2）：17-18.

程序的性质、时间安排和范围应当能够应对所评估的由于舞弊导致的认定层次重大错报风险[①]。

审计人员应当考虑通过下列方式，增加不可预见性，以应对舞弊：

（1）改变审计程序的性质或收集其他佐证性信息，包括更加重视观察检查程序、改变惯用的函证内容，抽查单位中不从事财务工作的人员等。

（2）改变时间，在期末、接近期末时实施实质性程序，或针对较早的交易或贯穿全程的交易实施程序。

（3）增大抽样所需的样本量，或采用更详实的数据进行分析。

12.2.2.2　财务舞弊行为审计程序

如果将舞弊审计具体到行为层面，审计人员可以从以下几方面实施程序。

（1）测试会计分录或评估报表调整是否恰当，此时审计主体应当：

其一，如有其他人员参与财务报表的编制，审计人员应当向这些人员询查，以发现不恰当或不正确的活动。

其二，选择在报告期末做出的会计分录和其他调整。

其三，如果控制失效，则考虑是否测试整个范围内的调整。

（2）对会计估计进行复核，评价其是否存在偏向或舞弊风险。在复核会计估计是否存在偏向时，审计主体应当：

其一，评价会计估计是否会存在明显的个人偏向，即使会计估计看起来正常也应当评估，如果存在偏向，应当重新评估。

其二，对以前年度曾经做出的会计估计和假设进行再次审核。

（3）对于缺乏合理理由的异常交易，及时对其理由进行评价，判断其是否涉及舞弊，并关注以下类型的交易：

第一，过于复杂的交易（涉及多个关联方或多个交易实体）。

第二，缺乏充分沟通的会计处理，即针对这些会计处理，高管之间或高管和股东没有进行合理沟通，亦无记录。

第三，管理层在进行交易处理时，更看重自身需要而不是经济实质。

第四，缺乏审核的交易，尤其是不涉及特定关联方的交易。

第五，缺乏实物基础或相关能力的交易。

表 12 –3 以收入确认、存货数量和管理层估计三类认定为例，举例说明具体的审计应对程序。

---

① 参见《中国注册会计师审计准则第 1231 号——针对评估的重大错报风险实施的程序》。

表 12-3　具体认定程序解释及举例

项目	应对程序	举例或解释
收入确认	针对收入项目，使用分解的数据实施实质性分析程序	例如，按月、季对收入进行纵向比较，必要时可利用计算机技术辅助
	如果存在相互矛盾的合同，要看其背后是否存在争议	例如，商品接受标准、交货与付款条件、不承担期后或持续性的卖方义务、退货权保证转售金额以及撤销或退款等条款在此种情形下通常是相关的①
	根据截止性认定，向被审单位的营销、法务等人员询问期末发货情况，以及是否存在交易异常②	主要为真实性、截止性认定服务
	观察不同地点的存货发货情况并实行截止性测试	
	对电子记录单进行控制测试	主要是对交易的真实性负责
	检查审计客体的存货记录	识别出需要特别关注的存货项目
存货计量	对需要特别关注的存货实施监盘，或者对存放于不同地点的存货实施监盘	目的是增加审计程序的不可预见性，此类措施实施越多，存货的计量越准确
	改变存货盘点时间等	目的是降低审计客体在盘点日与报告期末之间操纵存货数量的风险
	在观察存货盘点的过程中实施额外的程序	例如，更严格地检查包装箱中的货物、货物堆放方式或标记方式、液态物质（如香水、特殊的化学物质）的质量特征（如纯度、品级或浓度）。利用专家的工作可能在此方面有所帮助
	依照存货的不同特性，将本期与前期存货进行比较，若是采用永续盘存制的企业，还应当实施盘点数量的实时监控	目的是进一步说明存货的准确性、计价与分摊假定
	利用计算机辅助审计技术进一步测试辅助存货盘点	例如，按标签号进行检索以测试存货的标签控制，或按照项目的顺序编号进行整理，以检查是否存在漏记或重复编号
	聘用专家做出独立估计，并与管理层的估计进行比较	这里需要注意，专家提供的证据不能作为直接审计证据列入报表
管理层估计	如果有管理层之外的人员参加工作，则也应当对其进行询查	目的是增加审计程序的不可预见性，此类措施实施越多，存货的计量越准确

注：①中国注册会计师协会．上市公司财务造假 12 种惯用手法及 37 种舞弊迹象识别（完整版）[EB/OL]. http://www.360doc.com/content/19/1220/03/21754836_880897534.shtml.

②王玉梅，姚晓蓉，马宇杰．我国科创板试点注册制 IPO 审计风险研究［J］. 财务与会计，2020，601(1)：45-48，52.

12.3　舞弊行为的审计“画像”

审计客体的管理层和治理层可能做出的舞弊行为包括编制虚假财务报表，粉饰现金流量表、经营业绩和财务状况等。

12.3.1　虚假财务报表编制行为

财务报表舞弊通常包括人为调整会计报表数据、报表编制缺乏账簿基础不真实、增加或减少报表内容和编制合并报表弄虚作假等行为。其表现及特点主要包括：

（1）编制虚假的会计分录，特别是在临近会计期末时。

（2）根据主观意愿来变更或利用会计政策。

（3）人为地变更会计估计，或改变基于依据合理假设做出的判断。

（4）将报告期内发生的事项人为地延推至其他期间确认。

（5）隐瞒可能影响财务报表金额的事实。

（6）虚构交易，对经营成果实质进行歪曲，并篡改与交易相关的重大条款。

12.3.2　现金流量粉饰行为

审计客体可能利用专业的会计方法粉饰现金流量表，包括现金交易的漏记、提前确认、推迟、篡改等行为。现金流量粉饰行为特点如表 12－4 所示。

表 12－4　现金流量表舞弊行为及其特点

舞弊行为关注点	分析结论或警告信号	舞弊行为及表现
营业现金流与净收入对比	营业现金流实质性地落后于净收入	将大量应计入投资活动和筹资活动的现金流计入经营活动现金流，以虚构大量现金等
现金流披露	公司没有披露现金流的详情	公司可能试图隐瞒营业现金流真实来源
现金流构成分析	现金流入主要来源于资产出售、借贷以及新股发行	审计客体经营不良的表现，尤其是如果现金全部来源于资产出售、借贷以及新股发行时

12.3.3　经营业绩粉饰行为

经营业绩的考核，不仅涉及审计客体总体经营情况的评价，还涉及治理层、管理层的经营绩效、管理绩效的评定，并影响其提升、奖金福利等，故为了能够在经营业绩方面获取更好的评价成绩，审计客体及其高层领导就有可能对经营业绩进行粉饰和包装。需要指出，基于业绩考核而粉饰会计报表是最常见的动机。

经营业绩粉饰行为主要包括利润最大化、最小化、均衡化和清洗四大类。

（1）利润最大化：即收入的提前确认、成本的推迟结转，亏损挂账、资产重组和关联交易等。

（2）利润最小化：即收入推迟确认、提前确认成本或利用内部交易价格操纵收入。

（3）利润均衡化：即利用应收应付科目、待摊费用和递延资产、预提费用等科目对利润进行调整。

（4）利润清洗：更换法人代表时，为推卸责任，将坏账、存货积压、长期投资损失、闲置固定资产、待处理流动资产和待处理固定资产等所谓虚拟资产一次性处理为损失。

12.3.4 财务状况粉饰行为

财务状况粉饰行为主要包括高估资产和低估负债两大类。

（1）高估资产：当对外投资和进行股份制改组，企业往往倾向于高估资产，以便获得较大比例的股权。典型做法是：编造理由进行资产评估、虚构业务交易和利润。

（2）低估负债：企业贷款或发行债权时，为了证明其财务风险较低，通常有低估负债的欲望。典型做法是：账外账或将负债隐匿在关联企业。

审计主体需要在各类财务舞弊行为分析的基础上，进行综合评估和成因分析，推断审计客体治理层、管理层行为的真实动机或原因，并给出相应的分值和审计意见。财务状况粉饰行为如图 12－2 所示。

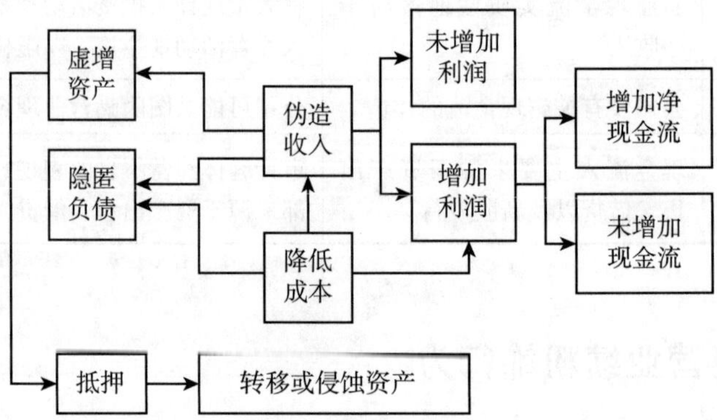

图 12－2 财务状况粉饰行为

12.4　评价审计证据及出具审计报告

12.4.1　评价审计证据

审计主体应当根据审计的结果评价审计证据，并就结果及时与被审单位高级管理人员和治理层进行沟通。评价可以采取以下措施：

（1）应当识别错报并分析其是否构成舞弊，此时应当着重留意管理层发表的声明，并评价其可靠性。

（2）如果错报涉及管理层，尤其是高管，无论错报的影响有多大，注册会计师都应当重新评估，尤其要关注管理层与内部控制风险的关系，必要时可向管理层的上级——治理层沟通。

（3）如果错报涉及员工，还应当评估是否有员工协助舞弊的嫌疑。

12.4.2　与管理层和治理层沟通

12.4.2.1　与管理层的沟通

当审计主体已获取的证据表明存在或可能存在舞弊时，并已经分析出被审单位管理层可能存在的舞弊行为和动因时，应尽快提请适当层级的管理层关注这一重要事项。即使该事项可能被认为不重要，审计主体也应当这样做。审计主体应确定拟沟通的适当层级的管理层，需要运用职业判断，并且这一决定受串通舞弊的可能性、舞弊嫌疑的性质和重要程度等事项的影响。通常情况下，如果被审单位管理层拒绝和审计主体沟通，审计主体应当考虑与治理层进行沟通。

12.4.2.2　与治理层的沟通

如果确定或怀疑舞弊涉及被审单位管理层、在内部控制中承担重要职责的员工以及其舞弊行为可能导致财务报表重大错报的其他人员，审计主体应当尽早就此类事项与被审单位治理层沟通。

如果怀疑舞弊涉及管理层，审计主体应当将此怀疑向治理层通报，并与其讨论为完成审计工作所必须的审计程序的性质、时间安排和范围。

如果根据判断认为还存在与治理层职责相关的、涉及舞弊的其他事项，审计主体应当就此与治理层沟通。这些事项可能包括：

（1）对管理层评估的性质、范围和频率的疑虑，这些评估是针对旨在防止和发现舞弊的控制及财务报表可能存在的重大错报风险而实施的。

（2）管理层未能恰当应对识别出的值得关注的内部控制缺陷或舞弊。

（3）审计主体对审计客体控制环境的评价，包括对管理层胜任能力和诚信的疑虑。

（4）可能表明存在编制虚假财务报告的管理层行为，例如，对会计政策的选择和运用可能表明管理层操纵利润，以影响财务报表使用者对审计客体业绩和盈利能力的看法，从而欺骗财务报表使用者。

（5）对超出正常经营过程交易的授权的适当性和完整性的疑虑。

审计主体应就以上事项和治理层沟通，提醒治理层注意管理层可能出现的财务舞弊行为及其动因，必要时，应考虑舞弊行为可能对形成审计意见和审计报告类型的影响程度。

12.4.3 出具行为审计报告

如果识别出财务舞弊或怀疑存在财务舞弊，审计主体应当确定是否有责任向审计客体以外的机构报告。尽管审计主体对审计客体信息负有的保密义务可能会妨碍报告的披露程度，但如果法律法规要求审计主体履行报告责任，审计主体应当遵循相关规定。关于行为审计报告的编制要求详见第 15 章内容。

本章习题

1. 个人层面和组织层面财务舞弊动因都有哪些？
2. 舞弊行为的特点及具体种类有哪些？
3. 针对舞弊行为的审计程序如何实施？

第13章　合规行为审计

学习目标

1. 掌握合规行为审计的基本概念、基本原则和关注事项。
2. 重点掌握合规行为审计方法。
3. 理解合规行为审计实施流程。

本章导读

YF公司在华贿赂违规事件

2008年，YF公司商业贿赂案被揭露出来。YF贿赂案的曝光，开始于YF员工内部举报的一封信，信中称从YF费用的使用情况与公司制度很多都不相符，特别是招待费和差旅费。根据内部调查，YF从2004年开始就存在贿赂行为，其中支付给印度和日本等国家官员的款项达数百万美元。在中国，YF直销许可证的签发被指与商业贿赂有关，涉案的中国官员也被相关监管部门处理。

2010年4月，YF公司四名高管被停职（其中包括三名中国高管），就此事YF公司发表了相关声明。该声明称：2008年6月开始，YF公司依据相关法律条文，就商业贿赂事件，对公司内部进行调查。通过此次调查，发现四名高管涉嫌商业贿赂行为，公司果断做出决定，对这四名员工进行行政休职。2012年2月14日，YF公司代表、美国司法部代表、美国证交会代表坐在谈判桌前，就此次事件进行磋商，YF公司希望就此次事件和各方达成和解，以此来结束这次事件对YF公司的负面影响。2014年，YF公司终于和各方达成和解，其同意向美国司法部和美国证券交易委员会支付共计1.35亿美元的罚款。而在此之前，YF公司自身在进行内部调查时，早已花费数百万美元，更别说此次事件带来的恶劣影响了。

追根溯源，YF（中国）早在1998年就有了贿赂的行为，但是在10年后，才在一个员工举报信中被人揭示。由YF公司资料来看，YF对于风险评估并不是特别重视，该公司对风险因素方面的披露并不多。

在贿赂事件曝光后的2012年，YF公司任命了新的YF全球内部审计主管，他上任不久，他所在的部门就被外界称作“内部控制警察”，他认为当一个新的业务风险降临，内部审计应该设法从一开始就进入，这样可以降低一定的风险。他专门邀请对公司有深入了解的人员加入自己的内审部门，因为他认为，虽然职业审计师可以拥有很高的专业素养，但是对一个公司不了解是没有办法进行实际操作的。在他坚持这么做几年后，YF公司的内审部门办事效率显著提升。

——樊光中，刘红霞，王志乐．合规 VI：合规风险识别评估与案例［M］．北京：中国经济出版社，2017.

［**阅读思考**］

（1）该案例企业存在哪些不合规问题？你认为，案例企业产生不合规问题的原因或动机有哪些？

（2）试运用舞弊三角理论分析该企业的舞弊问题。

（3）如何理解内部审计部门是“内部控制警察”这一表述？内部控制和内部审计有何区别与联系？内部审计对企业的内部控制会产生怎样的作用？

合规行为审计是评价监控审计客体合规行为的重要手段之一，但目前尚未有法律法规条款或行业指引对此部分内容加以规范和明确。明确合规行为审计的内涵及原则，对于合规行为审计的实施具有重要的指导作用。另外，合规行为审计在实施过程中，需要注重运用科学的方法来获取证据，以发现行为中的“异常点”和违规行为。

13.1 合规行为审计内涵

合规行为审计是指由企业合规管理部门及内部审计机构或相应被授权的人员与机构针对企业合规管理有效性实施的审计，并形成审计结论，出具审计报告的过程。合规行为审计从其持续有效的开展到最后形成结论，具有重要的功能和价值，它可以作为确保企业经营遵循诚信、合法合规的合理体现。

合规行为审计工作旨在通过对审计客体的合规行为审计、反馈、改进，发现并报告审计客体在合规管理体系建设与实施中存在的问题，提出改进建议，落实改进措施，促进完善相关合规管理体系，不断提升审计客体违规风险防范能力和合规管理综合水平。

另外，合规行为审计工作是企业加强依法治企的重大举措，是企业应对复杂经济环境和提升管理水平的需求，是在现有法律强制对内外部审计工作、内控评价项目开展的基础上，进一步地保障企业基本运行的有力措施。通过开展系统的合规行为审计工作，可以全面审计合规管理体系的设计与运行情况，揭示和防范诚信合规层面的重大风险，进一步完善并落实合规行为审计长效机制。

13.2　合规行为审计原则

结合成熟的审计工作经验和合规行为的特点，审计主体实施合规行为审计时应遵循以下原则：

13.2.1　全面性原则

全面性原则强调的是合规行为审计的涵盖范围应当全面。具体来说，是指合规行为审计工作应当包括合规行为的涉及、运行和监控三个层面，内容覆盖审计客体的各个业务和事项。

13.2.2　重要性原则

重要性原则强调合规行为审计应当在全面性的基础之上，着眼于风险，突出重点。具体来说，一方面是要坚持风险导向的思路，着重关注那些影响或违背合规管理目标实现的高风险领域和违规风险点；另一方面要在高风险领域和违规风险点上，持续给予高度重视，并着重关注重要的相关业务实现和关键的内部控制。

13.2.3　客观性原则

客观性原则强调合规行为审计工作应当客观准确地揭示经营管理中存在的风险及得出评价现状的结论，如实反映合规管理体系设计和运行的有效性。只有在合规行为审计工作计划制订、实施的全过程中始终坚持客观性，才能保证审计结果的客观性，从而达到开展审计的目标和效果。

13.2.4　持续性原则

持续性原则强调合规行为审计工作应当在计划的时间间隔内定期实施开展（企业经常采取的做法是以每年为周期开展），并长久持续地获得审计客体整体包括合规管理部门和业务部门的相关配合与支持。只有长久以往地定期开展合规审计工作，才能使合规审计成为企业日常工作中正常运行的职能之一，从而加强稳固合规行为管理的效果。除了持续定期开展合规行为审计，也要根据实际情况关注需要额外增加的审计事项，并分配资源以应对该类特殊且重要的情况。

在基于以上各项原则的基础上，开展合规行为审计还需要审计客体组建审计领导小组、审计工作小组以及审计执行小组，采用三级组织保障合规行为审计工作的有效开展。对于被审计业务部门或下属单位，应确定审计总协调人，以保障现场审计工作的顺利开展。

13.3 合规行为审计关注事项

合规行为审计的出发点应包括：审计客体自身设计与执行的合规管理体系标准；与合规管理相关的国内或国际要求及标准；合规管理体系是否有效执行和监控。

13.3.1 合规管理体系设计的有效性

合规行为审计的重点在于对审计客体合规管理体系的有效性发表审计意见。合规管理体系有效性是指审计客体构建和实施合规管理体系对管理目标的实现所提供的保证程度，它包括合规管理体系设计的有效性和合规管理体系运行的有效性。在针对合规管理体系设计的有效性实施审计时，通常需关注以下方面：

一是，合规管理制度是否完整、准确。是否编制了适合审计客体经营管理需求的结构严谨、流程清晰、职责明确、协调统一的合规管理制度规范，是否对工作内容和程序提出明确的要求并规范了权利和责任，是否建立了员工的行为准则和衡量、审计、考核工作成效的标准。

二是，重要管理制度设计是否有效。是否针对审计客体及重要部门、重要业务以及经营管理过程中已经发现的合规管理薄弱环节，确定了清晰的合规管理相关措施且制定了相关标准。

13.3.2 合规管理体系运行的有效性

合规管理体系运行的有效性是指现有合规管理制度按照规定程序得到了正确执行。审计合规管理体系运行的有效性，应当着重关注以下方面：一是，相关合规管理制度在审计期内是如何运行的；二是，相关合规管理制度是否得到了持续一致的运行；三是，实施合规管理的人员是否具备必要的权限和能力。

需要强调的是，即使同时满足设计有效性和运行有效性标准的合规管理，受审计客体各体系中固有局限性的影响，合规管理体系只能为管理体系目标的实现提供合理保证，而不能提供绝对保证，不应不切实际地期望合规管理体系能够绝对保证合规管理目标的实现，也不应以合规管理目标的最终实现情况和程度作为唯一依据直接判断合规管理体系设计和运行的有效性。

13.4 合规行为审计取证与实施流程

13.4.1 合规行为审计取证方法

13.4.1.1 事实发现型取证模式

现实生活中，行为主题存在系统的载体且有原始记录支持的情形很少。在没有系统的审计载体时，审计总体的范围不能确定，究竟需要审计多少审计个体才能得出关于审计总体的结论，缺乏统计原理的支持。同时，由于没有系统的审计载体，对于所选定的审计个体的审计也不一定能得出可行的审计结论，也正是因为这个原因，想根据抽样审计来得出总体的结论也不具有可行性。所以，行为审计主要采用事实发现型模式。

事实发现型取证模式，只能审计具有载体的审计个体，无从采用详细审计，也无从按统计原理来实施抽样审计。也正是因为这些原因，在没有系统的审计载体时，无法获取可行的审计证据来证明某些审计命题，进而也无法通过审计命题的证明来对审计主题形成审计意见，而只能通过对有审计载体的审计个体的审计来发现某些事实。因此，称为事实发现型取证模式（郑石桥，赵煜武，2016）。

审计逻辑步骤包括两个阶段：一是寻找疑点；二是围绕疑点获取审计证据。需要指出的是，这种情形下的审计程序的选择，并没有确定的模式，同时，由于审计总体和审计个体并无确定的载体，所以系统的审计抽样也无法采用。由于这种情形只能就发现的疑点来寻找证据，无法根据确认的疑点对审计总体发表意见，只能就已经发现的事实发表有限保证的审计意见。

13.4.1.2 寻找异常点

一般来说，行为主体的行为合乎规范，就会出现法定的好效果。但是实际上，规范和效果常常会出现不一致的现象，规范和效果表现出的不一致，就是在合规行为审计时要关注的异常点。产生规范和效果不一致的根本原因在于，主观上的预期效果转化到客观上的实际效果受到诸多因素的影响，这些影响因素是审计时解答异常点的主要证据。

寻找异常点，首先要辨别“合规行为”是符合什么样的“规”，这一“规”是否能为行为的后果提供充足理由。一般来说，“合规”是指合乎一定的原则和规范。如果“规”是规范，就要看该规范是否符合相应的原则；如果“规”是原则，就要考虑这一原则本身有没有合理性。

在对“规”进行审核无误以后，其次看所言的“规”是否能作为行为的评价标准。如果对该行为的评价是以其选定的“规”为评价标准的，那么，必须要考虑该规范是否适合于对该行为的评价，即所遵守的规范是否能够为行为的不良效果开脱罪责。反之，如果行为者所遵循的规范与行为不相吻合，或者在规范冲突的情况下做出的选择不当，那么，行为主体的行为并不是真正的合规行为，这样的行为便是带有异常点的行为。

影响产生"异常点"行为的因素包括：行为主体对道德原则、规范的认识；对行为对象的认识；对客观情况的把握；个人的专业知识、工作能力和工作经验；应付突发事变的敏感和修养；以及遵守道德规范时所采用的方式方法等众多因素。这些因素可概括为四个方面：第一，选用的规范是否符合客观事物规律；第二，行为主体的才干能力情况；第三，是否具备各种实践手段；第四，行为本身的客观环境因素。不论哪一方面发生障碍，都不可能产生行为者所预期的效果，并且还可能产生与规范完全相反的坏效果。

13.4.1.3 围绕异常点获取审计证据

围绕异常点获取审计证据，主要是指通过查找产生"异常点"行为的原因，来证明"异常点"行为确实是不合规行为。

从主观条件来看，导致行为效果不好的原因可能有三种情况：行为者的努力不够，或者行为者的能力有限，或者行为的方式不当。也就是说，考虑行为主体的道德动机、行为能力和行为方式，并且在行为过程中的表现是否"尽心尽力"。如果行为主体并没有考虑到自身实力，采取的行为方式不当，或者行为过程中并没有"尽心尽力"，那么，即使行为是表面合乎规范的，也有可能导致"异常点"行为。

从客观条件来看，导致行为的效果不好的原因更为复杂，但客观条件在大多数情况下是可以预测的。应当事先对行为发生的时间、地点、外界环境等给予充分的考虑和预测。如果行为主体因疏忽大意没有预见或者已经预见但没有充分考虑和重视（过失）导致行为效果不好，这种行为也应该成为"异常点"行为。

此外，行为"效果"是多方面的，如经济效果、政治效果、道德效果、法律效果等。"效果不好"可以是单纯道德意义上的，也可能是从经济效用意义上说的。就算是从单纯道德意义上而言，也分为是在传统道德意义上说的，还是现代道德意义上说的；也有可能是从纯义务的角度来说的，或者从"功利""幸福"的目的论角度来说的。效果的好坏要分清是针对什么人、什么样的时间和地点而言的。一般来说，评价者的立场不同，评价的结果也肯定不会相同。要分清"效果不好"是针对总体还是部分，直接还是间接，抑或眼前还是将来而言的。效果是一个综合系统。就"效果"评价而言，必须要综合考虑，不能以点带面。

13.4.2 合规行为审计实施流程

13.4.2.1 理解审计客体基本情况

在合规行为审计预审计初期，审计主体应充分了解审计客体的基本情况，包括审计客体发展目标、组织机构设置及职责分工、领导层成员构成及分工等基本情况。同时，审计主体应通过查阅合规管理手册等文档、与相关流程负责人访谈等方式，进一步确定审计范围和检查重点，并结合审计人员的专业背景进行合理分工。分工时应考虑独立性要求，即审计小组成员对本部门的合规行为审计工作应当实行回避制度。理解基本情况从以下两方面按顺序入手：

一是穿行测试。该方法是从交易发生到反映在相关报表报告里的整个过程中对交易进行跟踪的一种测试活动。穿行测试开展的具体方法是通过访谈审计范围内的流程负责人、控制点负责岗位及其他相关人员，详细理解实际的流程现状并获取相关单据加以验证，之后将流程现状与审计客体合规管理相关制度要求及条款进行核对，初步确认现有控制是否与审计客体合规管理部分制度中的关键控制描述一致，即是否设计有效并得到执行。当在穿行测试中发现现有控制与审计客体制度中的关键合规管理要求的描述存在差异时，即说明存在控制层面设计缺陷，无须对制度中针对合规领域相关管控措施中的原有关键控制执行测试，而需要对制度中描述的控制措施设计是否有效进行判断，并在此基础上考虑下一步审计工作。

从原则上来讲，审计小组在每次开展现场审计过程中均应执行穿行测试，但当审计客体非首次开展现场审计工作，其之前的穿行测试结论为控制设计有效、其整体控制环境未发生重大变化时，可以不单独执行穿行测试，只需在合规管理测试中统一检验控制设计和执行的有效性。穿行测试工作需记录在合规审计工作底稿中。

二是执行有效性测试。针对在穿行测试中确认设计有效并得到执行的关键内控程序，审计小组需要继续根据关键控制的性质，确定关键控制测试方法和样本量，以获取充分、适当的审计证据验证制度执行有效性。

常用的执行有效性测试的方法包括询问、观察、检查和重新执行等，审计人员可考虑选择其中一种或多种的组合对关键控制进行测试。选择一种测试方法往往有一定的局限性，如询问方法本身并不能提供充分、适当的证据，而通过观察获得的审计证据又受限于观察的时点；此外，控制测试方法还会受到控制属性的影响（如预防性控制和发现性控制、手工控制和自动控制）。因此，选择两种或两种以上方法的组合比单独选择某种方法能获取更多、更可靠的审计证据。

询问审计客体内部或外部的适当人员，以获取信息。询问可分为书面形式和口头形式。审计主体应核查和分析被审人员的答复，这是询问方法中的一个重要组成部分。被审人员的答复可能会提供新的信息或可以印证已取得的信息，审计主体可以据此考虑是否须要修改或执行额外的测试。

观察审计客体的经营活动以及员工执行控制的过程等。审计主体应注意，观察所获取的信息仅与观察进行的时点相关，且相关人员被观察时，其表现可能与日常的做法并不相同。

检查合规管理执行过程中所保留的记录或文档。这些记录或文档可以是内部的或外部的，也可以是纸质形式、电子形式或其他介质形式的。这些记录或文档的属性、来源及其生产过程中相关控制的有效性、所获审计证据的可靠程度等将有所不同。检查的对象除了文档或记录，还包括有形资产（如某项存货）。

重新执行是指针对有关控制活动独立地重新予以执行，以确认审计客体是否已按设计目的恰当地执行了该控制，重新执行可采用人工方式或利用计算机辅助技术。

13.4.2.2 编制及审阅工作底稿

审计人员按照既定的审计工作方案，对关键风险和业务领域的管理制度的设计和执行进行测试。

审计工作底稿的编写需注意：审计工作底稿应清晰记录、要素完整，且须包括必要的细节以支持测试结论；审计过程获取的证据应足以支持审计结论的形成；对于某些关键制度，其测试过程可能会引用其他关键制度及内部控制的测试结果，此时应进行必要的引用/链接，避免不必要的重复测试/记录环节；审计工作底稿应表达明确、易于理解，使不理解该测试工作的审计人员查阅底稿后即可准确理解该项工作的目的、过程及结论。

完成现场合规管理测试后，审计人员将其在测试过程中发现的例外进行汇总，作为后续合规管理改进的基础。

13.4.2.3 合规管理复评

合规管理复评是指，就预审计中检查内控体系建设情况发现的问题，检查是否进行了整改，并将检查结果记录在合规行为审计检查表中。审计主体与审计客体的相关部门或人员对缺陷的整改情况进行沟通，审计主体可以根据核实情况调整合规行为审计的整改状态，整改状态可划分为“已完成整改”“整改进行中”“未开展整改”，从而提高工作底稿的规范和效率。

13.4.2.4 合规行为审计质量控制

被审企业合规行为审计工作的负责部门，结合审计工作的内在属性，应该建立质量控制措施。审计工作的质量控制围绕以下目标进行：审计依据充分、发现情况真实、底稿记录严谨、工作有序进行和审计结果客观。

为了保证合规行为审计工作质量，审计客体须考虑在整个合规行为审计过程采取建立项目机制、建立严格的复合程序等措施。

13.4.3 合规行为审计的控制测试与实质性程序

13.4.3.1 合规行为审计的控制测试实施

从上述分析可见，在有系统化的审计载体且有原始记录支持的命题论证型审计取证模式中，在评估合规风险时，预期审计客体的控制运行是有效的。或出于成本效益的考虑，当拟信赖审计客体的内部控制而拟减少实质性测试程序时，就有必要实施内部控制测试。

根据审计目标、审计主题确立内部控制测试的范围。根据合规审计的项目目标确定内部控制的总体目标，再确定每一类行为的不同内部控制环节的一个或多个具体的审计目标。不同的审计主题、审计标的、审计具体目标具有不同的风险，所以，也需要不同的内部控制测试样本，需要以此为基础来进一步确定内部控制测试的范围与重点。

若审计主题不同，则在有系统化的审计载体而没有原始记录支持时的发现型审计取证模式中，也要实施内部控制测试，以便发现问题及异常点。此时的内部控制测试不仅仅是行为审计实施程序中的一个环节，而是内部控制成为行为审计评价的对象。内部控制测试的性质是指控制测试所使用的审计程序的类型及其组合，审计人员应当选择适当的审计程序以获取有关控制运行有效性的保证。

实施内部控制测试的方法通常包括穿行测试、重新执行、询问、观察和检查等方法。需要指出的是，穿行测试不是单独的一种程序，而是将多种程序按审计需要进行结合运用的方法，它是通过追踪交易在业务系统、信息系统中的处理过程，以验证审计人员对内部控制的理解并确定内部控制是否得到执行，这种审计程序既可以用于理解内部控制，也可以用于评价内部控制执行的有效性，也称为双重目的测试。重新执行是审计人员亲自执行审计客体的内部控制程序，通常被测试的内部控制相关当事人并不知道审计人员在进行这种测试；重新执行的成本较高，通常只有当询问、观察和检查、大数据分析等程序结合在一起仍无法获得充分的证据时，审计人员才考虑通过重新执行来证实内部控制是否有效运行。

13.4.3.2　合规行为审计的实质性程序

1. 实质性程序适用情形

对合规行为审计而言，有系统化的审计载体且有原始记录支持时，可采用命题论证型审计取证模式，实施实质性测试。在有系统化的审计载体但没有记录支持时，可采用事实发现型审计取证模式，加大分析性程序的应用，并辅助以证实性测试程序，以降低审计成本，减少审计风险，从而更好地实现审计目标。无系统化的审计载体且没有记录支持时，则需要用到职业怀疑，更需要围绕异常点获取审计证据。根据合规性审计的特点，发现性审计程序比证实性审计程序在应用上具有更大的现实性和灵活性，即所谓的“有错推定”。审计业务即建立在认为审计客体存在有违规和不合法的会计工作的假设基础上，采用“职业怀疑假设”进行审计，其是以拥有正当的怀疑态度为假设前提，对在审计过程中可能存在的不合规、不合法的异常行为进行审查取证。

2. 实质性程序实施步骤

首先，审计主体需要考虑的是审计目标、审计命题。其次，需要判断审计主题、重大违规风险，并考虑将要取得的审计证据的性质、可能存在的误差以及该项证据的其他特征等，以正确地确定采用何种审计程序。最后，需要考虑实质性程序的性质及其运用。实质性测试是指在内部控制测试和分析性程序的基础上，为取得证明特定行为是否合规的直接证据而运用审阅、监盘、观察、函证、计算、分析性复核、数据式分析及其他审计方法，对审计客体行为的合规性、潜在的错误、违规风险进行审查并得到证据，以得出审计结论的过程。

结合合规行为审计实质性程序的性质选择原则可知，当审计主体判断某类交易行为不符合协议的要求，其真实性、完整性的具体目标存在更严重的重大错报风险时，除运用审阅法检查相关文件以外，还可能决定向第三方询问或函证协议条款的完整性；当审计主体参考以前类似特定行为的审计误差、判断以样本推断总体的误差较大时，可扩大抽样测试范围，或者运用大数据分析方法进行详查，在必要的时候，审计主体也可用审计客体的非财务信息或预算数据实施分析性程序。

13.4.4 各阶段的合规行为审计实施

13.4.4.1 计划阶段

（1）确定合规行为审计所对应的重要业务单位范围。在考虑纳入审计范围的业务单位时，如果审计客体存在多个下级单位，审计主体则可以按照风险导向的原则，根据审计客体总部以及下级单位的业务性质、风险及对企业整体收入、利润和资产的贡献率，确定重要的业务单位。确定重要业务单位范围主要参考两项指标。一是定量指标，即资产类指标、利润类指标。二是定性指标，即除定量指标外，还需考虑以下定性指标，包括：第一，审计客体是否存在特有业务或特殊风险；第二，审计客体是否为上市公司，面临怎样的监管严格水平；第三，审计客体本年度是否发生重大诉讼案件、重大资产损失或管理层舞弊。根据审计客体实际情况、管理层管控要求、职业判断，确定应作为合规行为审计单位的重点业务范围或重要下级单位。

（2）确定合规行为审计的重要流程范围。合规行为审计工作包括合规管理的设计有效性审计与运行有效性审计，涵盖审计客体的各类重要业务和事项。同时，审计主体应在全面性的基础之上，着眼于风险，着重关注那些影响合规管理目标实现的高风险领域、重要的业务实现以及关键的控制环节。按照合规管理活动所作用的范围，可以相应地把合规行为审计的内容分为组织层面控制的审计和基础/业务流程层面控制的审计。审计主体应当针对这两个层次，对与实现整体合规管理目标相关的企业文化、合规风险评估、制度与政策、培训与沟通、举报、内部监督等合规管理要素进行全面系统、有针对性的审计，合规要素需要审计部门与合规管理部门共同结合企业实际情况进行甄选。审计主体应至少对所有合规风险评级为“高等风险”和“中等风险”的业务及其流程所关联的合规管理制度及执行情况进行审计。

（3）确定审计时间。审计主体需根据实际情况合理选择审计工作开展的轮次，安排审计工作的开展时间及确认具体进度安排。合规行为审计工作可以采取全年一轮或全年两轮的方式进行。采取全年一轮合规行为审计的方式，较适合于合规管理体系建设与实施成熟度较高且被测试时间段内合规管理体系无重大变化的单位。采取全年两轮审计的方式或采取全年多轮合规审计的方式，可以避免全年一轮审计发现缺陷无法及时整改从而影响审计报告的问题，但是也需要对资源配置充足性加以考虑。

（4）建立审计小组。审计主体应根据审计范围与进度安排建立专门的合规行为审计小组，以保证合规行为审计工作能够及时有效地开展。

合规行为审计小组成员应具备以下专业知识与技能：

第一，方法论。合规行为审计人员应需要熟悉合规管理框架理论、合规行为审计内容涉及的监管要求，并在此基础上，开发适合自身企业特点的合规行为审计方法论。

第二，专业技能。在风险评估、合规管理涉及和执行有效性测试、缺陷认定等各方面，以及业务、财务、信息技术、组织层面控制等各领域，均需要相关人员具有比较丰富的专业技能和经验。

第三，行业经验。除科学的方法论外，丰富的行业经验也是合规行为审计不可或缺的知识技能之一。不熟悉企业所处行业的一般运作规律及关键风险，可能导致审计人员并不能真正识别关键审计领域。

第四，项目管理。合规行为审计的实施在很多情况下以项目的形式推进，对于大型企业集团来说，合规行为审计人员的项目管理能力非常重要。

审计主体应按照以下原则挑选审计人员，建立审计小组。审计小组除以内部审计人员为主之外，还应当吸收其他职能部门及业务部门具有以上知识与技能的业务骨干参加，但审计工作组成员不得对本人负责的合规管理工作进行审计。

审计主体应通过建立项目机制，搭建包含合规行为审计负责人、现场审计小组组长、现场审计小组组员在内的多层次人员组织架构，明确责任，理顺机制。其中，合规行为审计负责人由企业管理层研究确定，对计划、实施、报告在内的整个合规行为审计工作负责；现场审计小组组长由企业管理层指定，组织、领导、协调现场审计工作的顺利开展；现场审计小组组员主要负责执行现场审计的具体工作。

（5）制订与批准审计计划。审计主体在完成前述工作后，应根据确定的审计范围、时间进度安排和人员，制订审计工作计划，报企业管理机构批准。审计工作计划应至少包含以下几个方面：

第一，合规行为审计组织（负责人、审计小组人员构成等）；

第二，合规行为审计范围（开展合规管理体系审计工作的重要业务单位、重要基础/业务流程）；

第三，合规行为审计时间安排。

13.4.4.2 实施阶段

第一，合规行为审计工作底稿的制作。在现场测试前，合规行为审计小组需要系统地收集审计客体的合规管理体系建设相关文档，其中，应包括本单位重要组织架构、关键业务内控流程等。合规行为审计工作底稿应在现场审计前由合规行为审计小组成员完成，作为记录现场工作过程和结果的唯一工具。

第二，准备访谈计划和资料清单。明确现场审计工作中需要核实的问题和所需清单，并据此列出访谈时间表、访谈提纲和资料清单。准备访谈提纲及资料清单需要结合审计客体已评估的合规风险状况及实际业务开展情况等诸多方面，应由有专业经验的人员参与审计小组共同研讨确定。

第三，下发审计工作通知。合规行为审计小组应当下发合规行为审计工作通知文件，通知审计客体开展现场测试的时间安排和工作程序。

第四，培训审计小组人员。开展合规行为审计培训，审计培训应系统全面，这是审计小组人员能够按统一标准开展审计工作的前提。培训要求审计小组成员应理解及掌握合规行为审计流程、合规审计方法论，具备坚实的专业技能和熟练使用审计工具。

13.4.4.3 结束阶段

合规行为审计过程会产生大量的电子文档以及纸质文档，审计主体应在审计工作现场确保在电子文档中记录完整翔实的信息，收集各项文档，并且有责任在现场结束工作后，对审计工作档案进行归集和保存。现场审计工作文档分为：审计计划类、审计测试记录类、审计汇报总结类。现场审计工作结束后，需要进行归档检查。各项资料完成归集和归档后，需要经过现场负责人和审计主管的复核确认，以确保资料归档的完整性。

本章习题

1. 如何理解合规行为审计？其基本原则是什么？
2. 合规行为审计中需要关注的重点事项有哪些？
3. 合规行为审计中可以采取的审计方法有哪些？
4. 合规行为审计的实施阶段包括哪些？应如何实施合规行为审计？

第14章　计算机与网络行为审计

学习目标

1. 理解何为计算机及网络行为。
2. 掌握计算机及网络行为的操作主体与操作偏好。
3. 掌握计算机网络对审计客体行为的影响。
4. 掌握计算机网络对审计主体行为的影响。
5. 理解计算机辅助审计技术与数据分析。

本章导读

智慧化时代的审计变革

当前，全球互联网、大数据、云计算技术正进入技术架构大迁徙时代，企业数字化转型正在经历从基于传统IT架构的信息化管理（数字化转型1.0），迈向基于云架构的智能化运营（数字化转型2.0）。中国现在也已经进入一个数字化、智能化的互联网社会，在大数据、人工智能环境背景下，市场兴起各式各样的新App、云平台，比如微信、借呗、支付宝、微粒贷这种新物种的变化，又如京东、滴滴、美团的出现，还有最火的短视频抖音、快手等。在2020年新年伊始，我国遭遇了新型冠状肺炎的侵袭，这次疫情给大家敲响了警钟。疫情过后，我国的人工智能、大数据技术将会倍速发展，随着互联网思维及IT技术被大规模地应用于企业管理，传统的审计方法已经很难满足企业对业务及信息系统的管控需求，尤其是审计人员面对由ERP系统生成的海量数据已经变得束手无策。

传统的审计方法中主要运用查账的方法，如审阅法、复核法、核对法、函证法等。比如进行经济效益审计时，既要运用财务审计的一般方法，又要运用多种分析方法及现代管理方法，例如经济活动分析、决策分析和数学分析等，这些方法在大数据环境下已显得比较单薄。大数据解决了数据挖掘的问题，致使很多方式和方法都扁平化，比如改变抽样模式，进行智能复算及核对，将经济活动分析形成监控模型，这样就形成了自动审计新模式。在这个演变过程中，又诞生了几种新的技术方法，比如嵌入式审计（生物探针），生物探针技术是一种新型的风险识别技术，通过分析用户在界面上的行为特征，可以识别当前操作中存在的风险。

目前的中国企业，要想真正形成风险管控能力，必须从两个方面入手：第一是风险、内控、审计手段融合；第二在大数据环境下探索技术手段的创新。因此审计行业在大数据技术的环境下，必然面临技术革命。大数据技术的出现，可以高度复用审计方法，形成智能化的监控模型，随时对企业数据进行监控，有效地形成技术代替人脑进行企业监控。这些审计手段同样也是风险管控落地的手段，因此风险、内控、审计在工具上是可以复用和整合的。风险、内控、审计的有效融合，一定程度上改变了企业各种手段齐用却各自为政、手段互相重叠、落地效果不佳的状态，不仅提高了企业风险管控能力，也极大地降低了企业的投入成本。

智能审计时代的到来，会促进企业将前沿科技、技术与自身业务结合，帮助久经考验的商业模式不断应对全新挑战，并在企业治理方面更积极地参与塑造未来的数字化商业世界。传统的风险、内控、审计手段相对滞后，已经不能完全跟上企业经营变化和时代的发展，所以我们才要培养新的审计专业人员，在新的、云计算互联网和人工智能的状态下，去重新认定审计行业定位，更加要求审计人员具有广阔的时空思维和多维视角，对问题进行延伸性、拓展性、发散性思考，这就要求审计人员应具有胜任每个工作岗位的能力，需要审计人员以时不我待、只争朝夕的精神多学习多实践，树立新的人才成长观，学习信息技术及大数据，使自己成长为审计“通才”“一专多能”的复合型人才。

——根据以下资料整理：孙龙渊，梁力军，李卓松，袁瑞鑫．审计信息化对注册会计师行业的影响研究［J］．当代会计，2020（9）：68－71；余晓洁，余成月．AI 技术对我国注册会计师行业发展的影响及几点思考—注会行业何去何从？从了解 AI 开始［J］．财会学习，2019，216（7）：109－110.

［**阅读思考**］

（1）智能审计对传统审计的发展和模式会有哪些影响？

（2）如何看待计算机与网络行为审计的关系？

随着计算机网络的兴起和信息时代的到来，计算机及网络技术对企业的财务报告和内部控制均会产生直接或间接的影响，并因技术的应用会产生包括网络技术、数据库管理系统、电子商务系统与云计算在内的一系列计算机行为。虽然计算机及网络技术在一定程度上会改变使用者行为发生的方式，却不能改变使用者行为发生的动机，故如何针对使用者的计算机与网络使用行为、操作行为展开审计，是当前需要考虑的重要问题之一。

14.1　信息技术的发展与应用

当今，计算机和网络技术已具有人工智能、移动服务、远程控制、科学计算等重要功能，计算机与网络技术水平的高低已经成为世界各国科技发展领先程度的重要标志。计算机和网络已经成为政务部门、社会公众、现代企业和各类组织的必需品，生活和工作中如果没有计算机和网络，将会造成社会的停滞以及企业乃至国家的巨大经济损失。

14.1.1　信息技术内涵及类型

计算机与网络技术是信息技术的重要构成，其核心功能包括信息与数据的获取、传递、处理与加工、存储管理及安全管理等。信息技术也称为信息与通信技术（information and communications technology，ICT），是在信息管理和信息处理中所应用的各类技术的总称，具体可指运用计算机科学、通信技术和互联网技术来进行设计、开发、安装和实施的信息系统与应用软件。信息技术具有技术性和信息性的双重特征。信息技术的类型如表 14 -1 所示。

表 14 -1　信息技术主要类型与应用

技术类型	技术内容
通信技术	主要包含传输接入、网络交换、移动通信、无线通信、光通信、卫星通信、支撑管理、专网通信等技术
计算机及人工智能技术	计算机技术指计算机领域中所运用的技术方法和技术手段；人工智能技术是研究、开发用于模拟、延伸和扩展人工智能的一门新的技术及应用，它是计算机科学的一个分支
感测技术	在生产、科研、试验及服务等各个领域，为及时获得检测、被控对象的有关信息并进行提取、识别或检测的一种技术，该技术以自动检测系统中的信息采集、转换及处理为研究目标。它主要包括传感技术和测量技术，以及遥感、遥测技术等
控制技术	机器、设备或装置在无人干预的情况下按规定的程序或指令自动地进行操作或运行的技术

14.1.2　信息技术应用引发的风险

需要指出，由计算机与网络技术引发的信息技术风险已日益成为现代组织所面临的重要风险。主要原因包括以下内容：

一是，随着计算机与网络技术的快速发展与应用的深入，各类组织机构对信息技术系统的依赖性越来越强的同时，也面临着不断增多的系统薄弱性和各种各样的威胁。

二是，计算机与网络技术构建的系统或平台越来越复杂，外部攻击和网络安全日益突出；一旦出现网络故障或计算机宕机，则可能会导致各类组织机构的业务或交易出现停顿，从而遭受巨大损失、声誉下降和丧失竞争优势。

三是，信息技术项目的高投入和高失败率，使得各类组织机构无法实现其预期的创新与利益，不能实现对信息技术的投资回报，或者不能对投资回报进行测量。

四是，在风险管理、内部控制和审计监督等功能的实现过程中，信息技术越来越充当重要角色，计算机与网络技术不仅要提供各类系统的保障支持，而且其自身的安全风险也备受关注。

14.1.3 信息技术风险应对策略

现代组织普遍重视计算机与网络技术的应用，并逐步展开信息技术治理和构建起信息技术风险管理架构，不断制定风险管理相关制度和完善风险管理流程。

14.1.3.1 信息技术风险管控三道防线

应对信息技术风险的重要策略是构建起信息技术管控的三道防线。三道防线如图 14－1 所示。

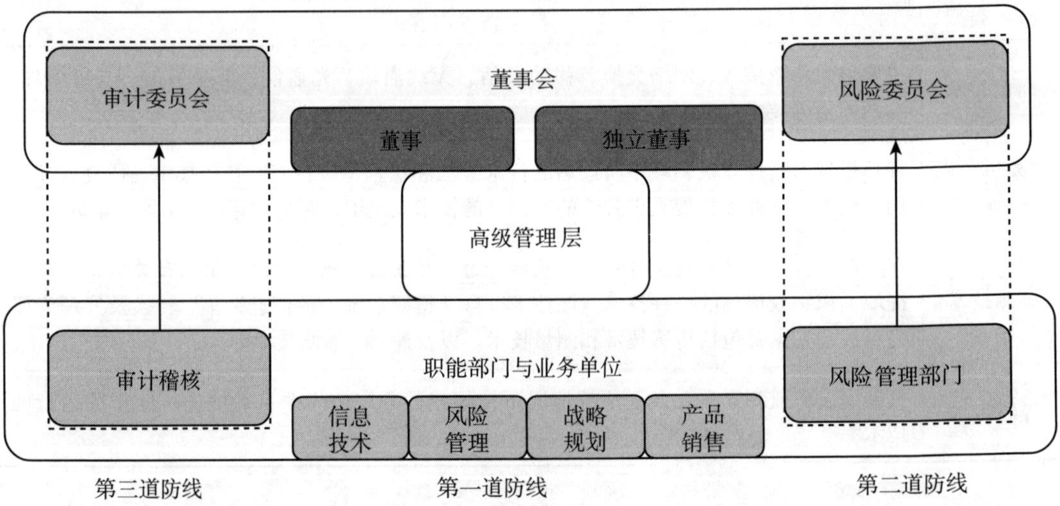

图 14－1 信息技术风险管控三道防线

1. 第一道防线：信息资产与数据经营部门

该道防线主要由使用计算机与网络、系统与数据的各业务部门和信息技术部门构成，需要由上到下组织全员参与，主要职责落在信息科技部门，主要负责软件管理、硬件管理、信息环境管理、数据与网络管理等。

2. 第二道防线：风险管理部门与风险管理委员会

该道防线主要由风险管理部门和风险管理委员会构成，需要由风险管理部门牵头对信息技术风险进行识别、监测、评估和计量，确定风险管理具体应对策略和缓释手段，并在组织内部树立起全员的信息技术文化理念。

风险管理委员会的具体工作是要确保总体风险管理战略和策略得到落实执行，并对风险管理工作做出持续性的监控。

风险管理部门的具体工作：一是领导和协调组织内各业务单位在风险管理工作的落实和执行；二是协助编制信息技术风险管理规制，对各业务单位的信息技术风险进行组合性管理；三是负责信息技术风险信息披露、沟通、协调员工的信息技术培训和学习；四是协助及监督各业务单位进行信息技术使用的内控自我评估管理；五是进行信息技术风险事件管理和预警系统管理；六是对信息技术风险及关联风险财务及相关风险进行定量分析。具体管理流程如图 14－2 所示。

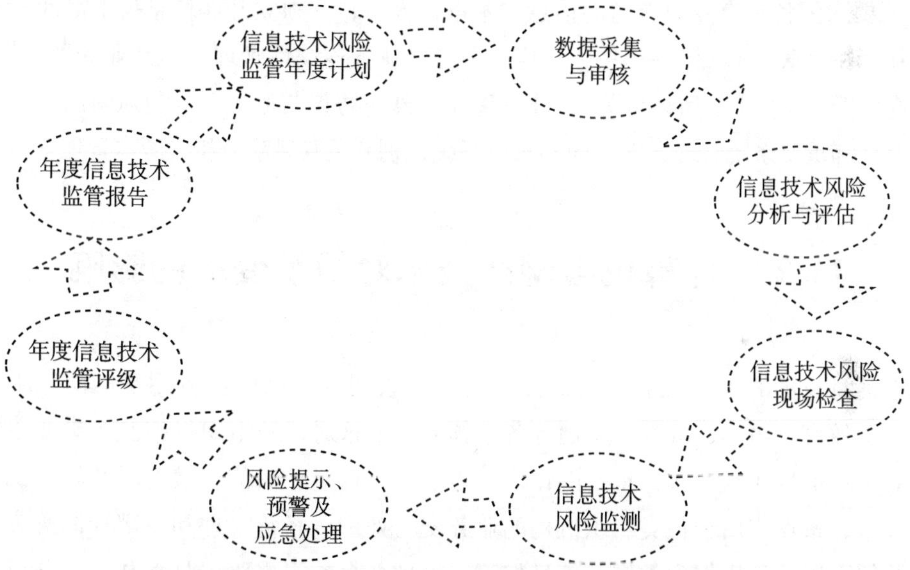

图 14－2　风险管理部门的信息技术风险管理流程

3. 第三道防线：内部审计和审计委员会

该道防线由审计稽核部门和审计委员会共同构成。审计部门的工作重点在于：一是，协助审计委员会对信息技术风险管理战略和策略的科学性、合理性、有效性进行综合评估；二是，对风险管理部门制定的风险管理程序的完善性、可行性和连续性进行审核；三是，对信息技术部门与业务部门的信息资产运营质量和数据经营效果进行审核。

14.1.3.2　信息技术风险治理

现代组织应加强信息技术治理以应对信息技术风险，组织机构内的各层级和相关部门应各司其职，具体包括以下职责：

1. 信息技术风险治理层

（1）明确董事会关于信息技术治理方面的职责。

（2）应设立首席信息官，并明确首席信息官职责。

（3）明确三道防线要求：明确信息技术管理、信息技术风险管理、信息技术审计的责任部门和职责内容。

2. 信息技术风险管理层

（1）将信息技术风险纳入总体风险管理体系。

（2）负责制定信息技术风险管理策略。

（3）负责持续开展信息技术风险识别、监测、计量、评估。

（4）根据信息技术风险评估结果制定风险防范措施。

3. 审计部门层

（1）按期组织开展内部审计和接受外部审计。

（2）要求配备具有专业能力的信息技术审计人员，并独立开展信息技术审计。

另外，在信息技术风险治理中，还应充分考虑业务连续性管理（包括业务连续性规划、业务影响分析、系统上线后评价等）、外包管理（外包协议与服务、外包风险防范、外包应急措施等）和重要系统管理方案（包括重要系统识别、关联风险分析、版本管理等）。

14.2 计算机与网络技术对组织变革的影响

随着信息技术的不断发展演进，计算机与互联网技术已广泛应用于国防、工业、农业、商业、教育、医疗、政务、交通等各个领域中，这对提升组织机构及企事业单位的经营管理效率和信息化水平起到重要的作用。当前，计算机、通信、微电子和软件工程等现代信息技术，重点应用于各类组织机构的业务交易处理、经营管理和内部控制等方面，各类组织总体上以计算机作为数据及信息加工、处理、存贮的重要工具和载体，并以互联网作为信息交互、业务交易和资金支付的重要渠道。

计算机与网络技术在推进现代组织在组织结构、业务流程、交易方式、信息传递、服务渠道的变革和演进方面起到至关重要的作用；同时，其应用也深刻影响和改变了组织行为、管理行为及个体操作行为。具体影响见表 14－2。

表 14－2　计算机与网络技术对组织的影响

组织要素	计算机与网络技术的具体影响或改变
组织层级	降低组织层级级数，实现管理敏捷化、扁平化、动态化等特点
组织结构	优化组织系统的构成，出现平台型组织、虚拟型（网络型）组织，呈现网络化、无边界化、运作柔性化、组织虚拟化和动态化特点

续表

组织要素	计算机与网络技术的具体影响或改变
组织文化	延伸了组织文化内涵和构成，计算机文化、网络安全和数字理念日益成为组织文化中的重要构成
组织运营	运用互联网、OA 等办公化软件或系统，提升组织的总体运营效率
组织学习	将计算机与网络技术知识融入总体组织学习内容和范围中，使组织日益演进为学习型组织、数字化组织

14.2.1　计算机与网络技术对组织演进的影响

14.2.1.1　网络技术发展对组织模式的影响

各类组织机构使用局域网或互联网将各种类型的计算机、工作站、打印机、服务器等互相连接起来。在网络环境下，用于处理交易的应用软件和数据文件可能分布于不同位置但互相连接的计算机设备上，由此产生了与内部控制相关的问题，包括对分布于不同位置的服务器的安全、数据和信息的分布及同步、管理监督以及兼容性问题。

14.2.1.2　数据库管理系统应用对组织资源管理的影响

数据库管理系统（DBMS）是一种操纵和管理数据库的大型软件，用于建立、使用和维护数据库。它对数据库进行统一的管理和控制，以保证数据库的安全性和完整性。使用数据库管理系统能够实现不同应用软件之间的数据共享，减少数据冗余，改进对数据的控制，提高数据的决策支撑作用。

众多生产型企业使用 ERP 系统实现整个单位数据库系统的整合。ERP 是企业资源计划（enterprise resource planning）的简称。ERP 系统是针对物资资源管理（数流）、人力资源管理（人流）、财务资源管理（财流）、信息资源管理（信息流）集成一体化的企业管理软件，能够实现会计部门与业务部门的数据共享。当然，数据库管理系统也带来了与内部控制相关的问题，包括多重使用者能够访问和修改共享数据的风险。因此，需要实施严格的数据库管理和接触控制，以及数据安全备份制度。

14.2.1.3　电子商务系统发展对组织间交易的影响

越来越多的企业采用电子商务的方式进行交易。电子商务是指在互联网开放的网络环境下，以信息技术为手段，买卖双方不谋面地进行各种商贸活动，实现消费者的网上购物、商户之间的网上交易和在线电子支付以及各种商务活动、交易活动、金融活动和相关的综合服务活动的一种新型的商业运营模式。在这种方式下，交易信息在网上传输，容易被拦截、篡改或不当获取，需要采取相应的安全控制。此外，企业会计信息系统有可能与交易对手的系统相连接，从而产生互相依赖的风险，即交易一方的风险部分取决于交易对手如何识别和管理其自身系统中的风险。

14.2.1.4 云计算技术对组织形态演进的影响

组织机构可能将全部或部分的信息技术职能外包给专门的应用软件服务提供商或云计算服务商等计算机服务机构，根据美国国家标准与技术研究院（NIST）的定义，云计算是一种按使用量付费的模式，这种模式提供可用的、便捷的、按需的网络访问，进入可配置的计算资源共享池（资源包括网络、服务器、存储、应用软件、服务），只需投入很少的管理工作，或与服务供应商进行很少的交互，这些资源就能够被快速提供。

目前，云计算的飞速发展，带动各类基础软件开始云化转型之路。数据库作为信息系统核心软件，在云化大潮下，逐渐发展出了云数据库的技术路线。云数据库有两种类型，一种是将传统数据库搬到云上，以租赁方式为用户提供服务，即托管云数据库服务（RDS），这是大多数云厂商提供服务的方式。此类数据库多为第三方商业数据库和开源数据库，如：SQL Server、MySQL、PostgreSQL、MongoDB 等。另一种是专为“云”而生，全新设计的云原生数据库（cloud native），最大的特征就是计算与存储分离，多为头部云厂商自研数据库，也是以租赁方式提供服务，例如，阿里云 POLARDB、腾讯云 CynosDB、华为云 TaurusDB 等①。

14.2.2 计算机与网络技术对组织行为的影响

14.2.2.1 计算机与网络技术对财务行为的影响

计算机与网络技术的使用，会给企业的管理和会计核算程序带来很多重要的变化，包括：计算机输入和输出设备代替了手工记录；计算机显示屏和电子影像代替了纸质凭证；计算机文档代替了纸质日记账和分类账；网络通信和电子邮件代替了公司间的邮寄；管理需求固化到应用程序之中；灵活多样的报告代替了固定的定期报告；数据更加充分，信息实现共享；系统问题的存在比偶然性误差更为普遍。

计算机网络环境中，信息系统形成的信息质量会对企业编制财务报表、管理企业活动和做出适当的管理决策产生影响。因此，有效的信息系统需要实现下列功能并保留记录结果：

（1）识别和记录全部经授权的交易。

（2）及时、详细记录交易内容，并在财务报告中对全部交易进行适当分类。

（3）衡量交易价值，并在财务报告中适当体现相关价值。

---

① 龙子午，王云鹏．大数据时代对 CPA 审计风险与审计质量的影响探究［J］．会计之友，2016，536（8）：114－116.

（4）确定交易发生的期间，并将交易记录在适当的会计期间。

（5）将相关交易信息在财务报告中做适当披露。

因此，审计主体在进行财务报表审计时，如果依赖相关信息系统所形成的财务信息报告作为审计工作的依据，则必须考虑相关信息和报告的质量，所以，审计主体需要在整个过程中考虑信息的准确性、完整性、授权体系及访问限制四个方面。

14.2.2.2　计算机与网络对内控行为的影响

在计算机网络环境下，传统的人工控制越来越多地被自动控制所替代。当然，组织机构采用信息系统处理业务，并不意味着人工控制被完全取代。信息系统对控制的影响，取决于审计客体对信息系统的依赖程度。例如，在计算机网络的信息技术系统中，由系统进行自动操作来实现对交易信息的创建、记录、处理和报告，并将相关信息保存为电子形式（如电子的采购订单、采购发票、发运凭证和相关会计记录）。但相关控制活动同时包括人工控制部分，例如，订单的审批和事后审阅以及会计记录调整之类的人工控制。由于各组织机构所使用的信息技术特点及复杂程度各不相同，人工控制及自动控制的组合方式往往会有所区别①。

1. 自动控制为企业带来的好处

（1）自动控制能够有效处理大流量交易及数据，因为自动信息系统可以提供与业务规则一致的系统处理方法。

（2）自动控制比较不容易被绕过。

（3）自动信息系统、数据库及操作系统的相关安全控制可以实现有效的职责分离。

（4）自动信息系统可以提高信息的及时性、准确性，并使信息变得更易获取。

（5）自动信息系统可以提高管理层对企业业务活动及相关政策的监督水平。

2. 信息技术带来的风险

信息技术在改进审计客体内部控制的同时，也产生了特定的风险，具体如下：

（1）信息系统或相关系统程序可能会对数据进行错误处理，也可能会去处理那些本身就错误的数据。

（2）自动信息系统、数据库及操作系统的相关安全控制如果无效，会增加对数据信息非授权访问的风险，这种风险可能导致系统对非授权交易及虚假交易请求的拒绝处理功能遭到破坏，系统程序、系统内的数据遭到不适当的改变，系统对交易进行不适当的记录，以及信息技术人员获得超过其职责范围的过大系统权限等。

（3）数据丢失风险或数据无法访问风险，如系统瘫痪。

（4）不适当的人工干预，或人为绕过自动控制。

---

① 郑伟，张立民，杨莉. 试析大数据环境下的数据式审计模式［J］. 审计研究，2016（4）：20－27.

14.2.2.3 计算机与网络对信息系统控制行为的影响

1. 信息技术的一般控制行为

信息技术一般控制是指为了保证信息系统的安全，对整个信息系统以及外部各种环境要素实施的、对所有的应用或控制模块具有普遍影响的控制措施。信息技术一般控制通常会对实现部分或全部财务报表认定做出间接贡献。在有些情况下，信息技术一般控制也可能对实现信息处理目标和财务报表认定做出直接贡献。

信息技术一般控制包括程序开发、程序变更、程序和数据访问以及计算机运行四个方面，具体如表 14 –3 所示。

表 14 –3　　信息技术一般控制行为

控制要素	控制目标	控制内容
程序开发	确保系统的开发、配置和实施能够实现管理层应用控制目标	(1) 程序开发的管理方法论；(2) 项目启动、分析和设计；(3) 测试和质量确保；(4) 数据迁移；(5) 程序实施和应急计划；(6) 流程更新和用户培训；(7) 开发过程中的需求变更管理；(8) 开发过程中的职责分离
程序变更	确保对程序和相关基础组件的变更是经过请求、授权、执行、测试和实施的，以达到管理层的应用控制目标	(1) 对变更维护活动的管理；(2) 对变更请求的规范、授权与跟踪；(3) 测试和质量确保；(4) 程序实施；(5) 流程更新和用户培训；(6) 变更过程中的职责分离
程序和数据访问	确保分配的访问程序和数据的权限经过用户身份认证并经过授权	(1) 应用用户授权管理；(2) 高权限用户管理；(3) 职责分工和权限管理；(4) 认证和密码控制；(5) 用户监控；(6) 物理访问和环境控制；(7) 网络访问控制
计算机运行	确保业务系统根据管理层的控制目标完整准确地运行，确保运行问题被完整准确地识别并解决，以维护财务数据的完整性	(1) 系统作业管理；(2) 问题和故障管理；(3) 数据备份和恢复；(4) 备份介质的异地存放；(5) 灾难恢复

2. 信息技术的应用控制行为

信息技术应用控制一般要经过输入、处理及输出等环节。和人工控制类似，系统自动控制关注的要素包括：完整性、准确性、存在和发生等。完整性是指系统处理数据的完整性，例如各系统之间数据传输的完整性、销售订单的系统自动顺序编号、总账数据的完整性等。准确性是指系统运算逻辑的准确性，例如金融机构利息计提逻辑的准确性、生产企业的物料成本运算逻辑的准确性、应收账款账龄的准确性等。存在和发生是指信息技术相关的逻辑校验控制，例如限制检查、合理性检查、存在检查和格式检查等。部分业务操作的授权管理，例如入账审批管理的权限设定和授予、物料成本逻辑规则修改权限的设定和授予等。

针对系统自动控制的信息技术应用控制审计需要在理解业务流程的基础之上进行识别和定义，常见的系统自动控制以及信息技术应用控制审计关注点列示如下：

（1）系统自动生成报告。企业的业务或财务系统会定期或按需生成各类报告，例如账龄报告、贷款逾期报告、业务和财务数据核对差异报告等。信息技术应用控制审计包括对这些报告生成逻辑（包括完整性和准确性）的测试、异常报告跟进控制的审计等。

（2）系统配置和科目映射。信息系统中包含了大量的自动校验控制和映射关系，包括数据完整性校验、录入合法性编辑检查、边界阈值设定、财务科目映射关系等。信息技术应用控制审计会对这些系统配置和映射关系的存在性和有效性进行测试。

（3）接口控制。接口控制包括各业务系统之间、业务和财务系统之间、企业内部系统和合作伙伴/交易对手/监管机构之间的接口数据传输。信息技术应用控制审计会对这些接口数据传输的完整性和准确性进行测试。

（4）访问和权限。企业内部各业务部门、财务部门、信息技术部门等均会根据各自的职责需要对信息系统进行访问，各部门、各团队甚至各岗位访问的权限均可能存在差异，因此在系统控制层面需要对这些权限进行明确的定义和部署，以保证适当的人员配备适当的访问权限。信息技术应用控制审计会对这些访问权限授予情况的合理性进行测试。

3. 组织层面信息技术控制

除信息技术一般控制和应用控制外，目前国内外企业的管理层也越来越重视组织层面的信息技术控制管理。常见的组织层面信息技术控制包括但不限于以下内容：

（1）信息技术规划的制定。

（2）信息技术年度计划的制定。

（3）信息技术内部审计机制的建立。

（4）信息技术外包管理。

（5）信息技术预算管理。

（6）信息安全和风险管理。

（7）信息技术应急预案的制定。

（8）信息系统架构和信息技术复杂性。

目前审计机构针对组织层面的信息技术控制一般会执行单独的审计（信息系统审计），以评估企业信息技术的整体控制环境，并决定信息技术一般控制和应用控制的审计重点、风险等级、法律法规等。

14.3　计算机与网络技术对审计的影响

信息系统是否有效运转的决定因素不是信息技术，而是制度、组织结构、规则与标准，最终是人。所以，针对计算机与网络技术的规则设计、组织治理、使用行为情况开展审计，是落实信息技术风险治理的重要制度安排。

14.3.1 计算机与网络技术对审计行为的影响

计算机与网络技术在组织中的应用，并不能改变审计主体制定审计目标、进行风险评估和理解内部控制的原则性要求，也不能完全改变管理层舞弊的行为动机；同时，现行的审计准则和审计规范也适用于计算机与网络环境中的数据审计、信息审计。故在分析计算机与网络技术对审计行为的影响时，必须要深入了解企业组织的信息技术应用范围和性质，归纳起来，信息技术对审计过程的影响主要体现在以下几个方面：

一是，对审计线索的影响。审计线索对审计来说极其重要。传统的手工会计系统，审计线索包括凭证、日记账、分类账和报表。审计主体通过顺查和逆查的方法来审查记录，检查和确定其是否正确地反映了审计客体的经济业务，检查企业的会计核算是否合理、合规。而在信息技术环境下，从业务数据的具体处理过程到报表的输入都由计算机按照程序指令完成，数据均保存在磁性介质上，从而会影响到审计线索，如数据存储介质、存取方式以及处理程序等。

二是，对审计技术手段的影响。过去，审计主体的审计均为手工进行的，但随着信息技术的广泛应用，若仍以手工方式进行审计，显然已经难以满足工作的需要，难以达到审计的目的。因此，审计主体需要掌握相关信息技术，把信息技术当作一种有力的审计工具。

三是，对内部控制的影响。现代审计技术中，审计主体会对审计客体的内部控制进行审查与评价，以此作为制订审计方案和决定抽样范围的依据。

四是，对审计内容的影响。在信息化条件下，由于信息化的特点，审计内容发生了相应的变化，在信息化的会计系统中，各项会计事项均由计算机按照程序进行自动处理，信息系统的特点及固有风险决定了信息化环境下审计的内容，包括对信息化系统的处理和相关控制功能的审查。例如，在审计账龄分析表时，在信息技术环境下，必须考虑其数据准确性以支持相关审计结论，因而需要对其基于系统的数据来源及处理过程进行考虑。

五是，对审计主体执业能力的影响。信息技术在审计客体的广泛应用，要求审计主体一定要具备相关信息技术方面的知识。因此，审计主体要成为知识全面的复合型人才，他们不仅要有丰富的会计、审计、经济、法律、管理等方面的知识和技能，还需要熟悉信息系统的应用技术、结构和运行原理，有必要对信息化环境下的内部控制做出适当的评价。

因此，审计主体必须熟悉计算机系统内的风险和控制，然后对审计的策略、范围、方法和手段做出相应的调整，以获取充分、适当的审计证据，支持发表的审计意见。

14.3.2 信息技术对审计范围的影响

各审计客体的流程和信息系统可能拥有各自不同的特点，因此审计主体应按各自特点设计审计计划中包含的信息技术审计内容；另外，如果审计主体计划依赖自动控制或自动信息系统生成的信息，那么就需要适当扩大信息技术审计的范围。

基于此，审计主体在确定审计策略时，需要结合审计客体的业务流程复杂度、信息系统复杂度、系统生成的交易数量和业务对系统的依赖程度、信息和复杂计算的数量、信息技术环境规模和复杂度等方面，对信息技术审计范围进行适当考虑。信息技术审计的范围与审计客体在业务流程及信息系统相关方面的复杂度成正比，在具体评估复杂度时，可以从以下几个方面予以考虑。

14.3.2.1 信息技术对审计评估的影响

对业务流程复杂度的评估并不是一个纯粹客观的过程，而是需要审计主体的职业判断。审计主体可以通过考虑以下因素，对业务流程复杂度做出适当判断：

一是，某流程是否涉及过多人员及部门，并且相关人员及部门之间的关系复杂且界限不清。

二是，某流程是否涉及大量操作及决策活动。

三是，某流程的数据处理过程是否涉及复杂的公式和大量的数据录入操作。

四是，某流程是否需要对信息进行手工处理。

五是，某流程对系统生成的报告的依赖程度如何。

14.3.2.2 评估信息系统的复杂度

与评估业务流程的复杂度相似，企业信息系统复杂度的评估也不是一个纯粹客观的过程，评估过程包含大量的职业判断，也受到所使用系统类型（如商业软件或自行研发系统）的影响。

具体来说，评估商业软件的复杂程度应当考虑系统复杂程度、市场份额、系统实施和运行所需的参数设置范围，以及客制化程度（如出厂标准配置的变更、变更类型）。而对于自行研发系统复杂度的评估，应当考虑系统复杂程度、距离上一次系统架构重大变更的时间、系统变更对财务系统的影响结果，以及系统变更之后的系统运行情况及运行期间。

同时，还需要考虑系统生成的交易数量、信息和复杂计算的数量，包括：审计客体是否存在大量交易数据，以致用户无法识别并更正数据处理错误；数据是否通过网络传输，如 EDI；是否使用特殊系统，如电子商务系统。

14.3.2.3 信息技术环境的规模和复杂度

评估信息技术环境的规模和复杂度，主要应当考虑产生财务数据的信息系统数量、信息系统接口以及数据传输方式、信息部门的结构与规模、网络规模、用户数量、外包及访问方式（例如本地登录或远程登录）。

在具体审计过程中，审计主体除了考虑以上所提及的复杂度外，还需要充分考虑系统在实际应用中存在的问题，评价这些问题对审计范围的影响。例如：

（1）管理层如何获知与信息技术相关的问题？

（2）系统功能中是否发现严重问题或不准确成分？如果是，是否存在可以绕过的程序（如自行修复程序等）？

（3）是否发生过信息系统运行出错、安全事件或对固定数据的修改等严重问题？如果是，管理层如何应对这些问题，以及管理层如何确保这些问题得到可靠解决？

（4）内部审计或其他报告中是否提出过与信息系统、数据环境或应用系统相关的问题？

（5）报告中提及的最普遍的系统问题是什么？

（6）是否存在由于业务操作不规范而需要经常在系统内数据库中直接进行数据信息更改的情况？

（7）信息系统用户的能力、操作和安全意识如何？

在对审计客体的业务流程、信息系统和相关风险进行充分理解之后，审计主体应当判断审计客体是否包含信息技术关键风险，并且实质性程序是否无法完全控制该风险。如果符合上述情况的描述，注册会计师应将信息技术审计纳入财务审计计划之中。此外，如果审计主体计划依赖系统自动控制，或依赖以自动系统生成信息为基础的人工控制或业务流程审阅结果，那么审计主体也同样需要对信息技术相关控制进行评估。

综上所述，在信息技术环境下，审计客体的经营管理行为与信息系统紧密相关，审计主体需要全面考虑其关联关系，从而可明确界定信息系统审计范围。

14.3.3 信息技术一般控制对审计程序实施的影响

信息技术一般控制对应用控制的有效性具有普遍性影响。无效的一般控制增加了应用控制不能防止或发现并纠正认定层次重大错报的可能性，即使这些应用控制本身得到了有效设计。如果一般控制有效，审计主体可以更多地信赖应用控制，测试这些控制的运行有效性，并将控制风险评估为低于“最高”水平。考虑到组织层面信息技术控制是公司的整体控制环境，决定了信息技术的风险基准，因此，审计主体通常优先评估组织层面信息技术控制和信息技术一般控制的有效性。

在评估应用控制对控制风险和实质性程序的影响时，审计主体需要将控制与具体的审计目标相联系。审计主体首先针对每个具体的审计目标，理解和识别相关的控制与缺陷，在此基础上，对每个相关审计目标评估初步控制风险。但对于一般控制而言，由于其影响广泛，审计主体通常不将控制与具体的审计目标相联系。

如果针对某一具体审计目标，审计主体能够识别出有效的应用控制，在通过测试确定其运行有效后，审计主体能够减少实质性程序。

14.3.4 计算机辅助审计技术与数据分析的影响

14.3.4.1 计算机辅助审计技术

计算机辅助审计技术（computer assisted audit techniques，CAATs），是指利用计算机和相关软件，使审计测试工作实现自动化的技术。通常将计算机辅助审计技术分为两类。一类是用来测试程序/系统的，即面向系统的计算机辅助审计技术；另一类是用于分析电子数据的，即面向数据的计算机辅助审计技术。

面向系统的计算机辅助审计技术，包括平行模拟（parallel simulation）、测试数据（test data）、嵌入审计模块法（embedded audit module）、程序编码审查、程序代码比较和跟踪、快照等方法；面向数据的计算机辅助审计技术，包括数据查询、账表分析、审计抽样、统计分析、数值分析等方法。

计算机辅助审计技术可以在以下方面提高审计工作的效率和效果：

一是，将现有人工或手工执行的审计程序实现系统化、自动化。例如，对报告数据的准确性和完整性由系统来完成自动化数据校对和比较，由智能审计程序来自动实质性分析程序。

二是，在手工方式不可行的情况下执行测试或分析。例如，审计大量的正常和非正常的销售交易，尽管这项工作有可能通过手工执行来实现，但对于多数大型公司而言，从时间角度出发，需要审计的交易数量是无法通过手工方式来进行的。

计算机辅助审计技术不仅能够提高审计大量交易的效率，而且计算机不会受到劳累过度的影响（而审计主体在审计大量交易后很容易产生疲劳），从这个意义上讲，计算机辅助审计技术还可以使审计工作更具效率。与用手工方式进行同样的测试相比较，即便是第一年使用计算机辅助审计技术进行审计，也会节省大量的审计工作量，而后续年度节约的审计时间和成本则会更多。

14.3.4.2 数据分析工具对审计的影响

数据分析是通过基础数据结构中的字段来提取数据，而不是通过数据记录的格式。数据分析工具可用于风险分析、交易和控制测试、分析性程序，为判断提供支撑与决策参考。例如，它们可以利用外部市场数据（如第三方定价信息）为投资重新定价。利率、汇率、GDP 的变化以及其他增长指标也可用于分析性程序。许多数据分析常规工具可以很容易地由审计主体执行。独立完成这些分析的能力非常重要。更高级的常规分析工具可用于风险分析以便发现问题，而更详细的分析可用来明确重点，提供审计证据和洞察力。

一些常规分析工具可以协助验证审计证据的可靠性，并为判断会计估计方法是否适当提供支持。同时，数据分析工具可以提高审计质量。需要指出的是，审计质量的确保并不完全在于工具本身，而更在于分析和相应判断的质量；这种价值不在于数据转换，而是在于从分析产生的交谈和询问中提取的审计证据。

14.4 计算机与网络行为审计实施

针对计算机与网络行为的审计，可以从信息技术治理，信息技术风险管理，信息技术开发、测试与维护，信息技术运行与操作，灾难恢复与应急管理，外包管理，信息安全管理等对象展开。

在实施过程中，需要构建起每一类对象的审计评价指标体系，并依据具体指标对每一审计对象进行逐项评价。具体审计对象、审计评价指标和评价依据详见第 15 章中的“15. 1. 6 计算机与网络行为综合评价”内容。

本章习题

1. 何为计算机及网络行为？其操作主体及偏好有哪些？
2. 计算机与网络技术对审计客体的行为有哪些影响？
3. 怎样理解信息技术的一般控制与应用控制？
4. 计算机与网络技术对审计主体的行为有哪些影响？
5. 如何理解信息技术审计范围的确定？
6. 信息技术一般控制与应用控制对控制风险和实质性程序的影响有哪些？
7. 如何理解计算机辅助审计技术？

第15章　行为审计意见的形成与报告

学习目标

1. 了解并掌握如何对审计客体的各类行为进行评价。
2. 掌握行为审计意见形成的过程。
3. 掌握行为审计报告编制的过程。
4. 掌握行为审计报告的种类。
5. 理解行为审计报告的编制依据。
6. 熟悉强调事项段、其他事项段和比较信息。

本章导读

审计报告及关键审计事项

近年来，经济全球化促进了会计估计和判断的增加，财务报表的复杂性和理解难度上升（PCAOB，2016），加之金融危机中审计预警机制的失败（Goelzer，2011），理论界与实务界逐渐发现，传统审计报告的披露方式已无法满足资本市场日益增长的信息需求（PCAOB，2016），其对审计质量的二元分法也导致审计市场缺乏质量提升的有效激励。因此各国依次进行审计报告改革，要求审计师披露对当期财务报表审计最为重要的事项，旨在向投资者披露财报中的重要风险，降低传统审计报告的期望差距，增加信息含量，提升审计质量。

2016年12月，财政部印发《中国注册会计师审计准则第1504号——在审计报告中沟通关键审计事项》，要求在审计报告中披露关键审计事项，并明确A+H股公司供内地使用的审计报告，应于2017年1月1日起执行本准则，关键审计事项，是指注册会计师根据职业判断认为对当期财务报表审计最为重要的事项。关键审计事项一定是注册会计师运用职业判断辨别出的重要事项，并且是在审计当期确定的。在审计实务当中，通常会被纳入关键审计事项的有如下内容：

（1）对上市实体整套通用目的财务报表进行审计，以及注册会计师决定或委托方要求在审计报告中沟通关键审计事项的其他情形。

(2) 法律法规要求注册会计师在审计报告中沟通关键审计事项的情形。

英国财务报告理事会（FRC）、国际审计与鉴证准则理事会（IAASB）、中华人民共和国财政部和美国公众公司会计监督委员会（PCAOB）已经分别于2013年、2015年、2016年和2017年发布或者修订了相关审计准则，要求注册会计师在审计报告中沟通重大错报风险或关键审计事项。虽然总体上均要求注册会计师在审计报告中提供更有价值的增量信息，帮助财务报表使用者了解审计中最为重要的风险或事项，但不同国家或国际组织审计准则对需要披露的风险或事项的具体认定并不完全一致。FRC并未直接使用关键审计事项的表述，《ISA（UK and Ireland）700——财务报表独立审计报告》要求注册会计师在审计报告中披露识别的重大错报风险以及制订审计计划、实施审计过程中对重要性概念的运用等，一般认为这些内容实质上等价于关键审计事项。IAASB修订的《ISA701——在独立注册会计师报告中沟通关键审计事项》则明确地使用了关键审计事项的概念，并指出关键审计事项是那些需要审计师特别关注的事项，它可能产生于审计师与公司治理层的沟通之中。PCAOB批准的《审计师针对财务报表审计发表无保留意见的审计报告》则指出关键审计事项是指那些已经与公司审计委员会讨论沟通过的，对公司财务报告具有重大影响的，涉及最困难、最具主观性或者最复杂审计判断的项目或披露。

《中国注册会计师审计准则第1504号——在审计报告中沟通关键事项》指出，注册会计师在确定关键审计事项时应关注：①评估的重大错报风险较高的领域或识别出的特别风险；②与财务报表中涉及重大管理层判断的领域相关的重大审计判断；③本期重大交易或事项对审计的影响。同时规定在审计报告的关键审计事项部分逐项描述关键审计事项时，注册会计师应当同时说明：①该事项被认定为审计中最为重要的事项之一，因而被确定为关键审计事项的原因；②该事项在审计中是如何应对的。

总之，目前学术界对关键审计事项的定义并不统一，何为关键审计事项，关键审计事项会对审计报告产生何种影响，都将是我们进一步需要研究的问题。

——根据以下资料整理：中国注册会计师协会．审计［M］．北京：中国财政经济出版社，2020；柳木华，董秀琴．关键审计事项的披露特点：基于2017年上市公司新式审计报告的统计分析［J］．证券市场导报，2018，316（11）：14－21.

［阅读思考］

(1) 你认为，审计报告披露形式的改进对于信息披露质量的提升是否有切实的帮助?

(2) 会计中的关键事项和审计中的关键事项是否一致、审计实施中如何发现和识别关键事项?

(3) 行为审计与传统的信息审计存在诸多不同，行为审计报告尚无定式，基于本书所学内容，你认为行为审计报告的披露还应该完善和补充哪些内容?

行为审计的结束阶段，审计主体需要为审计委托主体表达行为审计意见和出具行为审计报告。需要指出的是，行为审计报告意见与传统的审计报告存在一定的差异。行为审计意见的出具，主要是审计主体通过对审计客体的舞弊行为、合规行为、管理行为、绩效行为、计算机与网络行为五方面的综合评定，给出评价意见。评估过程中，行为审计报告更侧重于审计问题的发现和对应的建议措施，从而切实协助审计客体全面改进和优化其管理水平、运营效率，有效规避因不当行为而带来的风险，促进审计客体健康运营和可持续发展。

15.1 行为审计评价实施

15.1.1 行为审计评价实施流程

行为审计评价是审计主体接受审计委托人的审计委托后，基于审计委托范围和确定的行为审计对象，通过实施行为审计程序和运用审计方法，获取行为审计证据并将审计过程和审计证据记录于工作底稿的系列过程。具体如图 15－1 所示。

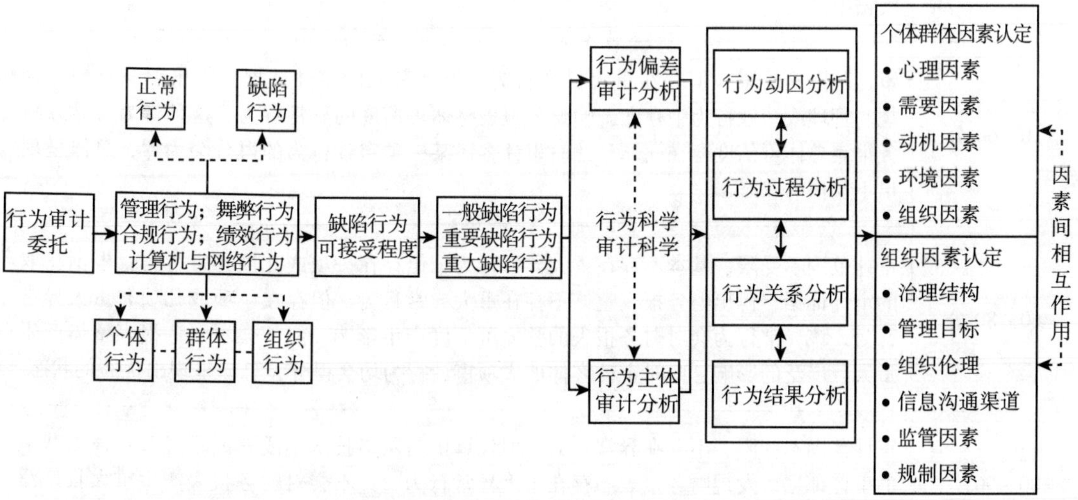

图 15－1 行为审计评价实施流程

具体的行为评价流程如下：

第一，审计主体首先要确定审计范围是否受限。审计范围受限，是指审计客体的治理层、管理层或被审人员采取直接或间接的不合作方式，不配合审计主体的实施工作，导致审计人员无法获取足够数量的审计证据，无法正确判定审计客体的行为合法合规。如果审计范围不受限，则可正常启动后续行为审计评价程序。

第二，审计主体需要确定具体审计对象，包括舞弊行为、合规行为、管理行为、绩效行为、计算机与网络行为五类，并对每一类行为进行分值评价，每类行为的满分值设定为100分，由审计主体根据对应行为评价标准综合给出。

第三，审计主体需要运用专业判断、审计经验和审计方法对审计客体的行为进行判断分类，识别和发现缺陷行为，并搜集和获取与之关联的审计证据；将审计取证过程和实施过程均记录于行为审计工作底稿。

第四，审计主体基于审计证据和相关判断，基于审计容忍度和重要性水平设定，对缺陷行为进行程度判断，分为一般缺陷行为、重要缺陷行为和重大缺陷行为。

第五，审计主体依据行为审计量表对各类行为审计对象进行综合评估打分。

第六，审计主体运用行为科学及行为审计方法对缺陷行为及对应的行为主体及其动因、过程、关系和结果等进行系统性分析；给出行为审计意见和形成审计报告。审计报告分值内涵如表15－1所示。

表15－1　行为审计报告评价分值及对应标准

评价分值	对应评价标准
0～10分	审计范围受限：不论是主观（管理层、治理层主动限制）或客观原因（审计成本或审计方法错误），皆无法获取充分、适当的审计证据，不能得出财务报表整体不存在重大错报的结论
10～60分	审计范围不受限，但存在重大异常行为：根据获取的审计证据，得出财务舞弊、合规、管理或绩效行为中存在影响财务报表整体可信度的异常行为，这种行为会导致财务报表总体可信度存在问题，此时审计客体某一项审计行为的得分会为零，总体呈现出不及格的状态
60～80分	审计范围不受限，基本不存在重大异常行为，但存在一项或几项异常行为：根据获取的审计证据，得出财务报表整体不存在重大异常行为，但存在一项或几项非重大异常行为，该异常行为会对财务报表的整体可信度产生影响，但不会对财务报表整体产生重大且广泛的影响，此时审计客体四大项审计行为均会得分，总体呈现出优秀的状态
80～90分	审计范围不受限，不存在异常行为，但计算机与网络技术不成熟或不过关：根据获取的审计证据，发现财务报表不存在重大异常行为，并不会对财务报表产生重大且广泛的影响，但计算机及网络行为不成熟或不过关
90～100分	审计范围不受限，各类行为不存在异常；计算机及网络技术应用成熟，能积极促进审计客体总体的经营、管理与运营，且不会对财务报表产生重大且广泛的负面影响

15.1.2　舞弊行为综合评价

以财务报表舞弊审计为例，审计主体首先应依据舞弊行为审计程序，对审计客体在编制财务报表中可能存在的异常行为证据进行汇总和动因分析。然后，根据分析结果，判断审计客体的治理层、管理层及员工个体在编制财务报表舞弊行为的重要程度，并根据程度进行综合评分。

表 15 - 2 针对财务舞弊行为进行了分析。

表 15 - 2　　舞弊行为综合评价

审计目标维度	审计评价指标	舞弊行为评价依据
财务报表编制	会计分录记录情况	存在编制虚假的会计分录，以操纵利润
	会计政策应用	滥用或随意变更会计政策或会计估计不当，隐瞒可能影响财务报表金额的事实，构造复杂或虚假的交易以歪曲财务状况或经营成果；篡改与重大或异常交易相关的会计记录和交易条款
	财务报表金额披露	
	交易及交易条款真实性	
	会计记录真实性	
会计利润项目	销售收入与销售成本处理	收入提前确认、成本推迟、挂账、重组，以使管理层完成业绩获取奖金，一般见于管理层业绩与利润挂钩的情况
	收付科目和待摊费用使用	利用收付科目和待摊费用等将利润平摊；一般是为了将利润分摊入各个区间，进行合理的税收筹划
	坏账准备处理	将坏账准备等需要分期确认的资产一次性处理为损失；推卸责任，掩盖非法交易的事实
资产与负债项目	资产评估程序与负债确认	编造理由进行资产评估、虚构业务交易和利润，以达到虚增公司市值和资产转移收益

审计人员首先要执行舞弊行为审计程序，并依据审计结果对其动因进行分析。根据分析结果，判断管理层在编制财务报表时，是否存在表 15 - 2 中第 3 列“舞弊行为评价依据”所列示的重大异常行为，依照异常行为的程度和对财务报表的影响，对财务舞弊行为进行打分，满分为 100 分，根据异常行为的程度逐项扣分。

15.1.3　合规行为综合评价

合规行为审计的出发点应包括：企业自身设计与执行的合规管理体系标准；与合规管理相关的国内或国际要求及标准；合规管理体系是否有效执行和监控。合规审计的重点在于对合规管理体系有效性发表意见。合规管理体系有效性是指企业建立与实施合规管理体系对实现管理目标提供合理保证的程度，包括合规管理体系设计的有效性和合规管理体系运行的有效性。

审计主体需要设计科学合理的审计评价指标体系，获取充分的合规行为审计证据，从而来证实审计客体的治理层、管理层和员工个体的关键行为是否合法合规。合规行为审计评价指标的设计如表 15－3 所示。

表 15－3　　合规行为综合评价

审计目标维度	审计评价指标	合规行为评价依据
合规体系设计的有效性	合规管理制度是否完整、准确	是否编制了适合公司经营管理需求的结构严谨、流程清晰、职责明确、协调统一的合规管理制度规范，是否对工作内容和程序提出明确的要求并规范了权利和责任，是否建立了员工的行为准则和衡量、审计、考核工作成效的标准
	重要管理制度设计是否有效	是否针对公司及重要部门、重要业务以及经营管理过程中已经发现的合规管理薄弱环节，是否确定了清晰的合规管理相关措施及制定了相关标准
合规体系运行的有效性	相关合规管理制度在审计期内是如何运行的	即使同时满足设计有效性和运行有效性标准的合规管理，受企业管理各个体系固有的局限性的影响，也只能为管理体系目标的实现提供合理保证，而不能提供绝对保证
	相关合规管理制度是否得到了持续一致的运行	
	实施合规管理的人员是否具备必要的权限和能力	

审计主体在实施合规行为审计时，需要根据合规行为审计程序，对合规行为的程度进行逐项打分，并依据合规行为审计结果对行为主体动因进行分析；再根据分析结果，判断审计客体合规体系的设计和运行是否有效。

15.1.4　管理行为综合评价

管理行为评价将从组织结构、组织文化、组织流程和组织人员等视角进行综合评价，如表 15－4 所示。

表 15－4　　管理行为综合评价

审计目标维度	管理行为评价依据
组织结构合理性	以“组织效率”和“组织效果”两方面对公司组织架构的性质、特点、存在的问题进行分析，并提出优化设计建议，以提升人力资源使用效率。其中“组织效率”通常通过“投入—产出”进行衡量；“组织效果”通常以是否能实现其战略目标、业务目标进行衡量

续表

审计目标维度	管理行为评价依据
组织文化影响性	根据国际内部审计师协会（IIA）2016 年内部审计全球脉搏问卷，文化因素包括：合规问题（70%）、人力资源实务（58%）、组织的行为与核心价值观的一致程度（56%）、与组织文化相关的培训（53%）、利益相关者的满意度/意见（52%）、软技能（胜任能力、领导能力等）（52%）、举报热线、帮助热线或检举揭发的政策（34%）
组织流程效率与质量	审计主体必须对企业的市场、客户、产品、服务、区域环境、工具渠道、运作方式、管理模式予以足够的关注，理解了各类流程的基本程序和关键环节、控制点，结合各类审计项目的组织实施，及时识别、评估流程中存在的缺陷和不足，提出流程改进、优化或再造的合理性和可操作性建议
组织人员资源协同性	审计主体应关注审计客体：人力资源缺乏或过剩、结构不合理、开发机制不健全；人力资源激励约束制度不合理、关键岗位人员管理不完善；人力资源退出机制不当，可能导致法律诉讼或企业声誉受损

审计主体可以根据审计客体的实际情况，调整和细化审计目标维度及审计评价指标，使管理行为评价指标体系更为科学和合理。

15.1.5　绩效行为综合评价

该评价主要是审计主体基于绩效审计程序和运用相关审计方法，针对审计客体的财务绩效行为、运营绩效行为、市场绩效行为和员工成长绩效行为进行系统性评价，并依据审计结果对其动因进行分析。审计主体应根据分析结果，判断组织治理层、管理层及员工个体不同层次的行为绩效是否合理、恰当，查找行为偏离原因。

相关评价指标、评价程序等参见本书第 11 章的内容。

15.1.6　计算机与网络行为综合评价

该评价主要针对行为审计主客体的计算机及网络行为实施系统性评价，主要包括审计客体的信息技术一般控制和应用控制情况、计算机与网络环境维护行为、数据库管理系统与电子商务系统运用行为，以及审计客体的信息技术风险管理行为、风险治理行为等。审计过程中，审计主体可以参考相关信息系统审计标准，如信息系统审计标准（COBIT）①、IT 服务管理指标 ITIL② 和风险管理指南 ISO 31000、信息安全管理体系标准 ISO27001 等。评估指标如表 15－5 所示。

① COBIT：英文全称为 Control Objectives for Information and related Technology。

② ITIL：英文全称为 Information Technology Infrastructure Library，即信息技术基础构架库，它是一套被广泛承认的用于有效 IT 服务管理的实践准则。

表 15 - 5　　计算机与网络行为综合评价

审计目标维度	审计评价指标	计算机与网络行为评价依据
信息技术治理	·信息技术治理领导力 ·信息技术战略的业务支撑度 ·信息技术的资源支持度 ·信息技术治理职能与分工清晰度 ·信息技术治理执行力 ·信息技术治理与公司治理的相容度	·是否具有信息技术治理领导力（或信息技术在高管层中的地位如何）？ ·信息技术战略能否有效支持业务目标？ ·信息技术能否得到足够的财务支持？ ·信息技术治理职能与责任划分是否明确合理？ ·信息技术治理执行力如何？ ·信息技术治理是否与企业治理兼容？
信息技术风险管理	·风险容忍度设置的合理性 ·风险管理流程的完整性 ·风险管理策略实施的有效性 ·信息技术风险管理与业务风险管理的相容度 ·风险控制措施的覆盖面 ·风险管控人员配备程度 ·风险意识与风险管理文化的培育情况	·风险容忍度与组织规模和偏好是否适应？ ·风险管理流程是否完整（应包括：识别风险、评估风险、控制风险、监测风险、预警风险）？ ·风险管理是否有效运作（主要体现在风险根源分析机制持续运作）？ ·信息技术风险管理与业务风险管理的关系是否理顺？ ·风险控制措施是否有效覆盖被识别的风险点？ ·是否有足够的专业人才开展风险管理工作？ ·风险意识和风险管理文化是否自上而下持续培育？
信息技术开发、测试与维护	·项目管理组织和项目质量保障 ·项目财务管理和监督情况 ·开发、测试环境管理 ·项目后评价	·有无项目管理组织统一安排、协调各类项目？保障项目质量的具体行为是什么？ ·有无项目财务管理和监督？各层级在监督过程中的作用与职能如何？ ·开发、测试环境中的信息安全、保密、灾难恢复管理行为落实得如何？ ·项目结束后是否进行业务价值评价和审计？
信息技术运行与操作	·运行操作岗位设置信息技术问题与事件管理 ·信息技术可用性管理 ·信息技术容量管理 ·信息技术开发变更与维护管理 ·信息技术运行管理	·运行操作岗位设置是否合理？人员配备与资源支撑情况如何？ ·信息技术运营、管理过程中的问题与事件如何进行管理？ ·各类信息技术的可用性与业务的匹配性如何？ ·信息技术的容量与增量管理如何实施？ ·如何应对信息技术的开发变更？信息技术如何进行持续性维护？ ·信息技术如何确保业务的经营连续性？有无替代方案？

续表

审计目标维度	审计评价指标	计算机与网络行为评价依据
灾难恢复与应急管理	·灾难恢复计划与应急预案 ·重要信息系统管理与应急预案覆盖率	·灾难恢复计划制定情况如何？应急预案的演练与更新情况如何？ ·重要信息系统的识别以及灾难恢复计划覆盖率达到多少？
外包管理	·外包商资质与服务水平考核 ·外包服务商选择与替代性 ·外包系统与内网系统隔离情况 ·外包合同合法性与合规性 ·替换外包商	·是否构建外包商资质、服务水平考核指标？如何选择正确的外包服务商？有无紧急情况下的替代方案？ ·如何防止外包系统及人员与内网隔离生产数据或敏感信息？外包合同是否经法务或审计部门审核？条款是否存在瑕疵？ ·有无可迅速替换的外包商？
信息安全管理	·信息资产管理 ·信息资产的跨部门协调 ·物理资产安全管理 ·信息数据安全管理	·信息资产的普查与分级、分类实施情况如何？ ·跨部门协调的信息安全执行组织是否构建？ ·信息资产的物理安全、版本管理、逻辑访问、日志管理和配置管理是否构建？ ·物理资产及信息数据的安全管理实施情况如何？

15.2　行为审计报告及其编制

15.2.1　传统审计报告特点

15.2.1.1　传统审计报告及审计意见

审计报告是由审计主体接受审计委托人的委托，根据审计准则的规定，在执行审计工作的基础上对财务报表发表审计意见的书面文件，也是审计主体在完成审计工作后向审计委托方提交的最终产品。

传统审计报告主要包括以下要素：报告标题；收件人；引言段；管理层对财务报表的责任段；审计人员责任段；审计意见段；审计意见的基础；审计主体名称、地址及盖章；审计人员签名和盖章；审计报告日期等。

审计报告一般包括标准无保留审计意见、非标准无保留审计意见，非标准无保留审计意见又包括保留意见、否定意见和无法表示意见等三类。审计报告的出具需要关注以下内容：

（1）审计主体应当按照审计准则的规定执行审计工作。

（2）审计主体在实施审计工作的基础上才能出具审计报告。

（3）审计主体通过对财务报表发表履行业务约定书约定的责任。

（4）审计主体应当以书面形式出具审计报告。

审计主体应当依据审计证据得出相关结论，并清楚表达对审计客体财务报告的意见。审计主体在审计报告上签名并盖章，即表明对其出具的审计报告负责。审计主体应当将已审计的财务报表附于审计报告之后，以便于财务报表使用者正确理解和使用审计报告，并防止财务报告被替换或更改。

15.2.1.2 行为审计意见与行为审计量表

行为审计意见是由审计主体（包括政府审计、社会审计和内部审计等）遵循审计准则实施相关审计程序，对审计客体的舞弊行为、合规行为、管理行为、绩效行为、计算机与网络行为等进行系统性“画像”和动因分析，以判定审计客体各项行为是否合法合规，是否符合审计委托人预期或相关规范要求等。行为审计意见通常依据行为审计量表出具。行为审计意见通常具有如下功能：

1. 评价功能

行为审计评价量表是信息使用者等利益相关者判断审计客体管理层的行为是否合法合规的判断依据，也是投资者决定是否进行投资时的重要依据。另外，监管部门也可以利用行为审计量表来判断管理层、治理层是否符合经营行为、管理行为的监管要求。因此，评价功能是行为审计意见的重要作用之一。

2. 信息披露功能

审计主体通过实施行为审计，可对审计客体的管理层和治理层的行为出具行为审计评价量表，并可通过评价量表发现审计客体的行为规律和行为特点。如投资者为了减少投资风险，在进行投资之前，可结合传统审计报告内容与行为审计意见，充分了解被投资对象的经营情况和财务状况，并掌握治理层、管理层的行为特点，从而决定是否向审计客体进行投融资。故信息披露功能也是行为审计意见的重要作用之一。另外，行为审计会通过对管理层和治理层的行为“画像”和动因分析，找出管理层和治理层的行为异常点，将异常点标注在审计报告中，以提醒广大投资者注意该异常点，进一步辅助广大投资者进行投资决策。

3. 责任界定功能

由于审计客体的组织行为、个体行为具有较强的主观性和不确定性，故行为审计更侧重于行为规律的分析和行为动因的挖掘，行为审计的实施过程中更需要与治理层、管理层和被审计人进行多方交流。审计主体在出具行为审计意见时，必须明确审计主体和管理层的责任。审计意见可以对审计工作质量和审计主体的审计责任起证明作用。例如，是否以审计工作底稿为依据发表审计意见，发表的审计意见是否与审计客体的实际情况相一致，审计工作的质量是否符合要求。

总结而言，行为审计意见与传统审计报告审计意见区别如下：

一是，审计对象不同。传统财务报表审计的主要对象是审计客体的财务状况、经营成果和现金流量等；而行为审计意见的主要对象是审计客体中治理层、管理层、员工个体的各类行为。

二是，审计关注点不同。传统财务报表审计主要关注报表是否合法公允，而行为审计意见除了关注行为是否合法公允外，还要进行行为绩效审计，以判断管理层和治理层的行为是否有利于审计客体的长期稳定经营。

三是，审计功能不同。行为审计报告具有行为评价、行为披露和行为责任界定功能，同步关注行为的“果”和“因”；而传统财务报表审计则主要是某一时点和某一时段财务经营状况的信息披露，更关注对“果”的验证。

15.2.2　行为审计报告编制依据和基本要素

15.2.2.1　行为审计意见的编制依据

行为审计意见主要是对审计客体的财务舞弊行为、合规行为、管理行为、绩效行为以及计算机及网络行为进行审计评价后，出具评分表。评价时除应当考虑已知的这五方面行为的执行情况，还应当考虑以下方面：

（1）是否已经执行相应程序，对高管和治理层的行为已获取充分、适当的审计证据。

（2）审计客体是否按要求对错报进行调整，未更正错报单独或汇总起来是否构成重大错报。

（3）审计范围是否受限。即通过已经披露的财务报表信息，是否能充分对管理层和治理层的行为进行“画像”。如果不能，受到限制的原因是什么，这里需要考虑以下因素：

一是，所获取的信息是否能够支持审计主体对管理层和治理层进行“画像”和动因分析，包括：所获取的信息是否按照会计准则编制；是否公允合法地反映了审计客体的财务状况、经营成果和现金流量；是否有利于企业长期稳定发展；披露是否充分；是否能够支持审计主体得出相应结论。

二是，管理层和治理层是否对审计主体的“画像”行为进行限制，包括：管理层和治理层是否在主观上不允许审计主体进行“画像”；是否蓄意遮掩粉饰自己的不当行为；这种遮掩粉饰是否对特殊认定或整个财务报表产生重大影响。

15.2.2.2　行为审计报告基本要素

行为审计报告要素主要包括以下内容：

1. 标题

统一为“行为审计报告”。

2. 审计委托人与审计客体

审计委托人系发出聘请审计主体实施行为审计的委托单位；审计客体即被审计单位。

按照审计准则要求，需要写明审计委托人和审计客体全称。

3. 审计客体行为状况总体得分

根据审计客体的财务舞弊行为、合规行为、管理行为、绩效行为和计算机及网络行为等五大类行为的总体状况，得出一个总体分数。满分为100分。

4. 审计客体行为状况分项得分

首先，审计主体应判断审计实施过程中审计工作及审计证据的获取及收集是否受限；其次，审计主体对审计客体的五大类行为进行综合评价打分（每大类行为的综合评价满分均为100分）。再其次，根据五大类行为的重要度权重进行分值汇总计算（五大类行为的权重总和为100%）。最后，对审计客体的总体得分情况和分项得分情况进行说明和解释。

5. 审计客体的责任

审计客体主要是指被审计单位的管理层和治理层，管理层的责任是遵守《公司法》的规定，按照会计准则编制财务报表，使财务报表在所有重大方面能够客观公允地反映公司的财务信息，即财务状况、经营成果和现金流量；而治理层的责任则是对管理层编制财务报表及相关联的各项的行为进行监督，并及时与监管机构及行为审计主体沟通管理层的各类行为。

6. 审计主体的责任

审计主体在执行行为审计时，必须“德才兼备”，即具有相关的执业能力，并保持实质和形式上的独立性，并明确审计主体仅仅是对管理层和治理层与编制财务报表相关的重大行为实施审计并出具意见，而不是对管理层或治理层的所有行为出具意见。

7. 按照相关法律法规要求报告的事项（如适用）

这主要是指除审计准则要求的，审计主体必须执行的程序和履行的责任外，其他相关法律法规设定的责任。比如审计人员注意到管理层的某一重大行为可能涉嫌舞弊，就需要在“关键审计事项”一节中对其进行披露；或相关法律法规规定审计人员必须承担的某些责任，则也应当披露。

如果法律法规没有要求单独列示，则审计人员因用“相关法律法规要求列示的事项”为标题，在审计报告中另起一段列示；否则，应当与审计报告区分开，分两部分列示。

8. 执行人员的签名和盖章

审计报告应当由两名不同的执行审计业务的人员签字盖章。

9. 审计主体的名称、地址和盖章

审计报告应当载明审计主体的名称和地址，并加盖审计主体公章或业务专用章。

10. 报告日期

审计报告应当注明报告日期。在出具审计报告前，审计主体必须已获得充分、适当的审计证据，管理层也必须认可或批准对报表的责任，审计主体可以据此形成审计报告。

“ABC 公司”行为审计报告（示例）

ABC 股份有限公司全体股东：

一、行为审计评价得分

本审计单位依据 ABC 股份有限公司（以下简称“ABC 公司”）财务报表（20×1年12月31日的资产负债表，20×1年度的利润表、现金流量表、股东权益变动表以及相关财务报表附注），以及 ABC 公司相关运行、管理和治理方面的文档、资料和信息，对 ABC 公司的舞弊行为、合规行为、管理行为、绩效行为、计算机及网络行为等进行了行为审计。

（一）行为审计得分情况

ABC 公司行为审计总得分为 90.75 分。各项行为审计评价情况如下：

1. 舞弊行为审计评价

本审计单位基于舞弊行为审计程序，运用相关舞弊审计方法，从组织层面和个人层面对 ABC 公司 20×1 年度财务报表编制行为以及关联行为等进行了综合评价，审计过程中未发现 ABC 公司存在显著舞弊行为，在财务管理及运行、财务内控及财务风险管理等方面较为有效。

该项评价满分为 100 分，占总得分比重为 30%。本次该项行为审计评价得分为 95 分。具体详见行为审计评价工作底稿及评分表。

2. 合规行为审计评价

本审计单位基于合规行为审计原则，运用审计行为程序和相关合规行为审计方法，从合规管理体系的设计和运行两个层面对 ABC 公司 20×1 年度合规管理、合规实施行为以及关联行为等进行了综合评价，审计过程中未发现 ABC 公司存在显著违规行为，说明 ABC 公司在合规体系设计、合规体系运行总体方面较为有效。

该项评价满分为 100 分，占总得分比重为 15%。本次该项行为审计评价得分为 90 分。具体详见行为审计评价工作底稿及评分表。

3. 管理行为审计评价

本审计单位基于管理行为审计目标，运用管理行为审计方法，从组织层面和个人层面对 ABC 公司 20×1 年度重要管理层及领导人的管理行为进行了综合评价，审计过程中未发现 ABC 公司存在显著不当行为，经营管理行为、财务管理行为、运行管理行为等规范有序。

该项评价满分为 100 分，占总得分比重为 25%。本次该项行为审计评价得分为 90 分。具体详见行为审计评价工作底稿及评分表。

4. 绩效行为审计评价

本审计单位基于绩效审计行为程序，运用绩效审计方法，针对 ABC 公司 20×1 年度的财务绩效行为、运营绩效行为、市场绩效行为、员工成长绩效行为及关联行为等进行了综合评价，审计过程中未发现ABC公司存在显著不当行为，在财务管理、业务运营、市场竞争、社会责任担当以及员工发展等方面较为有效。

该项评价满分为100分，占总得分比重为15%。本次该项行为审计评价得分为95分。具体详见行为审计评价工作底稿及评分表。

5. 计算机及网络行为审计评价

本审计单位基于计算机及网络行为审计程序，运用相关审计方法，从信息技术治理，信息技术风险管理，信息技术开发、测试与维护，信息技术运行与操作，灾难恢复与应急管理、外包管理、信息安全管理等方面以及关联行为等进行了综合评价，审计过程中发现：ABC公司于20×1年9月采用了新的应收账款管理系统，但由于新旧系统的数据库存在数据对接问题，导致部分应收账款业务数据未完成导入新系统，在一定程度上影响到应收账款的记录、回款、催收及坏账计算的时效性等（ABC公司已经采取人工手段进行了替代性操作）；在新系统的功能操作方面存在连续性问题。其他方面未发现显著问题。

该项评价满分为100分，占总得分比重为15%。本次该项行为审计评价得分为80分。具体详见行为审计评价工作底稿及评分表。

（二）行为审计中管理层应负担的责任

ABC公司管理层负责按照企业会计准则的规定编制财务报表，使其实现公允反映，并设计、执行和维护必要的内部控制，在所有重大方面不存在显著的违法违规行为，财务报表不存在由于舞弊或错误导致的重大错报。

（三）行为审计中审计主体应负担的责任

本审计单位的责任是按照审计准则的相关规定以及行为审计的实施规范，在严格履行审计职业道德基础上，对ABC公司的舞弊行为、合规行为、管理行为、绩效行为、计算机及网络行为等实施行为审计，以就相关行为得出审计意见，并出具行为审计报告。

二、行为审计意见与建议

基于此次行为审计的实施情况及行为审计发现，本审计单位认为：ABC公司在舞弊防范、合规行为、管理行为、绩效行为、计算机及网络行为等方面总体较为有效。相关建议如下：

（一）舞弊防范方面

（针对舞弊行为审计的实际发现情况，提出针对性建议。）

（二）合规管理方面

（针对合规行为审计的实际发现情况，提出针对性建议。）

（三）公司管理方面

（针对管理行为审计的实际发现情况，提出针对性建议。）

（四）绩效管理方面

（针对绩效行为审计的实际发现情况，提出针对性建议。）

（五）计算机及网络管理方面

（针对计算机及网络行为审计的实际发现情况，提出针对性建议。）

××会计师事务所/或××审计部（处）

（盖章）

15.3 行为审计报告的关键事项及其他事项

15.3.1 关键审计事项

关键审计事项，是指审计人员根据职业判断认为对当期财务报表审计最为重要的事项。其主要作用是为利益相关者提供更多的个性化信息，以助其做出判断，了解管理层和治理层的特殊行为。

审计人员在出具关键审计事项时，应先与治理层进行沟通，再结合自身在审计实施过程中发现的问题，选出引起过重点关注的事项，再在其中选出最为重要的事项。这部分事项可以是审计人员在审计过程中发现的管理层重大异常行为，也可以是其他可以引起关注的行为，选择时，审计人员可以考虑下列相关事项：

（1）该行为是否会扭曲预期使用者对财务报表和公司经营的总体认知。

（2）如果该行为涉及会计政策，则与同行业其他公司相比，被审计公司管理层在选择此会计政策时，是否涉及大量主观性估计。

（3）从定性、定量两方面考虑，该行为导致的单独错报或累积错报是否重大。

（4）为应对该行为，审计人员所需承担的审计工作数量和质量，包括：该行为所涉及的专业胜任能力和专业判断程度；是否须聘请项目组之外的成员。

（5）该事项导致的事项是否造成重大影响。例如，长期合同的收入确认、诉讼或其他或有事项等方面，可能需要重点关注，并且可能影响其他会计估计。

从需要重点关注的行为中，确定哪些行为对本期财务报表审计最为重要属于职业判断问题。这些行为可能不止一项，最初确定为关键审计事项的事项越多，审计主体越需要重新考虑每一事项是否符合关键审计事项的定义。

在审计报告中应当单设一部分披露“关键审计事项”，披露标题必须恰当，可以列表披露，也可以使用文字披露，在披露关键审计事项时，需披露原因、处理方法以及结果，必要时，可以与治理层进行沟通；若遇“极为罕见的事项”，或涉及“敏感信息”，或发现被审计单位违反法律法规规定，可不予沟通，直接向监管部门反映。

15.3.2　强调事项段

15.3.2.1　强调事项段含义

所谓强调事项段，指的是在审计报告中单独列出的，如果不披露，则会对信息使用者造成重大误解的事项段，与关键审计事项不同，强调事项段对财务报表的影响更为重要。

15.3.2.2　增加强调事项段的情形

在同时满足下列条件时，审计主体应当在审计报告中增加强调事项段：一是，该行为导致的事项虽然严重，却也对行为审计意见的量表打分不会产生过多影响。二是，该行为导致的事项未被确定“关键审计事项”，即未被审计主体重点关注。

参照财务报表审计准则中关于强调事项段的要求，当管理层出现下列行为时，审计人员也应当出具强调事项段，包括以下情形：

一是，管理层编制财务报表依据的法律法规与会计准则相悖，或财务报表是按照特殊目的编制，审计人员需要提醒信息使用者注意这一行为。

二是，发生期后事项被审人员知悉，审计人员认为需要提醒信息使用者。

三是，管理层的某些行为导致企业遭遇异常诉讼，或对财务报表产生重大不确定性。

四是，组织管理层贸然使用新颁布却还没有广泛实施的会计准则。

五是，发生对财务报表产生重大影响的灾难性事件。

15.3.2.3　在审计报告中增加强调事项段时审计主体应采取的措施

审计主体应当单独在审计报告中列出“强调事项段”，使用恰当术语作为标题，强调其披露位置，并强调该事项段不会改变审计意见。

15.3.3　其他事项段

15.3.3.1　其他事项段的含义

其他事项段是指审计报告中与财务报表使用者理解审计工作、审计主体的责任或审计报告相关，相较于关键审计事项和强调事项段，该事项段的程度较轻。

15.3.3.2　需要增加其他事项段的情形

增加其他事项段的情形包括：一是，法律法规未禁止该事项的披露；二是，该事项未被确定为“关键审计事项”；三是，该事项与业务约定书的签订、审计主体的责任有关。

但增加其他事项段不涉及以下三种情形：一是，审计主体除出具审计量表外还有其他责任；二是，审计主体需要实施特定程序，对特定事项发表意见；三是，存在某些事项，导致报告不能被准确披露，需要被限制分发和使用。

另外，审计人员应当在审计报告中单独增设“其他事项段”，并使用专业术语作为标题。

15.3.4　比较信息

比较信息，是指包含于财务报表中的、符合适用的财务报告编制基础的、与一个或多个以前期间相关的金额和披露，主要包括与本期有关的，会影响本期数据披露的上期金额和相关事项。

行为审计中的比较信息，则是指管理层和治理层在编制财务报表和提供监督行为时，在上期或以前各个期间产生的类似行为。如果存在类似行为导致当期财务报表出现重大错报或误解，审计人员也应当在审计报告中披露这些行为。

本章习题

1. 行为审计报告的定义是什么？
2. 审计主体和审计客体的管理层、治理层在出具行为审计报告时各自的责任是什么？
3. 如何对舞弊行为、合规行为、绩效行为、管理行为、计算机与网络行为等进行综合评判？
4. 行为审计报告的出具流程和出具结果是怎么样的？

参考文献

[1] 艾伯特-拉斯洛·巴拉巴西．爆发：大数据时代预见未来的新思维（经典版）[M]．北京：北京联合出版有限公司，2017.

[2] 丹尼尔·卡尼曼，保罗·斯洛维奇，阿莫斯·特沃斯基．不确定状况下的判断——启发式和偏差［M］．方文，吴新利，张擘，等译．北京：中国人民大学出版社，2008.

[3] 道格拉斯·C. 诺思．制度、制度变迁与经济绩效［M］．杭行译．上海：上海三联书店，上海人民出版社，2019.

[4] 杜布林．组织行为基础——应用的前景［M］．北京：机械工业出版社，1985.

[5] 卡尔·海耶尔．美国管理百科全书选编［M］．北京：时事出版社，1984.

[6] 拉尔夫·林顿．人格的文化背景：文化社会与个体关系之研究［M］．于闽梅，陈学晶，译．桂林：广西师范大学出版社，2007.

[7] 斯蒂芬·P. 罗宾斯．组织行为学［M］．北京：中国人民大学出版社，2008.

[8] 鸟羽至英．行为审计理论序说［J］．会计，1995，148（6）：77-80.

[9] 蔡宁，梁丽珍．公司治理与财务舞弊关系的经验分析［J］．财经理论与实践，2003，24（6）：80-84.

[10] 蔡书亚，魏安学．行为审计事实与标准角度转换［J］．山东审计，1999（3）：7.

[11] 曹强．财务重述与会计师事务所风险管理战略［D］．厦门：厦门大学，2009.

[12] 樊光中，刘红霞，王志乐．合规Ⅵ：合规风险识别评估与案例［M］．北京：中国经济出版社，2017.

[13] 李占卿，李子举，吴泽航．审计人员心理因素及其影响［J］．合作经济与科技，2018，590（15）：134-136.

[14] 李兆华．我国会计师事务所实行定期轮换制的博弈分析［J］．会计研究，2005（3）：81-82.

[15] 梁秀根，黄邓秋，应鸿，等．基于风险网格构建信息系统审计模型的实践［C］．全国内部审计理论研讨优秀论文集，2013.

[16] 刘小年，岳阳．行为审计研究——回顾与启示［J］．审计研究，2005（7）：67-71.

[17] 马航，从行为审计学透视审计合谋 [J]. 财会月刊，2005 (6)：41 -42.

[18] 孟宪胜，冀锋昌. 审计学实务与案例 [M]. 北京：中国财政经济出版社，2016.

[19] 牟彩艳，张露. 财务报表舞弊和审计程序浅析 [J]. 商业会计，2012 (21)：43 -45.

[20] 饶斌. 基于 GONE 理论视角的上市公司财务报告舞弊研究 [J]. 江西财经大学学报，2011 (4)：36 -42.

[21] 商思争. 试论现代风险导向审计的内在逻辑和前提条件 [J]. 财会学习期刊，2011 (2)：17 -18.

[22] 苏黄兵. 绩效审计在央行内部审计中的应用探讨 [J]. 区域金融研究期刊，2020 (2)：11 -15.

[23] 唐衍军. 会计师事务所内部治理：理论基础与机制创新 [J]. 财经理论与实践期刊，2016 (2)：77 -89.

[24] 滕剑仑，祝宏辉. 基于行为审计演化的反腐制度博弈研究 [J]. 宜宾学院学报，2016 (9)：37 -43.

[25] 王化成，刘俊勇. 企业业绩评价模式研究——兼论中国企业业绩评价模式选择 [J]. 管理世界，2004 (4)：88 -97，122.

[26] 王胤宇，叶磊. 行为审计研究综述 [J]. 财会通讯，2009 (6)：109 -111.

[27] 王忠，武哲. 基于人工神经网络的金融审计模型 [J]. 计算机工程，2006 (4)：200 -202.

[28] 夏明. 行为审计的现状评述和未来展望 [J]. 湖北经济学院学报，2012，10 (4)：71 -76.

[29] 谢少敏. 审计学导论：审计理论入门和研究 [M]. 上海：上海财经大学出版社，2006.

[30] 谢运博，陈宏民. 互联网平台型企业横向合并的模式研究 [J]. 中国软科学，2016 (5)：11 -23.

[31] 阎晓杰. 人工神经元网络审计理论初探 [J]. 审计研究，2002 (3)：53 -58.

[32] 杨波. 系统论视角下行为审计环境研究 [J]. 现代商业，2017 (7)：138 -139.

[33] 叶焕倬，杨青. 持续审计技术发展与现状 [J]. 审计研究，2011 (3)：81 -85.

[34] 余绪缨. 试论现代管理会计中行为科学的引进与应用问题 [J]. 厦门大学学报（哲学社科版），1990 (4)：22 -28.

[35] 岳芳. 行为审计学设想 [J]. 中国农业会计，1991 (1)：2223.

[36] 张锋，张薇，李伟，等. 行为审计在人民银行的运用研究 [J]. 西部金融，2017 (2)：85 -87.

[37] 张懿婷. 基于目标导向的智能审计路径及方案研究 [D]. 重庆：重庆理工大学，

2013.

[38] 赵保卿. 审计行为科学 [J]. 北京商学院学报, 2000 (6): 2327.

[39] 赵晨. 行为审计相关问题研究 [J]. 消费导刊, 2008 (4): 68.

[40] 赵俊涅. 行为审计组织结构黄金分割模型研究 [J]. 生产力研究, 2011 (1): 191-193.

[41] 郑石桥, 李媛媛. 行为审计客体论: 理论框架和例证分析 [J]. 会计之友, 2016 (10): 116-120.

[42] 郑石桥, 宋夏云. 行为审计和信息审计的比较: 兼论审计学的发展 [J]. 当代财经, 2014 (12): 109-117.

[43] 郑石桥, 赵煜武. 行为审计取证模式论: 特定行为审计取证的逻辑框架和例证分析 [J]. 会计之友, 2016 (14): 123-128.

[44] 郑新源, 刘爱松. 审计原理与实务 [M]. 大连: 东北财经大学出版社有限责任公司, 2011.

[45] 中国注册会计师协会. 审计 [M]. 北京: 中国财政经济出版社, 2019.

[46] 中国注册会计师协会. 审计 [M]. 北京: 中国财政经济出版社, 2020.

[47] 中华人民共和国财政部. 中国注册会计师职业准则 [M]. 北京: 立信会计出版社, 2020.

[48] Argyris, C. The Impact of Budget on People [M]. New York: Controllership, 1952.

[49] Baram M. Industrial Technology, Chemical Accidents, and Social Control [M]//In: Wilpert B, Quvale T, Eds. Reliability and Safety in Hazardous Work System, Hove. UK: Lawrence Erlbaum Associates, 1993: 7-22.

[50] David Flint. The Philosophy and Principles of Auditing: An Introduction [M]. New York: Palgrave Macmillan; Reprint edition 7 Jun. 1988.

[51] Frederick Herzberg. Work and the Nature of Man [J]. Industrial and Labor Relations Review, 1967, 20 (3): 529-531.

[52] Graves C W. An Emergent Theory of Ethical Behavior Based upon An Epigenetic Model [C]. Schenectady, New York, 1959.

[53] Jung C G. Psychological Types [M]. Princeton University Press, 1976.

[54] Lorsch, J W, Morse, J. Organizations and Their Members [M]. New York: Harper and Row Publishers, 1974.

[55] Maslow, A H. A Theory of Human Motivation [R]. Psychological Review, 1943, 50, 370-396.

[56] Mautz, R K, Sharaf Husein A. The Philosophy of Auditing [M]. American Accounting Association, 1961.

[57] McClelland, D C. The Achieving Society [M]. New York: Van Nostrand, 1961.

[58] McGregor, D. The Human Side of Enterprise [M]. New York: McGraw-Hill, 1960.

[59] Reason J. Human Error [M]. New York: Cambridge University Press, 1990.

[60] Schein E. Organizational Psychology [M]. Englewood Cliffs, NJ: Prentice-Hall, 1965.

[61] Swain A D, Guttmann H E. Handbook of Human-Reliability Analysis with Emphasis on Nuclear Power Plant Applications [R]. NUREG/CR, 1983: 1278.

[62] Tupes, E C, Cristal, R E. Recurrent Personality Factors Based on Trait Ratings [R]. USAF ASD Tech. Rep. , 1961: 61 –97.

